国家社会科学基金一般项目"中国企业境外直接投资合规风险及应对研究"(19BGJ019)阶段性研究成果

　　国家社会科学基金重大项目"RCEP 对亚太区域价值链重构的影响机制及应对策略研究"(22&ZD178)阶段性研究成果

　　河北大学社会科学培育项目研究成果

国家社科基金丛书
GUOJIA SHEKE JIJIN CONGSHU

日本对东盟经济援助与双边经贸关系研究

Research on Japan's Economic Aid to ASEAN and
Bilateral Economic and Trade Relations

马文秀 马宇博 吴杨康 等著

人民出版社

策划编辑：郑海燕
封面设计：石笑梦
版式设计：胡欣欣
责任校对：周晓东

图书在版编目（CIP）数据

日本对东盟经济援助与双边经贸关系研究/马文秀 等著. —北京：人民出版社，
　2023.12
ISBN 978－7－01－026168－3

Ⅰ.①日… Ⅱ.①马… Ⅲ.①对外经济援助-研究-日本②对外经济关系-
　研究-日本、东南亚国家联盟 Ⅳ.①F131.255.33

中国图家版本馆 CIP 数据核字（2023）第 247060 号

日本对东盟经济援助与双边经贸关系研究
RIBEN DUI DONGMENG JINGJI YUANZHU YU SHUANGBIAN JINGMAO GUANXI YANJIU

马文秀　马宇博　吴杨康　等　著

人民出版社 出版发行
（100706　北京市东城区隆福寺街 99 号）

中煤（北京）印务有限公司印刷　新华书店经销

2023 年 12 月第 1 版　2023 年 12 月北京第 1 次印刷
开本：710 毫米×1000 毫米 1/16　印张：19.25
字数：300 千字

ISBN 978－7－01－026168－3　定价：100.00 元

邮购地址 100706　北京市东城区隆福寺街 99 号
人民东方图书销售中心　电话（010）65250042　65289539

目　　录

导　论 …………………………………………………………… 001

第一章　核心概念界定和相关理论基础 ………………………… 021

　　第一节　核心概念的界定 ………………………………… 021

　　第二节　日本对东盟经济援助的理论基础 ……………… 028

　　第三节　日本对东盟经济援助影响双边贸易的理论基础 …… 031

　　第四节　日本对东盟经济援助影响直接投资的理论基础 …… 033

第二章　日本对外经济援助治理体系 …………………………… 037

　　第一节　日本对外经济援助的法律法规体系 …………… 037

　　第二节　日本对外经济援助的决策体系 ………………… 039

　　第三节　日本对外经济援助的执行体系 ………………… 044

　　第四节　日本对外经济援助的评价体系 ………………… 047

第三章　日本对东盟经济援助的动态演变与特征 ……………… 066

　　第一节　日本对东盟经济援助的发展历程 ……………… 066

　　第二节　日本对东盟经济援助的政策走向 ……………… 091

　　第三节　日本对东盟经济援助的主要特征 ……………… 117

第四章　日本与东盟贸易关系的动态演变与特征……………… 126

　　第一节　日本与东盟国家贸易关系的演进 ………………… 126

　　第二节　日本与东盟国家贸易关系的国别特征 …………… 130

　　第三节　日本与东盟国家的商品贸易结构特征 …………… 136

第五章　日本对东盟直接投资的动态演变与特征……………… 143

　　第一节　日本对东盟国家直接投资的发展历程 …………… 143

　　第二节　日本对东盟直接投资的行业结构 ………………… 154

　　第三节　日本对东盟直接投资的国别差异 ………………… 161

　　第四节　日本对东盟国家的直接投资方式 ………………… 167

第六章　日本对东盟经济援助与贸易投资协同发展实践 …… 171

　　第一节　日本对东盟经济援助与贸易投资协同发展的典型

　　　　　　案例 ………………………………………………… 172

　　第二节　日本对东盟经济援助与民间企业投资分工协作 …… 182

　　第三节　日本对东盟经济援助的束缚性问题 ……………… 186

　　第四节　日本对东盟经济援助与贸易投资协同发展的

　　　　　　新动向 ……………………………………………… 190

第七章　日本对东盟经济援助对双边贸易关系的影响 ……… 198

　　第一节　日本对东盟经济援助促进双边贸易的机制 ……… 198

　　第二节　日本对东盟经济援助与双边贸易关系初探 ……… 204

　　第三节　日本对东盟援助的双边贸易效应实证检验 ……… 206

第八章　日本对东盟经济援助对双边投资关系的影响 ……… 254

　　第一节　日本对东盟经济援助影响直接投资的作用机制 ……… 254

第二节 日本对东盟经济援助对直接投资影响的实证

模型构建 ……………………………………………… 262

第三节 日本对东盟经济援助的直接投资效应实证检验 ……… 268

主要参考文献 ………………………………………………… 283

后 记 ………………………………………………………… 304

导　论

一、问题提出与研究意义

（一）问题提出

对外经济援助指一国政府或国际机构为受援国提供资金、服务或货物等方面的支持,涉及资金、货物、服务、技术、文化等的跨国流动。第二次世界大战结束以后,由于特殊的国际经济、政治环境,援助与贸易、投资一起构成了国际经济关系的3大支柱。但与企业的对外贸易与投资不同,对外经济援助的主体兼具"经济人""社会人"的属性,援助国既注重自身政治、安全等利益与援助的经济实效,也关注人道考虑、矫正主义和分配利益的国际规范和道德义务。随着组织化、规范化的国际援助体系的日益完善,援助动机理论也不断发展,国家利益论是主权国家提供对外援助最常见的依据,秉持"援助利他而非利己"的现实主义逻辑,特别强调援助国政治、经济利益的驱动作用,将援助视为本国的对外政策工具或战略考量;与之相反,人道关怀论则强调援助国"无私利他"的一面,认为关注受援国需求的人道主义考量以及积极履行援助义务的国际道义构成了对外援助的主要动因;社会交换论源于社会学从援助—受援双边关系切入,注重援助实践的潜在价值,强调援助国和受援国的资源互易;新自由制度主义将对外经济援助解释为一种"广义互惠"理念,即表面不平衡的交换可以被认为是平衡的,因为它是用有形利益换取无形或未指明的利益,并承认对外经济援助的利他主义特性。当然,主权国开展对外经济援助可能呈现出阶段性的单一因素主导,并绝非单一因素决定,而是综合考虑了本国的经济、政治、安全和战略等需求和应承担的人道主义责任等各方面因素。

尽管一国政府开展对外经济援助存在各类动机且是从多因素综合考虑的,但主权国家对外援助的完全“社会人”假定是不成立的,在研究对外经济援助的有效性时不能忽视对援助国的作用。因此,本书从经济视角研究日本政府对外经济援助的经济效应。从公共产品理论出发,对外经济援助可以理解为在区域和全球层次提供诸多公共产品的行为,对外经济援助所提供的规则和规范可以被称为非物质类公共产品,所提供的大大小小的项目可以划归物质类公共产品。而公共产品的属性决定了其市场效率相对于私人产品而言较低,因此考虑第一个问题:如何提高经济援助的供给效率? 从援助国的视角,可以将援助看作一种稀缺资源或投入要素,由此考虑第二个问题:如何衡量和保证援助的经济回报率? 这两个问题应该是实施援助行为的主体和援助国国内舆论的切实关切。随着区域一体化和全球化的发展,援助国的经济利益、其公民的安全和福利越来越容易受到受援国的影响,对外经济援助服务于援助国经济利益的观点进一步被强化。然而,目前学术界对经济援助的研究主要聚焦在对外援助主体的“社会人”属性,即从受援国的视角探讨援助有效性,而上述两个问题解决的关键恰恰是从援助国视角基于其“经济人”属性,从国家利益论的援助动机理论出发探究对外经济援助的经济实效。

对外经济援助的经济学分析主要从援助国和受援国的视角,研究对外援助、贸易和投资三者的互动。国际贸易和投资是判断国家经济实力的重要因素,尤其是在区域一体化和全球化的背景下,贸易投资一体化已经成为世界经济发展的重要趋势,而对外经济援助看似由于规模相对贸易、投资较小和政治色彩等原因不足以与贸易、投资在经济领域并列,但其经济效应不容忽视。因此,在国际经济事务中,尤其是在贸易、投资和对外援助等领域,世界各国均在探索新的经济结构关系。从援助国的视角研究对外经济援助的经济实效更具市场效率,探究援助对贸易、投资的促进作用及机制分析更具理论意义,同时研究这一问题对于如何发挥援助的先行优势和"阿基米德杠杆"效应,推动援助国的贸易和投资发展具有重要的现实意义。

经济合作与发展组织(Organization for Economic Co-operation and Development, OECD)下设的发展援助委员会(Development Assistance Committee, DAC)作为世界范围内主要的官方发展援助(Official Development Assistant, ODA)提供方,负责协调向发展中国家提供官方的发展援助,是国际社会援助发展中国家的核心机构。经济合作与发展组织发展援助委员会(OECD-DAC)成员在国际援助领域一直发挥着重要作用,随着中国和印度等为代表的新兴援助国加入国际援助行列,新兴援助国与传统援助国援助形态的明显区别逐渐成为学术界关注的焦点。传统援助国的援助是一种"垂直模式",传统援助国会对受援国提出要求,援助附加条件多样化,受援国可能会以损失政策独立性为代价来获取援助;以中国为代表的新兴援助国在尊重国家自主性的基础上所建立的"水平模式",具有平等互惠的特点,更有助于传播国家形象,为企业拓展海外市场创造外部条件。而日本的对外经济援助一直是国际政治经济学术界关注的重要议题,其实施对外援助持续期长且体量巨大,虽在意识形态和地缘政治范畴属于西方阵营,却具有不同于欧美所谓"慈善事业"的理念,具有相对独立的国际发展援助政策,因而日本对外经济援助是新兴援助国开展对外援助的一个有价值的参考系。日本对外经济援助的基本理念之一是"互利互惠"主义,与新自由制度主义将对外援助解释为一种"广义互惠"理念相同,即日本始终是将实现本国利益放在重要位置,同时考虑受援国的发展问题。日本对外经济援助和新兴经济体开展援助的有效性,前提都是援助带动贸易和投资,因此援助能否推动贸易和投资是亟待验证的问题。

东南亚地处亚洲与大洋洲、太平洋与印度洋之间的"十字路口",战略地位非常重要。东南亚包括马来西亚、新加坡、印度尼西亚、文莱、菲律宾、越南、老挝、柬埔寨、泰国、缅甸、东帝汶 11 个国家,除新加坡外均为发展中国家,目前除东帝汶外均为东盟成员国。东南亚是当今世界经济发展最有活力和潜力的地区之一,该地区拥有丰富的自然资源和人力资源,为经济发展提供了良好的条件。基于历史、地缘和资源禀赋等因素,东盟国家一直是日本对外战略布局及实施的关键地区之一,日本长期深耕于此并将其视作"战略后院"。日本第二次世界大战后重返世界舞台以来,先是通过战争赔款的方式在东南亚打开局面,之后以长期体量巨大的经济援助为"桥梁""纽带",逐渐改善了与东南亚国家的僵硬关系,并为日本在东盟实现"援助—贸易—投资"三位一体的"日本模式"奠定了坚实基础。1973 年日本与东盟协商解决橡胶摩擦问题,以此为标志,日本与东盟建立了对话关系,2023 年是日本—东盟友好合作 50 周年。目前东盟已经成为日本在海外的重要原料产地、产品销售市场和投资场所。2022 年,东盟是日本的第二大出口市场、第一大进口来源地、第二大对外直接投资目的地和最大最重要的对外经济援助地区。截至 2021 年 10 月,在东盟国家的日资企业(营业场所数)多达约 15000 家①。

(二)研究意义

其一,学术界关于对外经济援助行为的研究大多聚焦从受援国视角研究援助的有效性,本书进一步从援助国对外经济援助的经济动机出发,揭示援助国"援助—贸易—投资"协同发展模式以及三者良性互动的重要性,为后续研究对外经济援助的供给效率、援助的经济性等问题提供一个新的视角。当然,援助国对外经济援助不是必然会促进其对受援国的贸易和直接投资,但日本对东盟的经济援助促进其对外贸易和对外直接投资却是客观事实,这取决于日本的官方经济援助与民间企业的协同性。因此,厘清日本对外援助治理体

---

① 日本外务省:《发展合作白皮书:日本的国际合作》,2022 年版第 92 页,https://www.mofa.go.jp/mofaj/gaiko/oda/files/100507326.pdf。

系的特征以及援助、贸易和投资三者协同发展的缘由具有重要的学术价值。其二,新兴援助国援助的有效性是对外援助领域的一个崭新而重要的话题,新型国际发展合作模式有效的前提是援助能够带动出口和投资,日本对外援助时间长且体量巨大、发展相对成熟且不同于西方传统援助国的援助模式,本书对"援助—贸易—投资"的"日本模式"深入研究,为新兴援助国倡导的新型国际发展合作模式的有效性提供了新的经验证据,从而推动新兴援助国援助理论的发展。其三,基于经济视角,以提高对外经济援助的贸易投资效应为出发点,构建诠释日本官方发展援助影响其贸易、直接投资的理论模型和分析框架,阐释官方发展援助促进贸易、直接投资的内在逻辑和作用机制,并实证检验其效果,对官方发展援助理论提供有益的补充,对援助国开展对外援助,提高援助供给,以及援助的经济性估计具有参考价值。其四,东盟是日本"援助—贸易—投资"三位一体发展模式的重要承载地。秉承"学必期于用、用必适于地"的理念,研究日本官方发展援助政策演变及其新动向,有利于中国科学研判和预测日本的官方发展援助政策走向,更好地应对以后可能遇到的挑战;研究日本相对成熟而完整的对外援助治理体系,对中国进一步完善对外经济援助管理体系具有一定的参考价值。

二、对外经济援助与贸易投资关系的研究现状

基于本书研究内容,下面从对外经济援助与贸易的关系、对外经济援助与对外直接投资的关系、日本对外经济援助与其对外贸易、直接投资的关系3个方面进行文献梳理和述评。

(一)对外经济援助与国际贸易的关系研究

对外经济援助与国际贸易关系的研究主要集中于对外经济援助对贸易规模和贸易结构的影响等方面。

关于对外经济援助是否会影响贸易规模,一部分学者认为经济援助会促

进援助国与受援国之间的贸易往来,并利用拓展的贸易引力模型估计了对外援助对援助国出口的影响效应(Arvin 和 Choudhry,1997[1];Wagner,2003[2];Silva 和 Nelson,2012[3];Martínez-Zarzoso 等,2014[4])。班德亚帕德耶等(Bandyopadhyay 等,2007)[5]选取 84 个受援国作为样本,研究表明受援国接受援助与其出口之间存在正相关关系。熊青龙等(2019)[6]运用中国与 29 个受援国面板数据实证发现中国对外援助对双边贸易水平存在较为有限的正面拉动作用,且影响存在滞后效应。阎虹戎等(2020)[7]使用中国对 120 个国家援助数据研究发现中国对外援助可以显著促进受援国对中国出口能力的提升。孙楚仁等(2020)[8]利用中国对非洲援助数据与产品层面的贸易数据实证分析表明,中国对非洲援助可以通过集约边际和扩展边际显著促进中国对非洲的出口。

另一部分学者从受援国的角度分析了援助对贸易规模的促进作用。贾吉奇等(DjajiĆ等,2004)[9]使用跨时期的贸易模型研究证明,援助可以通过影响

① Arvin,B.M.,Choudhry,S.,"Untied Aid and Exports:Do Untied Aid Disbursements Create Goodwill for Donor Exports?",*Canadian Journal of Development Studies/Revue Danadienne d'études Du Développement*,Vol.18,No.1,1997,pp.9–22.

② Wagner,Don,"Aid and Trade—an Empirical Study",*Journal of the Japanese and International Economics*,Vol.17,No.2,2003,pp.153–173.

③ Silva,Simone Juhasz,and Douglas Nelson,"Does Aid Cause Trade? Evidence From an Asymmetric Gravity Model",*The World Economy*,Vol.35,No.5,2012,pp.545–577.

④ Martínez-Zarzoso,Inmaculada,et al.,"Does Aid Promote Donor Exports? Commercial Interest Versus Instrumental Philanthropy",*Kyklos*,Vol.67,No.4,2014,pp.559–587.

⑤ Bandyopadhyay,Subhayu,Arabinda Basistha,and Jonathan Munemo,"Foreign Aid and Export Performance:A Panel Data Analysis of Developing Countries",*Federal Reserve Bank of St.Louis Working Paper Series*,Vol.23,2007.

⑥ 熊青龙、郑欣、黄梅波:《中国对外援助对双边贸易影响的实证研究》,《国际经济合作》2019 年第 6 期。

⑦ 阎虹戎、张小鹿、黄梅波:《互利共赢:中国对外援助与受援国出口能力提升》,《世界经济研究》2020 年第 3 期。

⑧ 孙楚仁、梁晶晶、徐锦强等:《对非援助与中国产品出口二元边际》,《世界经济研究》2020 年第 2 期。

⑨ DjajiĆ,Slobodan,Sajal Lahiri,and Raimondos-Moller,Pascalis,"Logic of Aid in an Intertemporal Setting",*Review of International Economics*,Vol.12,No.1,2004,pp.151–161.

受援国的消费偏好和习惯,从而使受援国偏向于进口援助国未来的出口商品。刘恩专、路璐(2021)[①]基于"一带一路"沿线受援国数据考察了促贸援助(Aid for Trade, AfT)对受援国出口的影响,结果发现援助显著促进了受援国出口,且不同类别促贸援助对受援国出口具有较强的异质性。此外,有部分学者从援助国动机的角度分析了援助与贸易的关系,强调了援助国的"经济人"属性,得出大多数援助国会向他们主要的发展中国家贸易伙伴提供援助的结论(Nowak-Lehmann 等,2009[②];Hoeffler 和 Outram,2011[③])。

还有一部分学者从援助捆绑性和援助类型角度分析了异质性援助与贸易的关系。阿尔文和鲍姆(Arvin 和 Baum,1997)[④]、阿尔文和乔杜里(Arvin 和 Choudhry,1997)[⑤]的研究表明,援助国提供的援助是否包含捆绑援助都会促进受援国的出口;马丁内斯·扎尔佐索(Martínez-Zarzoso 等,2009)[⑥]认为,捆绑援助限制受援国必须从援助国进行采购,直接促进了援助国对受援国的出口。刘和唐(Liu 和 Tang,2018)[⑦]研究表明,中国对非洲的援助能够更好地服务于中非双方的共同利益,由此显著促进了中非双边贸易。巴斯等(Busse 等,2012)[⑧]

① 刘恩专、路璐:《促贸援助有效性再检验及作用机制的异质性分析——来自"一带一路"沿线受援国的经验证据》,《现代财经(天津财经大学学报)》2021 年第 5 期。

② Nowak-Lehmann D., Felicitas, et al., "Aid And Trade-A Donor's Perspective", *The Journal of Development Studies*, Vol.45, No.7, 2009.

③ Hoeffler, Anke, and Verity Outram, "Need, Merit, or Self-Interest—What Determines the Allocation of Aid?", *Review of Development Economics*, Vol.25, No.2, 2011, pp.237-250.

④ Arvin, B. Mak, and C. Baum, "Tied and Untied Foreign Aid: A Theoretical and Empirical Analysis", *Keio Economic Studies*, Vol.34, No.2, 1997.

⑤ Arvin, B.Mak, and Saud A.Choudhry, "Untied Aid and Exports: Do Untied Aid Disbursements Create Goodwill for Donor Exports?", *Canadian Journal of Development Studies/Revue Danadienne d'études Du Développement*, Vol.18, No.1, 1997, pp.9-22.

⑥ Martínez-Zarzoso, Inmaculada, et al., "Does German Development Aid Promote German Exports?", *German Economic Review*, Vol.10, No.3, 2009, pp.317-338.

⑦ Liu, Ailan, and Bo Tang, "US and China Aid to Africa: Impact on The Donor-Recipient Trade Relations", *China Economic Review*, Vol.48, 2018, pp.46-65.

⑧ Busse, Matthias, Ruth Hoekstra, and Jens Königer, "The Impact of Aid for Trade Facilitation on the Costs of Trading", *Kyklos*, Vol.65, No.2, 2012, pp.143-163.

认为促贸援助可以降低贸易成本,从而促进双边贸易。布伦顿和尤克斯卡尔(Brenton 和 Uexkull,2009)①、费罗(Ferro 等,2014)②认为,服务援助和技术援助可以促进受援国的出口。约翰逊和佩特森(Johansson 和 Pettersson,2009)③和马丁内斯·扎尔佐索等(Martínez-Zarzoso 等,2017)④区分了援助的类型,认为基础设施援助可以显著促进贸易。此外,还有学者通过比较不同援助主体的对外援助,研究了援助对贸易规模的国家异质性影响。如刘爱兰等(2018)⑤研究发现,中国和欧盟对非洲援助均可以促进对非洲的出口,但是援助促进贸易效应的程度有所不同。萨文等(Savin 等,2020)⑥研究发现中国和欧盟对非洲援助不仅可以显著促进对非洲出口,而且可以提升非洲国家本身的出口能力,而美国对非洲援助则不具备这些特性。还有学者认为使用贸易总额衡量的贸易规模不够准确,尝试以全球价值链(Global Value Chain,GVC)贸易替代传统的贸易形式作为被解释变量实证检验对外援助影响双边贸易的效应,如吴凌芳和戴金平(2019)⑦研究发现中国对非洲援助有利于非洲在全

① Brenton,Paul,and Erik Von Uexkull,"Product Specific Technical Assistance for Exports-Has it Beeneffective?",*The Journal of International Trade & Economic Development*,Vol.18,No.2,2009,pp.235-254.

② Ferro,Esteban,Alberto Portugal-Perez,and John S.Wilson,"Aid to the Services Sector:Does it Affect Manufacturing Exports?",*The World Economy*,Vol.37,No.4,2014,pp.530-541.

③ Johansson,Lars M.,and Jan Pettersson,"Tied Aid,Trade-Facilitating Aid or Trade-Diverting Aid?",*Working Paper*,No.5,2009.

④ Martínez-Zarzoso,Inmaculada,Felicitas Nowak-Lehmann D.,and Kai Rehwald,"Is Aid for Trade Effective? A Panel Quantile Regression Approach",*Review of Development Economics*,Vol.21,No.4,2017,pp.175-203.

⑤ 刘爱兰、王智烜、黄梅波:《中国对非援助是"新殖民主义"吗——来自中国和欧盟对非援助贸易效应对比的经验证据》,《国际贸易问题》2018 年第 3 期。

⑥ Savin,Ivan,Marta Marson,and Marina Sutormina,"How different Aid Flows Affect Different Trade Flows:Evidence From Africa and its Largest Donors",*Structural Change and Economic Dynamics*,Vol.55,2020.pp.119-136.

⑦ 吴凌芳、戴金平:《中国对非援助、直接投资与非洲在全球价值链的地位提升》,《上海对外经贸大学学报》2019 年第 4 期。

球价值链中的出口工艺升级；李荣林等(2022)①基于出口增加值的视角研究了中国对非洲援助的贸易效应，结果发现中国对非洲援助可以显著提升中国对非洲出口的增加值。

然而，有一部分学者对援助是否促进了受援国出口存在较大的争议。赫布尔(Helble 等,2012)②发现促贸援助与受援国出口呈正相关关系，而其他类型的援助与受援国出口呈负相关关系。康等(Kang 等,2013)选取 30 个受援国样本考察援助对出口影响的国家异质性，发现其中部分国家接受的援助与其出口之间存在正相关关系，而部分国家这种关系则表现负相关。也有学者将援助无法促进受援国出口的原因归结为类似"荷兰病"的资源诅咒现象(Arellano 等,2009③；Kang 等,2013④)。

贸易结构从某种意义上来讲与贸易质量密切相关，关于对外援助影响贸易结构的研究整体相对较少，奥萨克(Osakwe,2007)⑤以制成品占总出口的比重衡量出口结构，其运用动态面板系统广义矩估计(Generalized Method of Moments, GMM)方法检验发现，援助会显著影响非洲国家的出口结构。穆尼欧(Munemo,2011)⑥采用 69 个受援国的面板数据实证分析得出，当援助总额占国内生产总值的比重低于 20%时，援助将显著促进受援国的出口多样化；但当援助占比超过 20%时，则会显著阻碍受援国的出口多样化。黄梅波和朱

① 李荣林、熊燕、倪何永乐：《中国对非援助的出口贸易效应——基于出口增加值的视角》，《南方经济》2022 年第 2 期。

② Helble, Matthias, Catherine L. Mann, and John S. Wilson, "Aid-for-trade Facilitation", *Review of World Economics*, Vol.148, 2012, pp.357–376.

③ Arellano, Cristina, et al., "The Dynamic Implications of Foreign Aid and its Variability", *Journal of Development Economics*, Vol.88, No.1, 2009, pp.87–102.

④ Kang, Mr Joong, Mr Alessandro Prati, and Mr Alessandro Rebucci, "Aid, Exports, and Growth: A Time-series Perspective on the Dutch Disease Hypothesis", International Monetary Fund, 2013.

⑤ Osakwe, Patrick N., "Foreign Aid, Resources and Export Diversification in Africa: A New Test of Existing Theorie", *MPRA Paper*, No.2228, posted 13, Mar.2007, UTC.

⑥ Munemo, Jonathan, "Foreign Aid and Export Diversification in Developing Countries", *The Journal of International Trade & Economic Development*, Vol.20, No.3, 2011, pp.339–355.

丹丹(2015)基于66个受援国面板数据的实证研究发现,不同援助领域的官方发展援助对出口多样化的促进作用不同,官方发展援助总额和生产部门领域能显著促进受援国出口多样化水平,而经济基础设施与服务领域官方发展援助对受援国出口多样化水平无显著性影响。戈凡农和罗伯茨(Gnangnon 和 Roberts,2017)[1]研究认为,贸易援助会显著改变受援国出口结构从而改善质量。孙楚仁等(2019)[2]研究中国对非洲的援助对非洲国家出口结构的影响发现,中国对非洲援助有助于非洲受援国出口结构向适宜性比较优势的方向转换,即中国对非洲的援助使非洲受援国增加了与其发展水平相适宜的产品的出口比重,减少了与其发展水平不适宜的产品的出口比重。

(二)对外援助与国际直接投资的关系研究

国内外学术界关于对外经济援助对国际直接投资(Foreign Direct Investment,FDI)影响的实证研究始于20世纪70年代末,主要从受援国角度和援助国角度两方面来探讨两者之间的关系,且结论有争议。

关于援助与投资的相关性,一部分学者认为对外援助与投资之间存在互补或者替代关系,克里斯蒂安斯多蒂尔(Kristjánsdóttir,2012)[3]对1970—2004年世界上3个重债穷国(Heavily Indebted Poor Countries,HIPC)的研究发现,援助与外商直接投资存在互补关系,但随着人均收入水平提高,互补关系会逐渐转变为替代关系。张汉林等(2010)[4]基于1993—2007年中国对非洲的官

---

① Gnangnon, Sèna Kimm, and Michael Roberts, "Aid for Trade, Foreign Direct Investment and Export Upgrading in Recipient Countries", *Journal of International Commerce, Economics and Policy*, Vol.80, No.2, 2017, p.1750010.

② 孙楚仁、徐锦强、梁晶晶:《中国对非援助与受援国出口结构转换》,《财贸经济》2019年第7期。

③ Dr.Helga Kristjánsdóttir, "Talking Trade or Talking Aid? Does Investment Substitute for Aid in the Developing Countries?", *Open Journal of Economic Research*, Vol.2, No.2, 2012, pp.3-15.

④ 张汉林、袁佳、孔洋:《中国对非洲ODA与FDI关联度研究》,《世界经济研究》2010年第11期。

方发展援助与对非洲的直接投资数据,研究发现中国对非洲援助与对非洲直接投资在规模上具有互补性而在各自占中国国内生产总值(Gross Domestic Product,GDP)的比重上具有替代性。戈凡农和罗伯茨(2017)研究发现,促贸援助与国际直接投资都能对出口升级产生积极作用,且促贸援助与国际直接投资对出口升级的互补或替代作用随国际直接投资占国内生产总值的比重变化而变化。少数学者认为两者并不相关,科萨克和托宾(Kosack 和 Tobin,2006)①认为,援助与投资在本质上是不相关的,前者主要是政府层面经济合作,后者则以私人部门之间的经济活动为主。

关于对外经济援助能否促进国际直接投资,从受援国角度,大部分学者认为对外援助对外商直接投资具有不确定性。卡拉卡普兰等(Karakaplan 等,2005)②研究了受援国接受的援助与国际直接投资流入的关系,发现援助与国际直接投资流入并无显著的关系,但加入了援助与治理水平的交叉变量后,发现只有当受援国国内具有完善的金融市场及较高的政府治理水平时,援助对直接投资流入的促进作用才会显现出来。而哈姆斯和卢茨(Harms 和 Lutz,2006)③则得出与之相反的结论,即整体上援助与直接投资流入并无显著关系,而加入援助与治理水平的交叉变量之后,受援国政府治理水平越弱的国家反而能够促进直接投资的流入。卡普弗等(Kapfer,2007)④研究发现,援助总量并不能显著地促进直接投资流入,而基础设施类的援助对促进国际直接投

① Kosack,Stephen,and Jennifer Tobin,"Funding Self-sustaining Development:The Role of Aid,Fdi and Government in Economic Success",*International Organization*,Vol.60,No.1,2006,pp.205-243.

② Karakaplan,Ugur,Bilin Neyapti,and Selin Sayek," Aid and Foreign Direct Investment:International Evidence",*Discussion Paper*,No.12,2005.

③ Harms,Philipp,and Matthias Lutz,"Aid,Governance And Private Foreign Investment:Some Puzzling Findings for the 1990s",*The Economic Journal*,Vol.116,No.513,2006,pp.773-790.

④ Kapfer,Steve,R.Nielsen,and D.Nielson,"If You Build it,Will They Come? Foreign Aid's Effects on Foreign Direct Investment",Paper Prepared for the 65th MPSA National Conference,2007.

资流入具有很显著的效果。塞拉亚和苏内森(Selaya 和 Sunesen,2012)①研究发现,补充要素型援助对直接投资流入具有显著的促进作用,而物质资本类援助对直接投资流入具有显著的挤出作用。木村秀美和户堂康之(Kimura 和 Todo,2010)②认为,具有政府主导性质的援助不利于国际直接投资流入,能够提高受援国资本边际产出率的援助会吸引更多国际直接投资流入。巴万等(Bhavan 等,2011)③研究发现,社会基础设施类的援助和生产性部门的援助有助于吸引国际直接投资,而经济基础设施类的援助对引资具有边际效应。中国有些学者研究表明,官方发展援助对国际直接投资流入是促进还是抑制,因直接投资流入的领域(王翚等,2014④;董艳和樊此君,2016⑤)和时间长短(甘小军和韩天慧,2013⑥;王翚等,2013⑦)而不同。

部分学者认为对外经济援助对外商直接投资具有促进作用。查特吉等(Chatterjee 等,2003)⑧、查特吉等(2005)⑨研究了开放经济体制下受援国基

① Selaya, Pablo, and Eva Rytter Sunesen, "Does Foreign Aid Increase Foreign Direct Investment?", *World Development*, Vol.40, No.11, 2012, pp.2155-2176.

② Kimura, Hidemi, and Yasuyuki Todo, "Is foreign Aid a Vanguard of foreign Direct Investment? A Gravity-Equation Approach", W*orld Development*, Vol.38, No.4, 2010, pp.482-497.

③ Bhavan, Thangamani, Changsheng Xu, and Chunping Zhong, "The Relationship between Foreign Aid and FDI in South Asian Economies", *International Journal of Economics and Finance*, Vol.3, No.2, 2011, pp.143-149.

④ 王翚、雷鹏飞、甘小军:《官方发展援助对 FDI 的影响效果研究——基于包含制度变量的动态面板模型检验》,《山西财经大学学报》2014 年第 1 期。

⑤ 董艳、樊此君:《援助会促进投资吗——基于中国对非洲援助及直接投资的实证研究》,《国际贸易问题》2016 年第 3 期。

⑥ 甘小军、韩天慧:《国际双边援助对 FDI 影响的实证检验》,《统计与决策》2013 年第 13 期。

⑦ 王翚、甘小军、刘超:《国际双边发展援助对 FDI 的影响研究——基于 17 个 OECD 国家对华发展援助的实证》,《国际贸易问题》2013 年第 6 期。

⑧ Chatterjee, Santanu, Georgios Sakoulis, and Stephen J. Turnovsky, "Unilateral Capital Transfers, Public Investment, and Economic Growth", *European Economic Review*, Vol.47, No.6, 2003, pp.1077-1103.

⑨ Chatterjee, Santanu, and Stephen J.Turnovsky, "Financing Public Investment Through Foreign Aid: Consequences for Economic Growth and Welfare", *Review of International Economics*, Vol. 13, No.1, 2005, pp.20-44.

础设施领域的援助对其私人资本的形成和增长的影响,结果显示,对外援助对私人资本的流入有一定的积极作用。卡塞利和费勒(Caselli 和 Feyrer,2007)[1]对两者关系进行了实证分析,结果显示与援助相关的因素对外商直接投资有积极的影响。塞拉亚和苏内森(2012)[2]的研究发现,虽然物质资本援助会排挤外商直接投资,但对外援助影响外商直接投资的净效应是显著为正的。多纳鲍尔等(Donaubauer 等,2016)[3]研究发现基础设施援助对吸引外资具有积极作用,即存在援助的"基础设施效应"。李和里斯(Lee 和 Ries,2016)[4]研究指出"促贸援助"对吸引国际直接投资具有积极作用。还有少数学者认为官方发展援助会阻碍国际直接投资的流入。安德森等(Anderson 等,2012)[5]、斯文森(Svensson,2000)[6]和阿雷利亚诺(Arellano 等,2009)[7]实证研究发现,官方发展援助增加了受援国的寻租活动和发生"荷兰病"的风险,降低了受援国吸引外资的能力,会挤出国际直接投资。廖等(Liao 等,2020)[8]则发现"一带一路"沿线国家和地区接受的国际发展援助对国际直接投资有显著的挤出效应。

[1] Caselli, Francesco, and James Feyrer, "The Marginal Product of Capital", *The Quarterly Journal of Economics*, Vol.122, No.2, 2007, pp.535-568.

[2] Selaya, Pablo, and Eva Rytter Sunesen, "Does Foreign Aid Increase Foreign Direct Investment?", *World Development*, Vol.40, No.11, 2012, pp.2155-2176.

[3] Donaubauer, Julian, Birgit Meyer, and Peter Nunnenkamp, "Aid, Infrastructure, and FDI: Assessing the Transmission Channel With a New Index of Infrastructure", *World Development*, Vol.78, 2016, pp.230-245.

[4] Lee, Hyun-Hoon, and John Ries, "Aid for Trade and Greenfield Lnvestment", *World Development*, Vol.84, 2016, pp.206-218.

[5] Anderson, Edward, "Aid Fragmentation and Donor Transaction Costs", *Economics Letters*, Vol.117, No.3, 2012, pp.799-802.

[6] Svensson, Jakob, "When is Foreign Aid Policy Credible? Aid Dependence and Conditionality", *Journal of Development Economics*, Vol.61, No.1, 2000, pp.61-84.

[7] Arellano, Cristina, et al., "The Dynamic Implications of Foreign Aid and its Variability", *Journal of Development Economics*, Vol.88, No.21, 2009.

[8] Liao, Hongwei, Yedi Chi, and Jiarui Zhang, "Impact of international Development Aid on FDI along the Belt and Road", *China Economic Review*, Vol.61, 2020, p.101448.

　　从援助国角度,大部分学者认为对外经济援助会显著促进对外直接投资。学者们从官方发展援助能够帮助援助国获取受援国内部信息(Mody 等[1],2003;Kang,2013[2];Asiedu 等,2009[3])、为投资者抵消部分国家风险尤其是跨国直接投资被征收的风险(Blaise,2005[4];Anyanwu,2012[5])、提升受援国的经济和社会基础设施水平(Harms 和 Lutz,2006[6];崔岩,2016[7];梅冠群,2017[8];陈子雷,2017[9])等方面,分析得出官方发展援助会促进援助国对外直接投资(Outward Foreign Direct Investment,OFDI)的结论。国内学者主要以中国对非洲援助和对非洲直接投资为研究对象,得出中国对非洲援助会促进中国对非洲的直接投资。张汉林等(2010)[10]使用跨国面板数据研究发现援助能够显著地促进对外直接投资。王茂军等(2020)[11]基于中国对非洲援助和直接投资项

① Mody, Ashoka, Assaf Razin, and Efraim Sadka, "The Role of Information in Driving FDI Flows: Host-Country Tranparency and Source Country Specialization", *IMF Working Paper*, No.148, 2003.

② Kang, Mr Joong, Mr Alessandro Prati, and Mr Alessandro Rebucci, "Aid, Exports, and Growth: A Time-Series Perspective on the Dutch Disease Hypothesis", International Monetary Fund, 2013.

③ Asiedu, Elizabeth, Yi Jin, and Boaz Nandwa, "Does Foreign Aid Mitigate the Adverse Effect of Expropriation Risk on Foreign Direct Investment?", *Journal of International Economics*, Vol.78, No.2, 2009, pp.268-275.

④ Blaise, Severine, "On the Link between Japanese ODA and FDI in China: A Microeconomic Evaluation Using Conditional Logit Analysis", *Applied Economics*, Vol.137, No.1, 2005, pp.51-55.

⑤ Anyanwu, John C., "Why does Foreign Direct Investment Go Where it Goes? New Evidence From African Countries", *Annals of Economics and Finance*, Vol.13, No.2, 2012, pp.425-462.

⑥ Harms, Philipp, and Matthias Lutz, "Aid, Governance and Private Foreign Investment: Some Puzzling Findings for the 1990s", *The Economic Journal*, Vol.116, No.513, 2006, pp.773-790.

⑦ 崔岩:《亚洲开发合作转型中的中国与日本——基于日本 ODA、中国"一带一路"构想的视角》,《日本学刊》2016 年第 2 期。

⑧ 梅冠群:《日本对外投资支持政策研究》,《现代日本经济》2017 年第 3 期。

⑨ 陈子雷:《发展援助、政企合作与全球价值链——日本对外经济合作的经验与启示》,《国际经济合作》2017 年第 12 期。

⑩ 张汉林、袁佳、孔洋:《中国对非洲 ODA 与 FDI 关联度研究》,《世界经济研究》2010 年第 11 期。

⑪ 王茂军、邵静、周小利等:《促进还是抑制:中国对非直接投资的对外援助效应》,《人文地理》2020 年第 1 期。

目数,运用分位数回归方法研究发现对非洲援助在中国对非洲直接投资中发挥着先锋促进效应。李富有和王运良(2020)①研究发现对外援助是中国海外投资的"先锋队"。孙楚仁等(2021)②通过构建对外援助与对受援国直接投资的企业异质性理论模型和实证模型,论证了中国对非洲援助能有效地促进中国企业对非洲直接投资。

(三)日本对外援助与其对外贸易投资关系的研究

经济利益始终是日本对外经济援助的重要目标。怀特(White,1964)③在早期研究日本对外经济援助时就指出,日本的对外经济援助基本不存在非经济因素的动机;胡克和张(Hooks 和 Zhang,1998)④、谢文斯(Scheyvens,2005)⑤也指出日本对外经济援助的经济考量占相当大的比重。第二次世界大战后日本通过经济援助进入受援国市场,推动受援国基础设施建设,进而推动日本对外投资和贸易的发展,形成了"援助—贸易—投资"三位一体的经济合作模式。这一模式已被日本官方认可并引起学术界讨论。对外援助、贸易和投资三者互动不容忽视,但既有文献对经济援助、贸易和投资三者关系的研究并不多,已有研究大多是分别研究经济援助对贸易、投资的影响,

关于日本经济援助影响贸易的研究相对较少,相关的实证研究则更少。渡边利夫(1974)⑥从理论层面研究了这一问题,通过日本对东南亚援助案例,

①　李富有、王运良:《对外援助、制度质量与我国对外直接投资》,《江西财经大学学报》2020 年第 1 期。

②　孙楚仁、何茹、刘雅莹:《对非援助与中国企业对外直接投资》,《中国工业经济》2021 年第 3 期。

③　White,John Alexander,*Japanese Aid*,Overseas Development Institute,1964.

④　Hook,Steven W.,and Guang Zhang,"Japan's Aid Policy since the Cold War:Rhetoric And Reality",*Asian Survey*,Vol.38,No.11,1998,pp.1051-1066.

⑤　Scheyvens,Henry,"Reform of Japan's Official Development Assistance:A Complete Overhaul or Merely a Fresh Coat of Paint?",*Progress in Development Studies*,Vol.5,No.2,2005,pp.89-98.

⑥　[日]渡边利夫:《日本对发展中国家的经济援助是一种贸易政策——日本对东南亚援助的事例研究》,南经摘译,《南洋问题资料》1974 年第 1 期。

得出了日本对发展中国家的经济援助实际上是一种贸易政策的结论;董传意(2021)[1]运用贸易引力模型对日本在南盟进行开发援助的贸易效应进行了探究,结果表明日本开发援助对双边贸易存在显著正向影响。

关于日本对外经济援助是否促进其对外直接投资,国内学者研究较少,但国外学者得到了较为一致的结论,即日本的对外援助能显著地促进其对外直接投资。布莱斯(Blaise,2005)[2]使用中国省际面板数据,基于条件逻辑回归模型(Logit Model)研究了日本官方发展援助对促进受援国外国直接投资流入方面的有效性,结果表明日本官方发展援助促进了其对中国的直接投资。布莱斯(2009)[3]进一步以东南亚4国(印度尼西亚、马来西亚、菲律宾、泰国)为例,实证结果显示日本的官方发展援助显著地促进了日本对东南亚4国的直接投资,且援助对制造业、非制造业部门直接投资的影响均显著为正。木村秀美和户堂康之(Kimura 和 Todo,2010)[4]构建投资引力模型,选取日本、美国、英国、德国、法国5国为援助国样本和29个受援国样本,研究了援助如何促进对发展中国家的直接投资,结果显示总体上对外援助对国际直接投资并无显著影响,但日本的对外援助具有"先锋效应",即日本的官方发展援助促进了日本企业对受援国的直接投资,且日本对外援助仅能促进日本企业对受援国的直接投资。希恩(Hien,2008)[5]实证研究了日本和欧盟对越南的60个省基础设施领域的援助对直接投资的影响,发现来自日本的短期援助和长期

① 董传意:《日本对南盟国家政府开发援助的贸易效应分析》,云南财经大学2021年硕士学位论文。

② Blaise, Severine, "On the Link between Japanese ODA and FDI in China: A Microeconomic Evaluation Using Conditional Logit Analysis", *Applied Economics*, Vol.37, No.1, 2005, pp.51-55.

③ Blaise Severine, "Japanese Aid as a Prerequisite for FDI: The Case of Southern Asian Countries", *Australia-Japan Research Centre*, *Crawford School of Public Policy*, *The Australian National University*, *Asia Pacific Economic Papers*, 2009.

④ Kimura, Hidemi, and Y.Todo, "Is Foreign Aid a Vanguard of Foreign Direct Investment? A Gravity-Equation Approach", *World Development*, Vol.38, No.4, 2010, pp.482-497.

⑤ Hien, Pham Thu, "The Effects of ODA in Infrastructure on FDI Inflows in Provinces of Vietnam, 2002-2004", *Vietnam Development Forum*, *Working Paper*, Vol.89, 2008.

援助均能显著地促进日本的对外直接投资,而来自欧盟的援助对欧盟的直接投资并无影响。康宋金等(Kang Sung Jin 等 2011)①研究官方发展援助与国际直接投资两者间关系,增加韩国和荷兰两个援助国样本,研究结果表明日本、韩国的对外发展援助均能促进其对受援国的直接投资,而其他援助国家的援助反而抑制了外商直接投资,以荷兰的替代效应最为明显。奥希(Oishi,2017)②得到了类似结论,即日本的官方发展援助对其对外直接投资产生了"先锋效应",以政府贷款方式的援助促进对外直接投资效果最为显著。

(四)研究思路

本书以日本对外经济援助体系、日本对东盟经济援助和直接投资动态演变、日本与东盟双边贸易关系以及经济援助如何促进双边贸易和直接投资为研究主线,首先,搭建了日本对东盟经济援助以及其影响双边贸易和直接投资的理论分析框架。其次,从日本对外援助的法律法规体系、决策体系、执行体系和监督评价体系 4 个方面分析了日本对外援助的政府管理体制;接着定性和定量分析了日本对东盟官方发展援助、双边贸易和直接投资的动态演变与特征,系统探析了日本对东盟经济援助与贸易、投资协同发展实践。然后,通过阐释日本对东盟官方发展援助影响双边贸易和直接投资的内在逻辑和作用机理,并在充分把握影响日本与东盟双边贸易和日本对东盟直接投资的相关因素基础上,构建出日本对东盟官方发展援助影响双边贸易和直接投资的实证模型,实证分析了日本对东盟官方发展援助的经济效应(贸易效应和直接投资效应)。

①　Kang,Sung Jin,H.Lee,and B.Park,"Does Korea Follow Japan in Foreign Aid? Relationships between Aid and Foreign Investment",*Japan and the World Economy*,Vol.23,No.1,2011,pp.19-27.

②　Oishi,Kikuo,"Japan's Yen Loan,Prerequisite to Mass FDI from Japan",*International Journal of Financial Research*,Vol.8,No.3,2017,pp.40-50.

（五）研究内容

全书包括导论和八章内容。导论主要阐述了研究背景、研究意义和研究内容等，并梳理了国内外相关问题研究成果，为后续研究奠定了基础。全书八章内容安排如下。

第一章是核心概念界定和相关理论基础。首先对本书研究的援助、贸易和直接投资 3 个核心概念内涵进行了界定；其次以地缘政治经济理论、经济治国理论和雁行理论构建了日本对东盟经济援助的理论框架；再次以贸易成本理论和国际收入转移的贸易条件效应理论分析了日本对东盟经济援助影响双边贸易的理论基础；最后以国际生产折衷理论和公共经济理论分析了日本对东盟经济援助影响双边投资的理论基础。

第二章是日本对外经济援助治理体系。从日本对外经济援助的法律法规体系、决策体系、执行体系和监督评价体系等方面全面梳理了日本对外经济援助的治理体系，考察了日本对外经济援助的理念、模式、管理体系与运作机制，从而揭示日本对外经济援助促进对外贸易投资的制度保障。

第三章是日本对东盟经济援助的动态演变与特征。首先梳理了日本对东盟经济援助的发展历程，包括体制整备时期、计划扩张时期、理念充实时期和适应新时代时期 4 个时期；其次通过对日本对东盟经济援助的地区分布、领域分布、不同援助方式的定量分析以及援助模式的定性分析，深度解析了日本对东盟经济援助的政策走向；最后总结出日本对东盟经济援助的主要特征，主要包括援助动机强调互利和双赢、援助提供模式由"要请主义"向"提供型合作"转变、援助实施重视官民合作优势互补以及援助效果更加注重提升"软实力"。

第四章是日本与东盟贸易关系的动态演变与特征。考察了日本与东盟国家贸易关系的演进历程，利用翔实的数据分析了日本与东盟贸易产品的结构特征以及贸易的国别差异特征。通过日本与东盟双边贸易的定量分析,明确了东盟国家在日本对外贸易中的重要性,也为后面第七章实证分析奠定基础。

第五章是日本对东盟直接投资的动态演变与特征。考察了日本对东盟直接投资的发展历程,从日本对东盟的直接投资规模、行业结构、国别差异和投资方式4个方面,利用翔实的数据分析了日本对东盟直接投资的动态演变特征。通过日本对东盟直接投资的定量分析,明确了东盟在日本全球产业链布局中的重要地位,也为后面第八章实证分析奠定了基础。

第六章是日本对东盟经济援助与贸易投资协同发展实践。首先,从日本政府对东盟经济援助的典型案例入手,解析了在对东盟国家的具体援助项目上日本是如何做到"援助—贸易—投资"三位一体协同互动;其次,探析了日本政府对东盟经济援助与私人直接投资的战略分工协作以及日本对东盟经济援助的束缚性问题;最后,探析了日本对东盟经济援助、贸易和投资3者协同发展的最新动向。

第七章是日本对东盟经济援助对双边贸易关系的影响。首先分析了日本对东盟官方发展援助影响双边贸易关系的机理机制,其次初步探究了日本对东盟官方发展援助与双边贸易关系的相关性,最后构建模型实证分析了日本对东盟官方发展援助的贸易效应。本部分运用多种计量方法实证分析了日本对东盟官方发展援助对双边贸易规模、贸易结构、贸易多样性和贸易产品复杂度的影响;并从不同援助领域和不同援助方式两个维度分析了日本对东盟异质性官方发展援助的贸易规模效应;此外,还讨论了援助可能存在的内生性问题并对实证结果进行了稳健性检验;最后运用中介效应模型进一步检验了日本对东盟经济援助贸易效应的作用机制,即基础设施质量和贸易便利化的中介效应。

第八章是日本对东盟经济援助对双边投资关系的影响。首先,分析了日本对东盟官方发展援助影响直接投资的机理机制;其次,构建了日本对东盟官方发展援助影响日本对东盟受援国直接投资的实证模型,从整体阶段和分阶段分别实证分析了日本对东盟经济援助的直接投资效应;再次,进行了异质性分析,详细分析了日本对东盟不同援助方式和日本对东盟不同受援国官方发展援助的直接投资效应,并对实证结果进行了内生性讨论和稳健性等相关检验;最后,对日本对东盟官方发展援助的直接投资效应提高受援国基础设施质量的作用机制进行验证,以明确基础设施质量中介效应的实际效果。

第一章 核心概念界定和相关理论基础

第一节 核心概念的界定

一、经济援助概念的界定

关于经济援助(Economic Aid,Economic Assistance),有很多不同的称呼: "国际援助"(International Assistance)、"发展合作"(Development Cooperation)、对外援助或外援(Foreign Aid,Foreign Assistance)、对外经济援助(Foreign Economic Aid,FEA)、发展援助(Development Assistance)、官方发展援助(Official Development Assistance,ODA)以及经济合作(Economic Cooperation)。这些称呼都很正式,但是这些描述的主题是"巨大的、复杂的和支离破碎的"。下面对几个相近的概念进行区分并对本书的对外经济援助概念进行界定。

(一)狭义与广义的经济援助

经济援助有广义和狭义之分。广义的经济援助指国际社会中的援助国对发展中国家给予的官方发展援助和非政府组织(Non-Governmental Organizations,NGOs)给予发展中国家经济、资金、技术等方面援助的总称;狭义的经济援助指官方发展援助。

(二) 官方发展援助

经济合作与发展组织发展援助委员会对官方发展援助的定义是:"促进和专门针对发展中国家经济发展和福利的政府援助。"[1]2018 年以前,经济合作与发展组织发展援助委员会规定成员的官方发展援助必须满足以下 3 个条件:第一,资金的提供者是政府或政府的实施机关,其接受对象为发展中国家或国际机构;第二,主要目的是用于促进发展中国家的经济发展和社会福利;第三,援助资金至少须达到 25% 赠予比率(Grant Element)的让与(Concessional)性质。2018 年后,经济合作与发展组织发展援助委员会对成员的官方发展援助定义进行了较大修改,取消了官方发展援助至少有 25% 的赠款的要求,针对不同收入水平国家以及国际组织的援助优惠规定各有区别,官方发展援助的"优惠"性质更加明显。新规定的官方发展援助具体条件包括:第一,对最不发达国家和其他低收入国家官方部门的双边贷款中至少有 45% 的赠款(按 9% 的贴现率计算);第二,对中低等收入国家官方部门的双边贷款至少有 15% 的赠款(按 7% 的贴现率计算);第三,向中高等收入国家的官方部门提供双边贷款时,赠款至少为 10%(按 6% 的贴现率计算);第四,对于向多边机构的贷款,赠款部分至少为 10%(全球机构和多边开发银行按 5% 的折扣率计算,包括次区域组织在内的其他组织按 6% 的折扣率计算)。

在长期实践中,经济合作与发展组织发展援助委员会对官方发展援助进行了严格的限定,规定提供军事装备或服务和为反恐活动提供的援助不属于官方发展援助,但使用援助国军队进行人道主义援助所产生的费用属于官方发展援助范畴;大部分维和费用和军事费用不属于官方发展援助,而一些与发展密切相关的维和活动则被纳入官方发展援助范畴;以民用为目的的相关费

---

① 经济合作与发展组织, https://www.oecd.org/dac/financing-sustainable-development/development-finance-standards/what-is-ODA.pdf。

用支付属于官方发展援助;旨在帮助受援国文化能力建设的资金费用属于官方发展援助,但不包括援助国艺术家、运动员一次性的演出、比赛以及为了提升援助国形象的有关活动。①

此外,经济合作与发展组织发展援助委员会将其成员提供给发展中国家的资源转移分为 4 类,即官方发展援助、其他政府资金(Other Official Flows,OOF)、民间商业资金(Private Flows,PF)和民间非营利团体的无偿资金(Grant by NGOs)。其他政府资金指由援助国政府机关提供,但发展目的或让与性质不符合官方发展援助标准的交易,主要包括政府出口信贷、直接投资融资以及对国际机构融资等;民间商业资金指由援助国民间以市场商业条件提供的交易,主要包括对外直接投资、多边或双边的证券投资及民间金融业对国际机构融资等;民间非营利团体的无偿资金指由援助国民间非营利团体提供给发展中国家、国际多边机构及国际非营利团体的发展援助及人道救济。

援助国政府在执行对外援助政策时,首先要面对的抉择就是采用双边援助(Bilateral Aid)还是多边援助(Multilateral Aid)的渠道。双边援助指提供援助的方式是把让与性质的资源直接由援助国转让到受援国手中,而不需借其他间接渠道进行;"多边援助"则指那些需要通过国际组织来协调让与性质资源的供给和分配事宜的援助方式。

(三) 本书对经济援助概念的界定及相关说明

在日本的对外援助过程中,关于经济援助先后使用过多个名称,日本学术界与官方使用最广的是政府开发援助和经济合作,分别出自经济产业省(原通商产业省,简称通产省)②的《经济协力白皮书》和外务省的《我国政府开发

---

① 经济合作与发展组织:"Officia Ldevelopment Assistance-Definition and Coverage", http://www.oecd.org/dac/stats/officialdevelopmentassistancedefinitionandcoverage.htm。

② 日本经济产业省是隶属日本中央政府的直属省厅,前身是通商产业省(简称通产省),成立于 1949 年 5 月。2001 年(平成 13 年)1 月 6 日日本中央省厅改革之后,被改名为经济产业省(简称经产省)。

援助》。通产省通常将援助称为"经济合作";外务省每年发表《我国政府开发援助》白皮书即官方发展援助白皮书,2001 年开始将官方发展援助白皮书与《政府开发援助实施情况年度报告》统一起来,作为新的《政府开发援助白皮书》发表,2015 年开始再次改为《发展合作白皮书》①。日本对外援助的名称改变反映了日本对外援助政策的变化。

日本外务省将官方发展援助分为赠予和政府贷款,包括直接向发展中国家和地区提供援助的双边援助和向国际组织提供援助的多边援助(见图 1-1)。双边援助中的赠予是向发展中国家和地区无偿提供的援助,包括无偿资金援助和技术援助,无偿资金援助不规定偿还义务,向发展中国家和地区提供社会和经济发展所需的资金,技术援助利用日本的知识、技术和经验,培养负责发展中国家和地区社会和经济发展的人力资源。此外,无偿资金援助包括向国际组织提供的捐款,其中包括指定项目和目标国家的捐款。双边"政府贷款等"包括政府贷款和海外投融资,政府贷款以低利率和宽松的贷款条件提供给发展中国家和地区政府所需的资金,贷款期限长,而且规定必须用日元结算,因此称作"日元贷款"。海外投融资为负责在发展中国家和地区开展业务的私营部门公司提供贷款和投资。在"政府贷款等"中,海外投融资数额很小,占比很低,绝大部分是日元贷款。多边援助包括向联合国和国际组织(如联合国开发计划署(The United Nations Development Programme,UNDP)和联合国儿童基金会(United Nations International Children's Emergency Fund,UNICEF))以及国际金融机构(如世界银行,World Band,WB)提供捐款和赠款。

为了避免混淆,本书将日本对东盟的经济援助或官方发展援助界定为日本对东盟官方发展援助中的双边援助,在后面的章节中统一使用经济援助或官方发展援助或援助来表述。

---

① 日本外务省,https://www.mofa.go.jp/mofaj/gaiko/oda/shiryo/hakusyo.html。

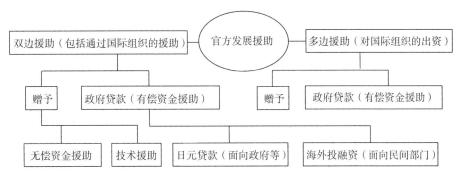

图 1-1　日本的官方发展援助

资料来源：日本外务省官网，https://www.mofa.go.jp/mofaj/gaiko/oda/press/shiryo/page22_001366.html。

二、对外直接投资概念的界定

国际直接投资根据资本流动方向分为流入直接投资（Inward Foreign Direct Investment，IFDI）和流出直接投资（Outward Foreign Direct Investment，OFDI）。通常所讲的对外直接投资是指流出直接投资。由于各国所处的经济发展阶段不同、资源禀赋丰裕程度不同以及海外投资方式的多样化，致使在西方国际投资理论界和各国公布的国际投资统计资料中，关于对外直接投资划分标准一直存在争议，处理方法也不尽相同。

（一）国际经济组织对对外直接投资概念的界定

国际货币基金组织（International Monetary Fund，IMF）在 1997 年将对外直接投资界定为："在投资人以外的国家或地区投入资本，目的在于对投入企业的经营管理具有有效的发言权，以期获得持续收益的一种投资行为。"

经济合作与发展组织强调，对外直接投资是投资人通过与他国企业建立长期战略合作关系，取得经济利益并对其有效控制的投资，拥有他国企业10%及以上投票权。

联 合 国 贸 易 和 发 展 会 议（United Nations Conference on Trade and

Development,UNCTAD,简称联合国贸发会议)发布的 2000 年《世界投资报告》将对外直接投资界定为:"一个国家或地区的居民实体(对外直接投资的母公司或个人)在其本国或地区以外的另外国家或地区的企业(外国直接投资的企业或分支企业以及海外分支机构等)中确立长期关系,拥有持续利益,并对其有控制权的投资。"

(二)日本政府对对外直接投资概念的界定

日本的《外汇与外贸管理法》将日本对外直接投资分为获得证券、获得债权和建立或扩大支店 3 种形态。其中,获得证券的投资指日本居民取得依外国法令设立的法人所发行的证券;获得债权的投资指日本居民按政令规定为与国外当地法人建立长远的经济关系对该法人进行的贷款;建立或扩大支店等的投资指为在外国设置或扩大分店、工厂及其他营业所(简称"分店"等)而交付有关资金;另外,根据原《外汇与外贸管理法》的有关规定,日本居民在国外获得不动产也是对外直接投资的一种形态。

关于日本对外直接投资的各种形态,日本政府在《外汇管理令》《关于外汇管理的省令》中做了以下具体规定①:

1. 获得证券的投资

获得证券的投资包括以下 4 种形态:一是日本居民一次获得外国法人发行完毕的股票总数或出资总额 10%以上的投资;二是由日本居民继续买入外国法人的股票,从而使其获得该外国法人发行完毕的股票总数或出资总额超过 10%的那些追加投资;三是日本居民已持有外国法人发行完毕的股票总数或出资总额 10%以上时继续追加购买的投资;四是日本居民和外国法人之间已建立了永久继续的经济关系又购买该外国法人发行的股票、公司债等有价证券的投资,其中,日本居民和外国法人之间建立永久持续的经济关系,包括

---

① 马文秀、王立军等:《日本对外直接投资与国内产业升级研究》,人民出版社 2018 年版,第 2—4 页。

派董事、长期供给原材料或买卖产品、提供重要的生产技术等形式。

2. 获得债权的投资

获得债权的投资包括3种投资形式：一是日本居民在对外国法人进行获得证券的直接投资的同时，若向该外国法人提供偿还期限超过一年的贷款，则该贷款视为直接投资；二是当日本居民已拥有外国法人发行完毕的股票总数或出资额的10%以上时，若其向该外国法人提供偿还期限超过一年以上的贷款，则该贷款视为直接投资；三是当日本居民和外国法人之间已建立或者在建立前述永久持续的经济关系时，若其向该外国法人提供偿还期限超过一年以上的贷款，则该贷款视为直接投资。

上述3种获得债权的投资场合，前两种是向有资本关系的外国法人提供融资贷款，最后一种是向虽无资本关系但有永久持续的经济关系的外国法人提供融资贷款。

3. 分店等的投资

分店等的投资包括两种形式：一是日本居民在国外建立支店等资金支付，包括建立支店后3个月以内所必要的运营资金；二是扩大支店等资金支付，即伴随支店等固定资产和滚存资产增加而增加的资金支付。

（三）本书对对外直接投概念的界定及相关说明

根据上述有关界定，本书将对外直接投资的基本特征归纳为3点：一是投资者在母国之外的国家或地区从事的投资；二是进行投资的主要目的是获得足够的管理控制权，并从中享有相对持久的利益；三是投资股权应该达到10%以上。本书中的日本对外直接投资数据来自日本政府公布的数据、东盟秘书处公布的数据和联合国贸发组织公布的数据。

三、东盟国家说明

东盟全称"东南亚国家联盟"（Association of Southeast Asian Nations,

ASEAN),其前身是由马来西亚、菲律宾和泰国 3 国于 1961 年 7 月 31 日在曼谷成立的东南亚联盟。1967 年 8 月 7 日至 8 日,印度尼西亚、新加坡、泰国、菲律宾 4 国外长和马来西亚副总理在泰国首都曼谷举行会议,发表了《东南亚国家联盟成立宣言》即《曼谷宣言》,正式宣告东南亚国家联盟的成立,东盟成为东南亚地区以经济合作为基础的政治、经济、安全一体化合作组织,并建立起一系列合作机制。1984 年,文莱加入东盟;20 世纪 90 年代,越南、老挝、缅甸和柬埔寨也先后加入,至此,东盟成为涵盖除东帝汶外的整个东南亚地区的区域性合作组织,习惯上把 5 个创始成员国及文莱称为"东盟老 6 国",越南、老挝、缅甸和柬埔寨称为"东盟新 4 国"。

第二节　日本对东盟经济援助的理论基础

一、地缘政治经济理论

地缘政治经济理论即政治经济地理学,强调地理因素在国际关系中的作用和影响,突出国际政治经济的空间意义。1994 年,美国地理学和国际关系学教授乔治德姆克(Gorge J. Demko)和国务院官员威廉伍德(William B. Wood)[1]提出了"地缘政治经济学"(Geopolitics),将地缘政治与地缘经济学理论结合起来。中国学者高淑琴(2009)[2]将地缘政治经济学界定为,在特定时代的生产力条件和空间条件下,由政治经济行为主体通过地理环境的相互作用而产生的各种政治经济关系的有机组合;崔日明、杨攻研(2017)[3]认为,地

---

[1]　Gorge J. Demko, William B. Wood, *Reording the World: Geopolitical Pespectives on the Twenty-first Century*, Westview Press, 1994.

[2]　高淑琴:《世界地缘政治经济转型中的自然资源要素分析》,《国外社会科学》2009 年第 1 期。

[3]　崔日明、杨攻研:《中国地缘政治经济学的理论构建与实践——第二届地缘政治经济学论坛综述》,《经济研究》2017 年第 2 期。

缘政治经济学是在经济全球化的背景下，以国家为行为主体，以地缘因素为基础，通过特定空间范围内的政治经济的互动来谋求国家经济利益，在地缘要素影响下成为国家竞争的新形式，促使人们从经济关系来重新认识、处理和定位国际关系的新理论。地缘因素是各国政府制定外交战略和对外政策的最重要的参照系之一。第二次世界大战后日本自开展官方发展援助以来一直以亚洲为中心，尤其是将东盟作为其对外援助的最重要区域，这明显具有地缘政治经济的考量。东盟国家与日本有着独特的地缘关系，对日本的政治、经济、安全都至关重要。日本政府认为，政治方面日本作为战败国要想重新回到国际社会迫切需要获得东南亚国家的谅解和支持，经济方面日本的经济发展需要东南亚的资源供给和市场，安全方面作为地处亚洲与大洋洲、太平洋与印度洋之间"十字路口"的东南亚是日本走向世界的必经之地，而保证战略通道的顺畅对日本的国家安全有着决定性的影响。所以日本政府在经济援助的地域选择上把东南亚作为首选。第二次世界大战后日本通过长期向东盟地区提供经济援助并按照本国的利益和战略需求将其制度化，寻求与东盟国家合作的共同利益，维护日本在该地区的主导权地位，实现其地缘经济与政治目标。

二、经济治国论

1969 年美国著名国际关系学者大卫·鲍德温（Baldwin）出版的《经济治国论》一书首次提出经济治国论的概念，将经济学与政治学整合在一起，为对外贸易与对外援助等纳入经济治国论提供了最权威的考察。鲍德温将"经济治国论"定义为：一国政府（sender）通过使用经济工具来影响目标国（target）的行为，以此达到一国设定的外交目标①。该理论突出三个重点：一是必须由政府主导控制大政方针；二是必须以经济作为治国理政的主要工具；三是必须

---

① Baldwin D.A.,*Economic Statecraft*,Princeton University Press,1985,pp.2-4.

有明确的外交目标对目标国施加影响。因此,经济治国论看起来更像是与硬实力相关联的,具有强制性的影响手段①。用经济治国论可以解析日本的对外援助。日本对外援助决策体系经历了从官僚主导下的分散化决策体制逐渐转变为政治家主导下的集中化决策体制;日本政府与具体实施经济援助项目的日本企业之间通过建立委托—代理关系,从而形成一条特殊的援助利益链,即由日本政府发起对外援助项目→由日本政府派出的企业对该项目实施调研考察→派出企业在获得直接利益的情况下也将利益输送回日本。日本通过创造性地使用政府对外援助与日本企业的对外贸易和投资,形成"援助—贸易—投资"三位一体的日本援助模式,以此来实现日本的经济利益与政治利益双赢目标。

三、雁行理论

雁行理论(日语称为雁行形态论,英语为 the Flying Geese Model)由日本学者赤松要(Akamatsu)于 1935 年提出,该理论分析了后发国家某一特定产业从产生、发展到衰退的生命周期过程,也用来解析产业的国际转移规律。② 赤松要提出该理论以后,日本经济学家山泽逸平和小岛清等对其进行了拓展,成为解释东亚经济模式的重要理论。20 世纪 80 年代,雁行理论突破原有的理论框架,开始注重从投资和贸易等产业关联角度探讨东亚区域内经济运行的机理。90 年代以后,随着亚洲"四小龙"的崛起,雁行理论在产业循环机制和区域经济方面有了更进一步的发展,成为日本政府旨在建立以日本为核心,涵盖亚洲"四小龙"和东盟在内的"开放性经济圈"的理论依据。本书认为第二次世界大战后日本正是以雁行理论为基础在亚洲开展的战争经济赔偿和经济

---

① Lalbahadur A., "Economic State Craft in South Africa's Regional Diplomacy", *South African Journal of International Affairs*, Vol.23, No.2, 2016, pp.135–149.

② Akamatsu, K., "The Trend of Japan's Foreign Trade in Woolen Manufactures", *Journal of Nagoya Higher Commercial School*, Vol.13, 1935, pp.129–212.

援助等经济合作以及与东盟国家的经济外交,为日本不同时期的经济发展及其对外产业转移进行了系统布局。

第三节　日本对东盟经济援助影响双边贸易的理论基础

一、贸易成本理论

贸易成本指除了生产商品的边际成本之外,使产品到达最终用户发生的所有成本(Anderson 和 Wincoop,2003)[1],包括运输成本、批发和零售的配送成本、政策壁垒(关税和非关税壁垒)成本、合同实施成本、汇率成本、法律法规成本及信息成本等。方虹等(2010)[2]认为,贸易成本包括资源再配置成本与交易成本,前者属于生产成本,是微观经济学的主要研究对象。后者是流通成本,属于国际贸易理论的研究范畴。由于贸易成本难以量化,所以在传统研究中贸易成本一直是难点(Behrens 等,2007)[3]。但随着国际专业化分工和产业内贸易理论的发展,学者们的研究逐渐从关税和非关税等可见成本转移到运输成本、信息成本等贸易成本上,逐步认识到贸易成本对国际贸易的深刻影响。

国际贸易中的贸易成本在很大程度上影响一国商品在国际市场中的竞争力。新新贸易理论的异质企业贸易模型(Melitz,2003)[4]解释了国际贸易中企

---

[1]　Anderson,James E.,and Eric Van Wincoop,"Gravity with Gravitas:A Solution to the Border Puzzle",*American Economic Review*,Vol.93,No.1,2003,pp.170-192.

[2]　方虹、彭博、冯哲等:《国际贸易中双边贸易成本的测度研究——基于改进的引力模型》,《财贸经济》2010 年第 5 期。

[3]　Behrens,Kristian,et al.,"Changes in Transport and Non-Transport Costs:Local vs Global Impacts in a Spatial Network",*Regional Science and Urban Economics*,Vol.37,No.6,2007,pp.625-648.

[4]　Melitz,Marc J.,"The Impact of Trade on Intra-Industry Reallocations and aggregate Industry Productivity",*Econometrica*,Vol.71,No.6,2003,pp.1695-1725.

业的差异和出口决策行为。该模型认为,若没有任何交易成本时,企业异质性不会影响贸易,但企业必然存在的出口贸易成本使异质性企业贸易理论发挥作用,且不同种类产品的贸易成本组成存在差异性(Bernard 等,2006)①。企业不仅要考虑运输成本,也必须应对贸易伙伴国的贸易准入标准、建立分销渠道等新挑战。贸易成本能够影响贸易流向进而影响区域产业空间布局。新经济地理理论加大对运输成本的讨论,认为贸易成本对产业集聚的影响取决于规模经济与交通成本等的相互作用,贸易成本与产业集聚存在非线性关系。

日本对东盟经济援助以基础设施部门的援助为主,与贸易相关的基础设施援助将有效地削减商品流通过程中的运输成本和信息成本,促进贸易便利化;贸易政策援助则减少政策壁垒成本;成本生产能力建设援助则提高生产效率,降低生产成本。

二、国际收入转移的贸易条件效应理论

在国际经济分析中,国际收入转移指一个国家将其收入的一部分转移到另一个国家。克鲁格曼(Krugman)②认为,如果本国将收入的一部分转移到外国,比如对外援助,这意味着本国的收入减少了,因此支出必然随之减少。相应地,外国将增加支出。但由于各国消费偏好的不同,国际收入转移将导致对不同产品需求以及贸易格局的变动。国际收入转移会通过改变世界相对需求曲线来影响一国的贸易条件,国际收入转移对贸易条件的影响是正面的还是负面的,取决于本国和外国投入方式的差异。克鲁格曼用边际支出倾向来说明这一影响。如果收入转出国对出口产品的边际支出倾向大于收入转入国,收入转出国的收入减少导致对出口产品的国内需求减少从而增加出口产品的

① Bernard, Andrew B., J. Bradford Jensen, and Peter K. Schott, "Trade Costs, Firms and Productivity", *Journal of Monetary Economics*, Vol.53, No.5, 2006.
② [美]克鲁格曼等:《国际经济学:理论与政策》第十一版,丁敏等译,中国人民大学出版社2021年版,第117页。

出口,收入转入国因收入增加则会增加进口需求,由此收入转出国增加的出口却大于收入转入国对出口产品需求的增加。如果这种贸易格局变动能够影响出口价格,其他条件不变,那么国际收入转移会使收入转出国的贸易条件恶化。相反,如果收入转出国对出口产品的边际支出倾向小于收入转入国,那么收入转移会使转出国的贸易条件改善。如果消费者偏好不同是造成收入的转出国与转入国的边际支出倾向差异的唯一原因,那么上述推论不成立。其原因是各国消费者都更加偏好消费本国生产的产品,这不一定是由偏好的差异引起的,而有可能是由于贸易、自然以及人为的壁垒引起的。在这种情况下,收入转出国会将更多的资源用于生产出口产品,收入转出国出口增加;而收入转入国则将资源从出口生产中转移到非贸易品生产部分,出口下降,如果这种变动能够影响出口价格,则收入转出国贸易条件恶化。

日本对东盟经济援助是国际收入转移的一种形式。根据国际收入转移的贸易条件效应理论,当援助国与受援国之间存在边际支出倾向差异,并且这种倾向差异并不仅仅是由于消费者偏好不同导致的,那么对外援助将会使援助国增加出口。当援助国对出口产品的边际支出倾向大于受援国时,援助国的贸易条件就会恶化;相反,援助国的贸易条件则会改善。若援助国与受援国之间的边际支出倾向差异完全是由消费者偏好不同导致的,那么对外援助将会使援助国出口增加,受援国出口减少,援助国贸易条件恶化。

第四节　日本对东盟经济援助影响
直接投资的理论基础

一、邓宁的国际生产折衷理论

国际生产折衷理论(The Eclectic Theory of International Production)是西方对外直接投资的主流理论,由英国里丁大学经济系教授、著名跨国公司问题专家邓宁(Dunning)于1977年首次提出,并在此后进行了补充和完善。该理论认为,企业进行对外直接投资必须同时具备3种优势,即所谓的所有权优势(Ownership-specific Advantages,简称O)、内部化优势(Internalization Incentive Advantages,简称I)和区位优势(Location-specific Advantages,简称L)。该理论具有较高的概括性和综合性,故又被称为"国际生产综合理论"(简称OIL模式或OIL范式)。所有权优势指一国企业拥有或能够获得的而国外企业所没有或无法获得的资产及其所有权,即企业内部化的资产。内部化优势指拥有所有权优势的企业通过扩大自己的组织和经营活动,将这些优势加以内部使用从而获得最大收益的能力。区位优势指由于企业选择不同的投资地点所带来的优势,这取决于东道国的总体投资环境。

(一)经济援助→区位优势→受援国直接投资流入

在邓宁的国际生产折衷理论中,区位优势是由东道国的特定资产形成的优势,它不分企业规模与国籍,只要在这一特定区域利用就能获得的优势。影响东道国区位优势的因素可以分为非制度因素和制度因素两大类。非制度因素包括市场规模、市场增长率、生产要素及其成本和质量等经济因素,以及经济基础设施及服务水平、其他第三产业发展水平等基础因素;制度因素又分为政治制度(政策连续性、政局稳定性)、经济制度(包括贸易壁垒、外资政策、金融管制程度及市场发育程度)、法律制度(法律完善程度,尤其是对私有财产的保护)和企业运行的便利性(信息的可获得性、社会设施、政府清廉程度等)。区位优势是投资的动力因素,主要来源于东道国。

日本对东盟的经济援助可以推动东盟国家的基础设施建设,为东盟国家提供生产所需要的物质资本和人力资本等要素,改善医疗卫生条件和教育条件等投资软环境,而一些附加贸易投资自由化条件的援助,会推动受援国"市场化、私有化"的经济体制改革,但也可能会滋生援助依赖、腐败等受援国政府治理问题,从而对受援国制度与制度水平产生影响。上述这些效果将影响东盟国家的区位优势,从而影响其直接投资的流入。

(二)经济援助→所有权优势→援助国对受援国直接投资流入

经济援助有利于双边政治关系的改善,缩小双方在发展模式、文化理念、商业标准等"软环境"方面的距离,从而将增强援助国企业的综合所有权优势。从援助的动机来看,经济援助既是出于理想主义学者所指的"满足受援国需求"的利他动机,也有现实主义学者所说的"实现国家利益"的利己动机。从利己动机出发,经济援助是援助国实施的一种经济外交手段,借此与受援国建立及维系稳定、良好的外交关系,以实现自身的国家利益。援助国与受援国间稳定、良好的政治关系,将降低援助国企业在受援国遭遇歧视性政策和法规的可能性,即使遭遇受援国的国家风险也较容易通过外交途径解决,降低内部化的国家风险成本。国家内部因素的外化理论认为,援助国的历史经验和社会文化能够通过经济援助渠道向外部释放。

日本对东盟经济援助创造了日本和东盟受援国交流与合作的契机,并通过技术援助、文化援助等特定援助向受援国输入价值观与行为观,从宏观层面的发展模式、文化理念到微观层面的企业文化、管理模式和技术标准,引导东盟受援国逐渐缩小与日本的"软环境"距离,不断减少双方的沟通与合作障碍,降低内部化的信息交流成本。同时日本对东盟的经济援助可以传递关于东盟国家的商业环境的默示信息,通过提供准政府担保来降低日本企业投资东盟国家面临的国家风险。内部化成本的下降有利于日本企业综合所有权优势的提升,从而推动日本企业对东盟国家进行直接投资。

二、公共经济理论

公共经济理论认为,以政府为主的公共部门的一项基本职能就是提供公共产品和公共服务。由于公共产品具有受益的非排他性和消费的非竞争性,所以在公共产品领域普遍存在"搭便车"现象,从而导致私人企业没有激励来提供公共产品,市场出现失灵,公共产品供给不足。为了保证公共产品的供给,进而促使私人企业进行有效投资,就需要政府承担相应的成本提供公共产品。

从公共产品引申出国际公共产品和区域公共产品。国际公共产品是具有国际外溢性特征的公共产品,其表现形式既包括供特定区域内国家共享的跨国基础设施等物质的有形产品,也包括制度、组织、机制和默契等非物质、非有形产品。国际公共产品具有受益的非排他性和消费上的非竞争性这两个"公共产品"基本特征。与国内公共产品相比,国际公共产品具有受益覆盖范围广、作用对象超越主权国家的国际区域性乃至全球性等特点。提供国际公共产品意味着创造与分享国际公益。一个国家提供国际公共产品是其衡量收益与成本后的理性决策。一国提供国际公共产品就意味着要使用本国的"经济剩余",承担供给的"额外成本"。但与此同时,一国提供国际公共产品行为也可给本国自身带来特殊的、排他性的利益资源,包括因提供国际公共产品行为而产生的行为合法性、因行为公益性效果而产生的立场道义性以及制定有利于自身利益的秩序、标准、规则的议程优先性等。上述这些资源可有效转化为国际公共产品提供者的权力与影响力。

基于公共经济理论,从经济活动角度来看,提供国际公共产品实际上是一国政府在全球或区域范围优化资源配置的一种手段,而对外经济援助正是实现这一手段的载体。日本援助东盟国家不仅可以帮助受援国解决困难、从事发展,同时也是日本扩大自身影响力、达到自身特定目标的一种重要方式。日本根据东盟国家的需求提供必要的发展援助公共产品,除了对基础设施提供援建外,还对农业、医疗卫生、教育、人力资源、法制和税制等惠及民生项目和改善营商环境项目进行重点援助,既可以使日本提供的经济援助深入民心,赢得东盟国家民众的好感,扩大日本在东盟国家的影响力;又可以为日本企业与东盟国家开展贸易投资合作创造更便利的营商环境,使日本企业能够利用当地丰富的资源、廉价的劳动力和广阔的市场,从而促进日本对东盟的直接投资。

第二章　日本对外经济援助治理体系

第一节　日本对外经济援助的法律法规体系

日本于 1992 年制定了第一份《政府发展援助大纲》,此后日本政府不断健全官方发展援助制度体系。当前,日本官方发展援助法律法规体系包括国会通过的法律、内阁通过的政令、相关职能省厅发布的省令等约束性文件,以及日本内阁和外务省等从国家整体战略层面和部门层面发布的对日本官方发展援助工作提供指引的其他规范性文件。从日本官方发展援助法律制度的内容上来看,大致可以将其归纳为如下几个类别。

一、官方发展援助的战略性文件

关于官方发展援助的战略性文件,主要是内阁通过的《政府发展援助大纲》系列文件。官方发展援助政策作为第二次世界大战后日本恢复经济的重要外交手段,促进了日本与世界的融合,通过官方发展援助扩大日本急需的产品市场和原材料供给来源地,促进了第二次世界大战后日本经济的恢复和高速增长。到了 1989 年日本成为最大的官方发展援助国。随着国内环境和国际环境的巨大变化,日本政府对官方发展援助政策也作出相应调整,1992 年日本内阁首次发布了《政府发展援助大纲》,就日本提供官方发展援助的基本理念、基本原则、优先领域、促进官方发展援助实效的措施、提升国内外对官方发展援助理解与支持的措施以及实施体系等作出详细规定。此后，随着日本政府机构改革的深化以及日本国民对提高官方发展援助透明度要求的强化，日本内阁于 2003 年对《政府发展援助大纲》进行了修订。2015 年，日本内阁再次对《政府发展援助大纲》进行了修订，并将之命名为《发展合作大纲》，体现日本官方发展援助政策更加强调日本与受援国之间的平等合作关系及官方发展援助实效。

二、相关职能部门设置的规定

相关职能部门设置的规定主要包括日本国会通过的法律、内阁通过的政令以及职能部门发布的省令等。1998 年日本的《中央省厅等改革基本法》明确了外务省在对外经济援助政策制定和规制方面的核心地位，同时规定了外务省与日本国际协力机构（Japan International Cooperation Agency，JICA）、财务省、科学技术省等省厅机构之间在官方发展援助职能方面的关系。1999 年，《外务省设置法》第四条列举了日本外务省的 29 项重要职能，其中的 3 项涉及发展援助。2000 年，日本内阁制定的《外务省组织令》规定由外务省内设的国际协力局（International Cooperation Bureau）具体履行外务省的发展援助职责。2001 年，外务省制定的《外务省组织规则》对国际协力局的部门设置及职责做了细致规定。此外，1999 年的《财务省设置法》《文部科学省设置法》、2000 年日本内阁制定的《财务省组织令》《文部科学省组织令》、2002 年的《独立行政法人国际协力机构法》、2008 年日本内阁制定的《独立行政法人国际协力机构法施行令》等明确了与官方发展援助相关的其他职能部门的设置及基本职责。

三、规制官方发展援助工作的规范性文件

1947 年的日本《财政法》（2002 年修订）和《预算决算及会计令》（2016 年

修订）、1997 年的《关于财政结构改革推进的特别措施法》（2012 年修订）等对日本官方发展援助的预算编制及执行进行了规定。2002 年的《独立行政法人国际协力机构法》（2014 年修订）对官方发展援助实施机构的业务范围、援助类别、援助资金的预决算及法律责任等内容进行了规定。2001 年的《行政机关政策评估法》（2015 年修订）和《行政机关政策评估法施行令》（2015 年修订）等规范性文件对行政机关的政策制定、实施及其效果的评价规则进行了规定，其目的在于通过评价反映政府政策成效、促进政府高效运转，这也是日本对官方发展援助政策进行评价的基本法律依据。

四、外务省制定的关于官方发展援助工作的政策指引与援助报告

作为官方发展援助主管部门的日本外务省，为了指引实施机构有针对性地开展工作，对官方发展援助资金的分配作出原则性指引，制定了"国别援助政策""分部门援助政策""发展合作的优先领域"等发展援助政策。外务省制定的《官方发展援助评价指南》（ODA Evaluation Guidelines）系统地规定了外务省开展官方发展援助评价的操作规范，以便外务省、官方发展援助实施机构及评价机构在官方发展援助评价过程中有章可循，使官方发展援助评价工作更具可操作性。此外，外务省及援外实施机构国际协力机构还就官方发展援助事项发布年度报告，以有效地促进日本官方发展援助的管理与实效，如外务省发布的《2021 年发展合作白皮书：日本的国际合作》对之前官方发展援助工作尤其是 2020 年的工作进行了评价、总结与展望。

第二节　日本对外经济援助的决策体系

目前日本实行的是以首相官邸为中央控制塔的一体化援助决策体制。在第二次世界大战后 60 多年的官方发展援助实践中，日本对外援助决策体系经

历了从官僚主导下的分散化决策体制逐渐转变为以首相官邸为中央控制塔的一体化援助决策体制。下面对这一转变过程进行分析。

一、2008 年以前:官僚主导下的官方发展援助"4 省厅协议"体制

在经济合作与发展组织发展援助委员会成员中,日本拥有最为复杂的官方发展援助决策体系。由于官方发展援助政策涉及财政预算、经济产业、教育、农林水产、民生医疗等各个领域,且日本官僚拥有历史性强势,所以日本涉及官方发展援助的官僚体系十分庞大。2008 年以前,日本参与官方发展援助决策过程的政府机构共有 1 府 12 省厅,对外经济援助决策需要经过各个省厅之间漫长的讨价还价过程才能最终形成。例如,涉及粮食官方发展援助项目需要外务省与农林水产省协商,文化交流与人才培养的官方发展援助项目需要外务省与文部科学省协商;医疗官方发展援助项目需要外务省与厚生劳动省协商等。其中,日本官方发展援助资金分为赠予和政府贷款两种形态,赠予援助资金由外务省与大藏省(现财务省)负责,政府贷款等援助资金由外务省、大藏省、通产省以及经济企划厅 4 个省厅负责。政府贷款等是日本官方发展援助中最大的组成部分,占有最重要的地位,因此负责政府贷款援助资金分配的上述 4 个省厅在决策体系中占据主导地位,因此,日本对外援助决策体制也被称为官僚主导下的"4 省厅协议"体制(见图 2-1)。日本对外援助决策体系不管是"1 府 12 省厅协议体制"还是政府贷款援助的"4 省厅协议"体制,其主要特征都是由多元的决策主体构成的分散的决策体制。

二、2008 年以来:政治家主导下的官方发展援助集中化决策体制

1991 年泡沫经济崩溃后,日本经济长期停滞不前,财政陷入困境,于是日本开始对其行政体系进行改革。1996 年的桥本内阁提出了"6 项改革",其中

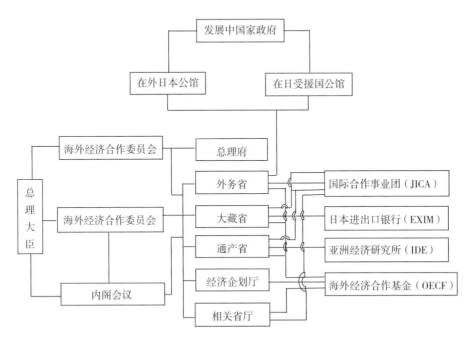

图 2-1　2008 年以前官僚主导下的日本官方发展援助"4 省厅协议"决策体制

资料来源:山澤逸平、平田章:《日本・アメリカ・ヨーロッパの開発協力政策》,アジア経済研究 1992
　　　　年版,第 64 页。

特别重视行政体制改革。伴随此次改革浪潮,日本对外援助体制的改革也逐
渐展开,桥本内阁提出对外援助体制由官僚主导向政治主导转换的口号,但改
革进程相对滞后,直到 2003 年日本才提出对官方发展援助体制进行战略性改
革。日本官方发展援助体制的战略性改革主要从官方发展援助决策程序的集
中与简化、官方发展援助执行机构的专门化与灵活化以及官方发展援助评价
体系的完善 3 个方面展开。官方发展援助决策体制改革的目标在于弱化官僚
的支配作用,将决策主导权归入首相、内阁以及外务大臣手中,实现官方发展
援助决策体制的一体化。但这一改革的过程非常漫长,直到 2012 年年底安倍
就任首相后,以首相官邸与内阁为中央控制塔的一体化官方发展援助决策体
制才算正式形成。日本官方发展援助决策体制改革由分散化决策到最终形成
目前的一元化决策体制大体经历了以下 3 个步骤。

第一步,日本行政部门改革导致官方发展援助决策的"4省厅协议"体制瓦解。在主导官方发展援助决策的4省厅中,大藏省改名为财务省,其对官方发展援助资金的年度预算编制权被剥夺,失去部分财权的财务省对其他省厅以及政党的牵制力大幅度减弱;通产省改名为经产省,其在官方发展援助决策过程中的影响力大大减弱;经济企划厅被直接并入内阁府中,其对大藏省以及通产省的依赖不复存在;只有外务省被完整保留下来,且在改革过程中其垄断了近90%的官方发展援助事务,在官方发展援助决策体制中的地位大幅度上升。至此,内阁统治下的以外务省为决策主体的官方发展援助决策体制形成,原来"4省厅协议"体制下的复杂的省厅协议程序被大幅度简化。

第二步,小泉内阁时期的集权化改革形成名义上一元化官方发展援助决策体制。小泉纯一郎内阁时期的集权化改革,赋予首相官邸和内阁在决策过程中更多的权力。2006年4月,内阁官房长官、外务大臣、财务大臣、经济产业大臣在委员长的领导下,灵活、实质性地审议重要事项。例如在首相官邸中设立对外经济合作委员会,该委员会负责设置官方发展援助的指导性方针。这样,在小泉纯一郎执政时期,以首相官邸与内阁为中央控制塔的"自上而下"的直线型官方发展援助决策体系初步成型。与此同时,官方发展援助执行体系却依然处于分化组合的混乱时期,最重要的是外务省旗下的国际协力机构还没有将最关键的负责政府贷款的日本国际协力银行(Japan Bank for International Cooperation,JBIC,后续称国际协力银行)纳入麾下。因此,在小泉执政时期,名义上形成了以首相官邸与内阁为中央控制塔的官方发展援助决策体制,但缺乏有效的一元化执行体系的配合。日本一元化的援助执行体系直到2008年才最终形成。

第三步,以首相官邸为中央控制塔的一体化援助决策体制形成。2012年年底安倍就任首相后,进一步深化官方发展援助体制改革,形成以首相官邸为中央控制塔的一体化援助决策体制以及一元化援助执行体系。安倍政府对官

方发展援助体制的改革主要有两方面:一是在首相官邸中设立国家安全战略
会议,全面掌控国家安全议题的规划统筹,同时将国家安全战略与官方发展援
助政策进行捆绑,将官方发展援助作为实现国家安全战略的重要手段。因此,
国家安全战略会议的政策决策也"包括了对援助政策如何分配、如何使用的
决策内容",加上小泉执政时期成立的对外经济合作委员会,首相官邸作为官
方发展援助决策的中央司令塔功能得以进一步强化,或者说真正的官方发展
援助决策中央司令塔才正式形成(见图2-2)。二是进一步强化了首相对官
方发展援助执行机构国际协力机构的控制。2015年10月,时任首相安倍任
命与自身具有相同政治安全理念的北冈伸一出任国际协力机构理事长一职
(2022年3月31日北冈伸一任职到期,卸任国际协力机构理事长),北冈伸一
是安倍提倡的"积极和平主义"理念以及解禁集体自卫权的拥护者。任命具
有同样政治安全理念的国际协力机构理事长,使安倍首相进一步强化了对官
方发展援助执行机构的控制。至此,形成了以首相官邸为中央控制塔的一体
化援助决策体制以及一元化援助执行体系(见图2-2)。

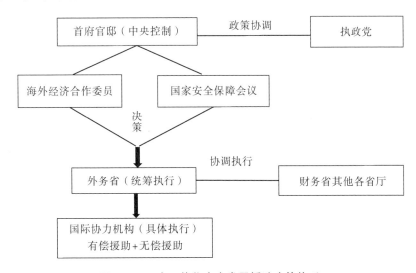

图2-2　日本一体化官方发展援助决策体系

资料来源:根据日本外务省资料绘制。

第三节　日本对外经济援助的执行体系

　　第二次世界大战后日本官方发展援助执行体系经历了从多元主体主导到一元化转变过程。2008 年以前是多元主体主导下的官方发展援助执行体系，2008 年以来是以国际协力机构为唯一执行机构的一元化官方发展援助执行体系。下面对这一转变过程进行分析。

一、2008 年以前多元主体主导下的援助执行体系

　　第二次世界大战结束后到 2008 年以前，日本的官方发展援助执行体系是多元主体主导下的体系。在经济合作与发展组织发展援助委员会成员中，日本拥有最为复杂的官方发展援助决策体系，如前面所述，2008 年以前，日本官方发展援助决策体制是官僚主导下的"4 省厅协议"体制。在该决策体制下的官方发展援助执行机构也是政府贷款援助与赠予援助分属不同的部门管理，其中，赠予援助中的无偿资金援助是由外务省进行政策立案、决定和实施，技术援助主要由外务省、通产省和农林水产省等主管和实施，政府贷款等作为有偿资金援助由日本国际协力银行负责。在"4 省厅协议"体制下，各省厅只对总体援助资金金额、资金的地区与国别分配以及一些援助项目分配进行协商，而官方发展援助项目进入具体实施执行程序后，不同官方发展援助执行机构采用的实施标准、程序以及评价标准并不相同。由于执行体系缺乏统一性和规范性，结果导致官方发展援助实施效果受到影响。

二、2008 年以来的一元化援助执行体系

　　"4 省厅协议"决策体制瓦解之后，为了进一步提高官方发展援助的质量，日本政府致力于官方发展援助政策的战略化和实施体制的强化等改革。2003 年日本开始对外务省旗下的援助执行机构国际协力机构实行改革，其间各个

机构与部门实行合并与分拆。经过数次改革之后,2008 年 10 月 1 日,国际协力银行的海外经济合作业务和外务省的无偿资金援助业务(外交政策上由外务省直接实施的除外)由国际协力机构继承,由此诞生了新国际协力机构(见图 2-3)。至此,日本对外援助政策的唯一执行机构为日本国际协力机构,日本形成了一元化援助执行体系。国际协力机构的性质为独立行政法人机构,是在国家财政支持下,分属于日本外务省管辖的负责统一执行国家对外援助政策的机构。

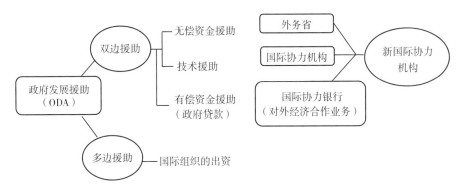

图 2-3　2008 年 10 月 1 日本对援助政策统一实施机构——新国际协力机构诞生
资料来源:日本国际协力机构,https://www.jica.go.jp/aboutoda/jica/index.html。

　　外务省与旗下的国际协力机构统筹对外援助中的无偿资金援助与有偿资金援助的全部业务。外务省开展的无偿资金援助实施工作也已部分移交,国际协力机构成为集中实施技术援助、贷款援助、无偿资金援助 3 种援助方式的综合援助实施机构。通过这种整合,将各种援助方式有机地联合起来,以便提高官方发展援助的效率。

　　除了外务省及国际协力机构以外,日本其他省厅也分担了一部分对外援助工作,并由国会立法明确各自的发展援助职能。如《中央省厅等改革基本法》规定财务省负责原属输出入银行的相关援外事务,并与外务省紧密协作;文部科学省负责留学生相关援助事项;在与国际机构的合作方面,由外务省与财务省进行分担,紧密协作。此外,其他相应的独立法人机构也参与日本对外援助工作,如日本国际协力银行、日本海外运输和城市发展基础设施投资公司、日本石油天然气与金属矿物资源机构等都在日本发展援助的各个实施环节发挥重要作用。

日本对外经济援助实现一元化管理后,国际协力机构成为全球第一大双边援助机构,国际协力机构逐渐通过机构内组织的改革实现了其职能部门的多元化。图 2-4 是 2003 年国际协力机构作为独立行政法人后实施的组织结构改革情况,改革后国际协力机构的职能部门主要以援助的地域来划分,具体包括派遣支援部,负责派遣人才的管理、派遣手续的支援等;亚洲第一部,亚洲第二部,中南美洲部,非洲、中近东、欧洲部,负责国别信息整理与活用、国别计划、国别事业实施情况的把握、案件开发的形成、以派遣和研修为中心的机动性应对、不同援助领域的国别应对。

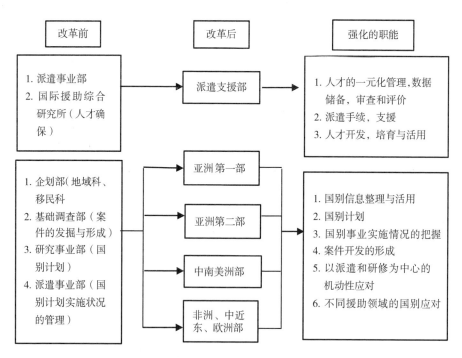

图 2-4　2003 年国际协力机构的组织结构改革内容

资料来源:秋山孝允、近藤正规:《モンテレー会議後の世界 ODA の変動》,国際開発高等教育機構,2003 年,第 124 页。

此后国际协力机构在地域职能部门的基础上对其组织结构进行了进一步改革,逐渐增加了根据援助项目类别划分的职能部门,包括治理和平构筑部、人类开发部、经济开发部、社会基础部、地球环境部,并根据援助事业发展需要进一步细分以及完善了相关职能部门,至2021年4月形成图2-5所示的国际协力机构组织机构构成。

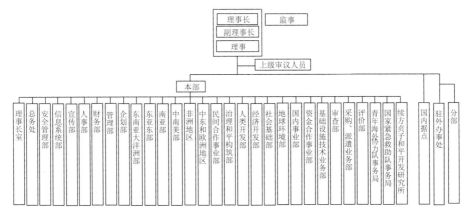

图2-5 国际协力机构的组织机构构成(2021年4月)

资料来源:日本国际协力机构,https://www.jica.go.jp/about/jica/ku57pq00000k171y-att/organization_20210401.pdf。

总而言之,经过改革,国际协力机构由原来仅为单纯的国别事务部门的执行机构转变成了具有多元化职能属性的对外援助政策执行机构。国际协力机构多元化职能部门组织结构改革,增加了日本对外援助项目执行的专业性,进而提高援助项目执行的效率。

第四节 日本对外经济援助的评价体系

日本外务省明确指出,官方发展援助评价是确认和评价官方发展援助执行情况及其效果的过程。官方发展援助评价的目的有两个:一是管理和改进官方发展援助,通过核查官方发展援助的执行情况和效果,使其更加有效和高效;二是履行政府对公众的责任,促进公众了解,通过公布评价结果获得公众支持①。日本自 1975 年引入官方发展援助评价,此后,随着日本官方发展援助管理体系的不断改革,官方发展援助评价体系也得到不断的扩充和完善。1996 年经济合作与发展组织发展援助委员会对日本官方发展援助的评审报告认为:"很少有发展援助委员会成员国拥有像日本一样强大的机构性能力去做跟踪评价和切实修正发现的问题。"下面具体阐述日本官方发展援助评价的发展历程、评价标准和评价体制等。

一、日本官方发展援助评价的发展历程

日本官方发展援助评价的发展历程大致可以分为引入和扩充两个阶段。

(一)引入时期:1975 年至 20 世纪 80 年代

日本的官方发展援助评价始于 1975 年海外经济协力基金(OECF)实施的个别项目事后评价,之后,1981 年外务省和 1982 年国际协力事业团(现为国际协力机构)分别开始了各自对外援助的事后评价。1981 年,外务省在经济合作局(现为国际合作局)设立了以局长为委员长的经济协力评价委员会,开始对个别项目进行事后评价。由外务省和实施机构组织的官方发展援助评价体制开始形成。

当时的官方发展援助评价流程为 3 步:第一步,经济协力评价委员会决定评价计划及评价方法;第二步,派遣由外务省和实施机构相关者组成的评价调查团,实施有关调查;第三步,向内部相关者以及受援国政府反馈评价结果,由担当部门负责跟进对官方发展援助项目的改善。官方发展援助评价的主体包括外务省调查团、驻外使馆、援助实施机构以及受委托的民间团体,但大部分由外务省以及援助实施机构来评价。评价的内容主要包括对受援国民众的渗透度、对方感谢的程度和目标完成程度等,调查团主要通过现场调查来收集必

---

① 日本外务省:《ODA 评价年度报告 2022》,https://www.mofa.go.jp/mofaj/gaiko/oda/files/100427668.pdf。

要的信息。

(二)扩充时期:20世纪90年代至现在

1.官方发展援助评价目的的扩大

20世纪80年代以后,随着日本官方发展援助规模的不断增大,日本国民越来越关心官方发展援助的实效,要求政府说明官方发展援助的实施状况和实施成效的呼声越来越大。在这种情况下,官方发展援助评价作为政府问责的一种手段受到广泛关注。从90年代初开始,外务省在官方发展援助管理的基础上,将确保对国民的说明责任也作为官方发展援助评价的目的之一。至此,明确了官方发展援助评价的两大目的:改善官方发展援助管理和确保对国民的说明责任。在2021年6月外务省发布的《官方发展援助评价指南》中指出,改善官方发展援助管理指为援助的政策当局和实施机构进行更加高效合理的活动提供经验教训,从而加强对官方发展援助活动监管以及提高开展官方发展援助活动的质量;确保对国民的说明责任是通过公开评价结果、向国民履行说明责任以及增加开展官方发展援助的透明度,从而促进公众的理解,提高公众的支持度。①

2.官方发展援助评价功能的强化

20世纪90年代,日本在扩大官方发展援助评价目的的同时,强化了官方发展援助评价的功能。最初官方发展援助评价重视的是将评价结果反映并且灵活运用在官方发展援助政策制定和实施中,即反馈功能,但是从履行对公众说明责任的观点出发,对外说明官方发展援助实施效果也逐渐成为官方发展援助评价的功能之一,也就是说,官方发展援助评价作为国民获取关于政府活动信息的手段,承担了连接国民和政府的功能。外务省从1997年开始,每年在其网站发表《官方发展援助评价年度报告书》,并于1999年开始每年发布

---

① 日本外务省:《ODA评价准则(2021年6月)》,https://www.mofa.go.jp/mofaj/gaiko/oda/files/100205689.pdf。

关于个别领域和地区的官方发展援助评价报告书。

3. 官方发展援助评价覆盖全过程

随着官方发展援助评价目的和功能的扩大,其作用越来越受到重视。从加强官方发展援助管理的观点来看,不仅需要通过事后评价检验官方发展援助的成效,而且需要在事前和中间阶段进行评价,确立事前、事中、事后相一致的全过程评价。作为外务省经济协力局局长的私人咨询机构的援助评价检讨部,在 2000 年向外务大臣提出的《关于改善"官方发展援助 A 评价体制"的报告书》中提议,"在项目层面的评价中,确立实施贯穿事前、事中、事后各个阶段的一致的评价体系"。在 2003 年 8 月修订的《政府发展援助大纲》中规定,"实施从事前到事中、事后相一致的评价以及以援助政策(policy)、总体方案(program)、个别项目(project)为对象的评价"。2015 年 2 月,日本内阁会议在对《政府发展援助大纲》进行重新评价的基础上,通过了新的《发展合作大纲》。新大纲规定,"关于评价,要根据提高援助效果和效率,以及实现向国民履行说明责任的目标,进行政策和事业层面的评价,并且将评价结果适当地反馈到政策决定过程和援助项目实施之中。评价时不仅要继续重视效果,而且要考虑到对象的特殊性和各种各样的情况来进行评价。另外,还要努力从外交的角度来实施评价"。

4. 官方发展援助评价对象的扩大

20 世纪 90 年代以来,全球性问题的严重性不断加深,伴随全球化所产生的贫困问题日益严重,对外经济援助需要应对地区、国内冲突以及恐怖主义等课题带来的新挑战。为了应对这些挑战,联合国于 2000 年通过了"千年发展目标"。在对外援助方面,为了提高援助的效果,在个别项目之外,以受援领域和受援国为对象的综合性援助也开始受到重视。在日本,按照国别和领域的援助对策在不断强化,并且针对重点援助国家分别制定了国别援助方针。与此相适应,官方发展援助评价的对象也不再局限于个别项目,而是扩大到领域、计划、国别、重点课题等。外务省与作为援助实施机构的国际协力机构通过合作分工,实施对各种不同对象的评价。此外,从 2017 财年开始,在外务省实施的无偿资金援助项目完成的个别项目中,对于提供援助金额在 10 亿日元以上的项目,引入了第三方在项目层面的官方发展援助评价。

5.官方发展援助评价模式的多样化

在官方发展援助评价刚刚引入的 20 世纪七八十年代,评价主要以外务省和国际协力机构相关部门的内部评价为中心。但是进入 21 世纪以后,随着对官方发展援助改革的不断深化,为了确保官方发展援助的透明性和效率,日本官方发展援助评价模式由主要以外务省和国际协力机构相关部门的内部评价为中心,开始重视外部第三方评价。在 2002 年的第二次官方发展援助改革恳谈会报告书和关于外务省改革的"改革会"报告书中,加入了有关官方发展援助评价扩充的建议,第三方评价、受援国政府和机构主导的评价以及与其他援助方的共同评价等受到特别重视。第三方评价是由外部第三方实施的评价,即通过将官方发展援助评价工作委托给外部专家或顾问,由独立于援助国和受援国之外的第三方进行评价,这有利于保证评价结果的客观性。受援国政府和机构主导的评价是将受援国的视角引入评价之中,由日本政府工作人员和受援国的政府工作人员、专家、学术团体等人员共同组成评价工作组对援外活动进行评价,这种模式不仅能够保证日本官方发展援助评价的透明度和公正性,还可以增进受援国公众对日本官方发展援助的理解,并提升其援助评价能力。共同评价是外务省与其他援助国、国际组织、非政府组织等外部机构共同实施的评价,建立全方位的官方发展援助评价体系。这种部门内部评价与外部综合性评价相结合的方式,有效地促进了日本对外援助的实效和效率,并有利于推动政府在援外活动中对公众负责。

二、日本官方发展援助评价的实施机制

在日本官方发展援助政策体系中,外务省主要负责政策制定,而国际协力机构主要负责援助项目的实施。在官方发展援助评价方面,外务省和国际协

力机构也是相互合作、分工合作。目前,外务省主要以外包给外部专家和顾问的第三方评价的形式对官方发展援助政策进行评价,国际协力机构则侧重于对其负责实施的官方发展援助项目评价。外务省也提供援助,旨在提高发展中国家的评价能力。考虑到评价效率,外务省和国际协力机构各司其职(见图 2-6)。由于外务省具有规划和起草官方发展援助政策的职能,因此,外务省主要就政策层面和方案级别进行评价。外务省进行的官方发展援助评价(第三方评价)分为"国家/地区评价"(评价特定国家和地区的官方发展援助政策)和"按问题和计划进行评价",评价教育、卫生和环境等具体问题,以及技术援助和赠款援助等特定形式的援助(计划)。同时,自 2017 年以来,外务省还对援助项目中已完成并在 10 亿日元以上的无偿资金援助项目的援助实施活动进行第三方评价。对于最高拨备金额在 2 亿日元以上 10 亿日元以下的已完成项目进行内部评价。此外,外务省从 2021 年开始基于外务省实施的项目层面的第三方评价、日本非政府组织合作的无偿资金援助项目的评价以及基于第三方国际合作局私人援助合作办公室制定的政党评价指南的第三方评价。国际协力机构则以单个官方发展援助项目为对象的项目层面评价为基础,对技术援助、有偿资金援助(政府贷款)和无偿资金援助的各个项目进行项目评价,还进行设定特定主题、横向分析项目评价结果的主题评价以及国际协力机构援助项目评价等项目级评价。

三、日本外务省的官方发展援助评价

(一)外务省的官方发展援助评价标准

评价是对计划、实施和结果进行系统的、客观的检验,为了检验就必须有一定的标准。根据经济合作与发展组织发展援助委员会的新评价标准,日本外务省的官方发展援助评价标准包括从发展视角和外交视角两个层面。前者是评价日本官方发展援助对受援国的发展有多大帮助,分析评价

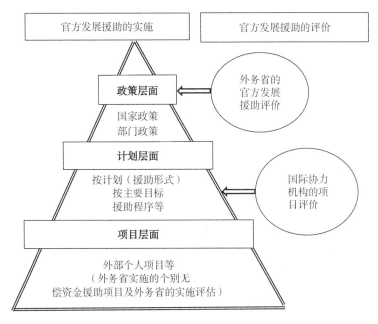

图 2-6 日本官方发展援助评价中的实施主体和评价对象

资料来源：日本外务省：《ODA 评价概览》，https://www.mofa.go.jp/mofaj/gaiko/oda/kaikaku/hyoka/page22_001050.html。

政策的有效性、结果的有效性和过程的适当性；后者是评价日本官方发展援助对日本的国家利益有多大影响，评价日本官方发展援助的外交重要性和外交溢出效应。①

1. 基于发展视角的官方发展援助评价标准

1991 年经济合作与发展组织发展援助委员会发布了对官方发展援助的评价标准，该标准由妥当性（Relevance）、有效性（Effectiveness）、效率性（Efficiency）、影响（Impact）和可持续性（Sustainability）5 个项目组成，在国际上得到了广泛使用。2019 年，经济合作与发展组织发展援助委员会对该评价标准进行了修订，主要目的是从评价的角度更明确地反映国际社会的优先问

---

① 日本外务省：《ODA 评价准则（2021 年 6 月）》，https://www.mofa.go.jp/mofaj/gaiko/oda/files/100205689.pdf。

题即可持续发展目标(Sustainable Development Goals,SDGs)的理念①,并增加了"一致性"(Coherence)作为新的评价标准,形成了妥当性、一致性、有效性、影响、效率性和可持续性6个项目组成的评价标准,下面将其简称为经济合作与发展组织发展援助委员会的官方发展援助评价6个项目。根据经济合作与发展组织发展援助委员会评价标准,日本外务省从发展视角自主设定了日本官方发展援助评价标准,包括"政策的妥当性"(Relevance of Policies)、"结果的有效性"(Effectiveness of Results)、"过程的合适性"(Appropriateness of Processes)。"政策的妥当性"指与其他国家相比,日本官方发展援助政策是否符合日本更高层次的政策(包括发展政策、人道主义政策和教育政策等相关政策的一致性)、受援国的需求以及国际优先事项,援助内容是否具有比较优势;"结果的有效性"指日本官方发展援助当初的目标、目的在多大程度上按计划实现,对受援国面临的发展挑战作出了怎样的贡献,具体有什么样的效果等;"过程的合适性"指规划、制定和实施官方发展援助政策的程序和实施制度是否适当,是否与其他支援主体有效合作等。

根据经济合作与发展组织发展援助委员会的官方发展援助评价6项目这一新评价标准,2020年6月,日本外务省修订了《官方发展援助评价指南》。为了反映"一致性"这一新标准的观点,在"政策的有效性"中明确指出,不仅要确认发展政策的一致性,而且要确认政策与人道主义援助政策等相关措施的一致性,并在"结果的有效性"中明确指出,应考虑对性别和民族等各种利益群体的影响。此外,还要求在分析援助效果时,也要考虑环境方面的可持续性。

2.基于外交视角的官方发展援助评价标准

对于使用国民税款来实施的官方发展援助,不仅需要从有利于受援国发

---

① SDGs理念,即旨在实现"不让任何人掉队"的可持续的且具有多样性与包容性的社会,它以2030年为年限,设立了17个大目标、169项子目标以及232项具体指标。

展的"发展角度"进行评价,而且需要从"外交视角"来审视官方发展援助如何促进日本国家利益的实现。2010年,外务省开展了"关于官方发展援助理想状态的讨论",同年6月将其结果以《开放的国家利益的增进》为题发布,其中将官方发展援助定位于"实现国家外交理念的重要手段"。在2011年外务省发布的《官方发展援助评价指南》第6版中,明确指出"从外交视角的评价"。2015年2月内阁会议通过的《发展合作大纲》中规定,"在灵活地开展外交方面,发展合作是最重要的手段之一","要致力于从外交角度进行评价";自此以后,在所有的外务省官方发展援助评价案件中,都实施了从外交角度进行评价,以衡量官方发展援助对实现日本国家利益的作用。这也是为了进一步履行对国民的说明责任。由于日本的官方发展援助政策是否促进其国家利益实现很难由第三者客观地把握,从外交视角评价原则上不采取定量评价,而是通过对国内外相关者的访谈调查等进行定性评价。从外交视角的官方发展援助评价基于两个标准,即外交重要性和外交涟漪效应。外交重要性指作为评价对象的官方发展援助对日本的国家利益为何如此重要,评价日本的官方发展援助政策对解决国际优先问题、加强双边关系、日本的安全与繁荣等方面的重要作用;外交涟漪效应指作为评价对象的官方发展援助如何为实现日本的国家利益作出贡献,评价日本的官方发展援助政策为提高日本在国际社会的地位、加强双边关系、日本的安全与繁荣等作出了怎样的贡献。

(二)外务省的官方发展援助评价实施

外务省负责基于外务省组织令对官方发展援助进行政策层面的评价以及总体方案层面的评价(以第三方评价为主)。另外,自2002年《关于行政机关实施政策评价的法律》实施以来,外务省根据该法进行包含官方发展援助整体的政策评价,对符合该法规条件的具体项目,外务省也会进行相应的事前评价和事后评价。日本于2003年第一次发布《官方发展援助评价指引》(ODA Valuation Guidelines),并持续更新,2020年6月发布了第13版《官方发展援助评价指南》,由第一部分"指南"和第二部分"手册"组成。从 2021 年开始,考虑到便利性,外务省将《官方发展援助评价指南》分为《官方发展援助评价指南》《官方发展援助评价手册》分开来发布,前者描述了外务省实施官方发展援助评价的指导方针,后者描述了评价的流程和方法。2021 年 6 月发布的《官方发展援助评价指南》和《官方发展援助评价手册》对日本官方发展援助评价的目标、机制、基准、分类、评价结果的公布与反馈、评价的对象与方法等作出了具体规定。

1. 基于外务省组织令的官方发展援助评价

根据《日本外务省组织令》,由外务省的国际合作局负责官方发展援助评价,但 2011 年日本外务省机构改革之后,官方发展援助评价室被置于大臣官房之下(大臣官房的地位高于国际合作局),以此保证评价实施的独立性。基于外务省组织令进行的官方发展援助评价,根据评价者的不同,可以分为第三方评价、受援国政府和机构等的评价以及共同评价三种模式。外务省为了确保官方发展援助评价的客观性,将第三方评价置于重点位置。第三方评价由外部专家组成的"官方发展援助评价有识者会议"实施。从 2011 年开始,外务省官方发展援助评价引入了一般竞标机制,由咨询行业公司组织包含专业人士(评价主任及顾问)的评价团队,提交计划书,最后由中标公司的评价团队实施评价。受援国政府和机构等的评价是让接受援助的一方对官方发展援助进行评价,以确保日本官方发展援助的公正性和透明性,促进受援国对日本官方发展援助的理解。受援国政府相关部门、研究机构、咨询机构等都可以成为评价者。在共同评价中,外务省同受援国、其他援助方(国家或国际组织)、非政府组织等外部机构共同评价,评价者不仅有专业人士,有时外务省人员以及外部机构的职员也会作为评价者参与评价;而且评价者经常会雇佣一些主要负责收集和分析情报的顾问,一起组成评价团队,在各方达成一致的情况下,也可以由顾问团队直接评价。

外务省的官方发展援助第三方评价基本是按照计划(Plan)、实施(Do)、检查(Check)和处理(Act)的"戴明环"(PDCA 循环)①进行,"戴明环"是能够使任何一项活动有效进行的一种合乎逻辑的工作程序。外务省的官方发展援助第三方评价根据"戴明环"分为 4 个步骤:(1)计划→(2)实施→(3)公示→(4)反馈,具体见图 2-7。

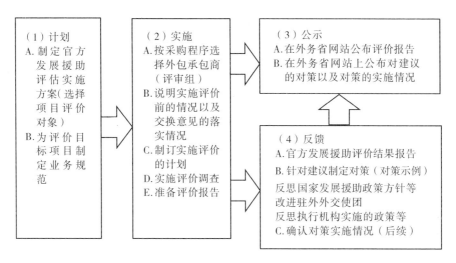

图 2-7　日本外务省实施第三方官方发展援助评价的流程

资料来源:日本外务省:《ODA 评价概览》,https://www.mofa.go.jp/mofaj/gaiko/oda/kaikaku/hyoka/page22_001050.html。

外务省通过选择目标国家、优先议题、援助方式和部门、评价类别等方式制订年度官方发展援助评价计划,并将该计划通报给外务省国际合作局的官方发展援助项目责任委员会。进入评价实施阶段以后,外务省根据不同的评价类型采用第三方评价、受援国评价或共同评价等不同的评价方式开展评价,评价结果会发送给日本官方发展援助政策制定者及实施机构,通过日本的外交使团向受援国相关职能部门分发,并在日本外务省网站予以公布。此外,将年报及每一年度的评价实施概要发送给国会议员、专家、非政府组织、大学及

---

① PDCA 是英文单词 Plorn(计划)、Do(行动)、Check(检查)和 Act(处理)的第一个字母。PDCA 循环是美国质量管理专家休哈特(Shewhart)首先提出,由戴明(Deming)采纳、宣传,获得普及,所以又称"戴明环"。PDCA 循环是全面质量管理应遵循的科学过程,周而复始地进行。

图书馆等部门。官方发展援助评价室会邀请国际合作局和国际协力机构举办关于官方发展援助评价的后续会议,通报评价结果,由国际合作局对评价结果进行回应,并从评价结果的反馈中收获建议与启示。

2. 基于政策评价法的官方发展援助政策评价

2001 年 6 月日本政府制定了《政策评价法》,并于 2002 年 4 月开始正式实施。实施《政策评价法》的目的是,"促进政策评价客观而严格地进行,反映政策制定和实施的效果,公布政府部门进行政策评价的相关信息,从而提高政府行政的效率和效益,确保政府履行向民众说明解释其政策的责任和义务"。《政策评价法》规定,"行政机关对于所掌管的政策,要及时把握政策的影响,在此基础上,从必要性、效率性、有效性的观点及适应该政策特有属性的必要观点出发开展自我评价,并且必须适当地将评价结果反映到该政策中去"。外务省除了要以包括整个对外经济合作的外交政策为对象进行政策评价外,根据政策评价法规定,对交换公文提供数额 10 亿日元以上的无偿资金援助项目和交换公文数额 150 亿日元以上的有偿资金援助项目要进行事前评价,对援助中 5 年未动工和 10 年未完工的项目要进行事后评价。

除了日本外务省及国际协力机构之外,日本的其他职能部门在各自领域也涉及官方发展援助项目和工程的实施,这些职能部门的评价则主要依据《政府政策评价法》进行,如《日本官方发展援助评价年度报告 2016》指出,包括日本金融厅、总务省、法务省、财务省、文部科学省、厚生劳动省、农林水产省、经济产业省、国土交通省、环境省在内的省厅都应依据《政府政策评价法》的规定进行政策、项目或工程评价,其评价方式主要以自我评价为主。[1] 此外,根据《1998 年中央省厅改革基本法案》,日本外务省被赋予在处理与官方发展援助相关的事务方面在所有省厅中处于中枢地位,但为了避免对外援助职能

---

[1] Ministry of Foreign Affairs of Japan, "*Annual ReportonJapan's ODA Evaluation* 2016", Nov., 2016, http://www.mofa.go.jp/policy/oda/evaluation/annual_report_2016/pdfs/annual_2016.pdf#page=36.

冲突,日本建立了官方发展援助相关省厅及国际协力机构的"官方发展援助评价联络会议",共享评价方法和国际上的新趋势等信息,并且汇总各省厅的官方发展援助评价结果,编制成官方发展援助年度评价报告书予以公开发布。

3. 评价结果的应用(反馈和跟进)

官方发展援助评价结果和建议反馈对决策者以及项目实施者制定和实施未来相关政策十分重要。为此,外务省将官方发展援助评价结果反馈给驻外大使馆和国际协力机构的相关部门,并根据评价结果以及项目的特殊性、可行性提出建议并制定对策;此外,外务省将跟进对策制定后的实施效果,并将经验反馈到后续的政策制定中;最后,在官方发展援助评价年度报告中对其进行公示。日本官方发展援助评价结果的反馈与跟进流程见图 2-8。

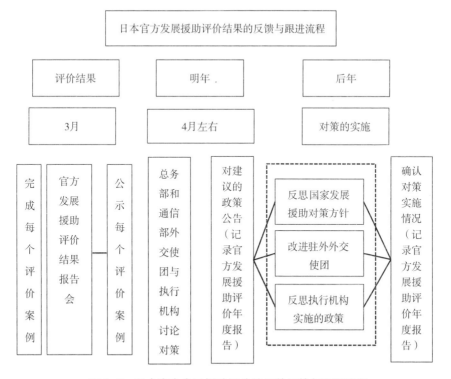

图 2-8 日本官方发展援助评价结果的反馈与跟进流程

资料来源:日本外务省:《ODA 评价概览》,https://www.mofa.go.jp/mofaj/gaiko/oda/kaikaku/hyoka/page22_001050.html。

四、国际协力机构的官方发展援助项目评价

国际协力机构以改善项目管理和履行对国民的说明责任为目的,对技术援助、政府贷款和无偿资金援助的官方发展援助各项目进行评价。特别地,针对涉及金额达 10 亿日元及以上的援助项目,国际协力机构将雇佣第三方评价机构根据实地调查结果进行外部评价,以确保评价的客观性和透明度;针对涉及金额低于 10 亿日元的对外援助项目,国际协力机构则委派海外办事处进行内部评价。国际协力机构项目评价的特征可以总括为五个方面。

(一)基于一致性框架对整个官方发展援助项目"戴明环"评价

对于所有官方发展援助项目,国际协力机构的评价都是根据"戴明环"进行。"戴明环"是国际协力机构保证项目顺利进行和持续改进运营情况的最主要的工具,具体执行中由前期评价、执行中监督、后期评价、反馈 4 个阶段构成,在项目的事前、事中、事后 3 个阶段都有反馈,实施连贯的监测和评价。国际协力机构对技术援助、政府贷款和无偿资金援助 3 种援助方式的项目评价,都与项目的"戴明环"有着密不可分的关系。国际协力机构会在考虑不同援助方式的援助期间、见效时间等特性的基础上,从项目的事前阶段一直到实施、事后阶段,乃至反馈时期,根据一致的框架进行监察和评价。国际协力机构通过对"戴明环"各个阶段的监察和评价,不断地提升官方发展援助的实效。

1. 前期评价

在官方发展援助项目实施之前,国际协力机构内部或聘请第三方机构对项目的目标、预算安排和预期结果等指标进行事前评价。在事前评价过程中,国际协力机构还会将过去项目执行中的经验教训反映在项目评价中。

2. 执行中监督

国际协力机构根据官方发展援助项目规划阶段制订的计划进行持续监督

和定期巡视以保证项目进展,并在项目完成时审查验收援助成果。

3. 后期评价

官方发展援助项目完成后,对项目有效性、影响、利用率和可持续性进行审查,并根据事后审查结果提出相关建议和意见,其中官方发展援助项目产生的影响指为解决受援国发展问题而采取的具体措施或对受援国社会整体带来的变化。

4. 反馈

上述事前和事后评价结果将为后续的新官方发展援助项目拟定和执行提供经验借鉴,作为规划和执行类似项目的参考。为了最大化评价结果对接下来的新援助项目的借鉴作用,国际协力机构专门成立了评价咨询委员会,其成员包括来自国际组织、学术界、非政府组织、新闻媒体界和民营部门的国际援助专家或在评价领域建树颇深的专家。

(二)基于一致性方法对 3 种援助方式进行评价

国际协力机构使用跨领域方法和观点评价各种援助项目。虽然无偿资金援助、技术援助和政府贷款三种援助项目方案各有不同的特点,但它们有共同的框架基础,国际协力机构根据一贯的理念和评价标准进行评价并利用评价结果,同时也会根据每个官方发展援助项目的不同特点作出微调。具体包括:按照官方发展援助项目的"戴明环"进行评价;基于经济合作与发展组织发展援助委员会的官方发展援助评价标准进行评价;利用国际协力机构开发的评级和宣传系统,统一发布评价结果。2021 年以前,国际协力机构一直是基于经济合作与发展组织发展援助委员会评价官方发展援助的 5 项目标准进行评价,5 项目标准包括项目关联性(Relevance)、援助完成度(Effectiveness)、项目影响(Impact)、援助效率(Efficiency)和项目可持续性(Sustainability)。2019 年经济合作与发展组织发展援助委员会对官方发展援助的评价标准进行了修订,形成了相关性、一致性、有效性、影响、效率和可持续性 6 项评价标准。

为此,国际协力机构修订了官方发展援助项目评价标准,修订后的新标准从2021年开始的官方发展援助评价项目实施。表2-1是日本国际协力机构基于经济合作与发展组织发展援助委员会的6项目评价标准的官方发展援助评价标准。

表2-1　日本国际协力机构的官方发展援助评价标准

项目	新定义(6项标准)
关联性 Relevance	● 援助项目实施的适当性(有关国家的发展计划、目标区域的发展需要/社会需要/受益群体) ● 关注"受益人",考虑包容性和公平性。援助项目是否以"受益者"为重点,并考虑到弱势群体和公平? 在项目实施期间,当情况发生变化时,是否进行了适当的调整以确保始终适当? ● 项目业务计划的适当性和方法的逻辑性
一致性 Coherence	● 与日本政府和国际协力机构发展援助政策保持一致性 ● 与国际协力机构其他项目(技术援助、贷款、无偿援助等)的协同效应 ● 与日本其他援助项目、其他发展组织等的互补、协调和配合 ● 与全球框架(可持续发展等国际目标、倡议)、国际规范和标准等的一致性
有效性 Effectiveness	● 预期业务效果在目标年度内达到目标水平的程度(包括设施和设备的利用)。注意受益人之间的成就和结果是否存在差异 ● 与影响方面确认"正负间接和长期效果的实现情况"相比,有效性上能否确认"直接结果、短期效果的实现情况"
影响 Impact	● 确认正面和负面、间接和长期效果的实现情况(包括环境和社会关怀) ● 确认对社会制度和规范、人民福祉、人权、性别平等和环境的潜在影响
效率 Efficiency	● 确认项目的投入计划,经营期限和经营费用的计划与实际业绩的比较等 ● 在政府贷款中,内部收益率与审查时的差异将被确认和分析作为参考
可持续性 Sustainability	● 政策、制度方面 ● 组织与体制方面(组织体制/人力资源) ● 技术方面 ● 财务方面(确保运营和维护预算的现状) ● 环境与社会方面 ● 风险的应对 ● 运营和维持管理状况

资料来源:日本国际协力机构:《JICA 项目评价手册(Ver.2.0)》,https://www.jica.go.jp/activities/evaluation/guideline/ku57pq00001pln38-att/handbook_ver.02.pdf。

根据表2-1中的6项目评价标准,具体将每项指标评价得分划分为4

档,由高到低依次为4、3、2、1,综合6项评价标准得分得出官方发展项目综合评价(Overall Rating)等级,从高到低分为 A、B、C、D 4 个等级,即 A(Highly Satisfactory)非常满意;B(Satisfactory)满意;C 部分满意(Partially Satisfactory);D 不满意(Unsatisfactory)。具体官方发展项目综合评价等级划分见图 2-9。

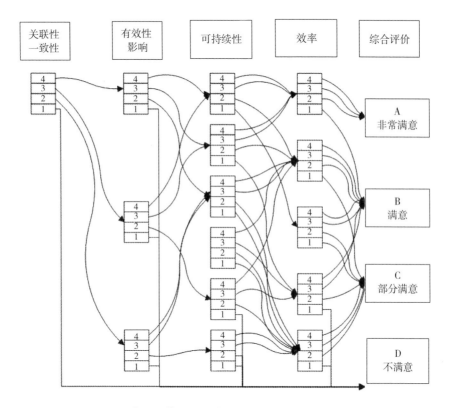

图 2-9　日本国际协力机构的官方发展援助项目综合评价等级

注:评级并不包括一个官方发展援助项目的所有方面。虽然它们作为衡量项目有效性等的指标很有用,但它们没有考虑项目的难度或国际协力机构对实现项目成果的贡献程度。

资料来源:日本国际协力机构:《JICA's Project Evaluations》, https://www.jica.go.jp/english/our_work/evaluation/c8h0vm000001rdg1-att/evaluations_01.pdf。

(三)基于专题评价的横向综合评价

国际协力机构开展"专题评价",分主题将多个项目放在一起,开展横向综合分析和评价。国际协力机构根据不同的主题选定项目,通过开展与一般项目评价切入点不同的评价,以提取具体问题的趋势和共同问题,并根据援助类型比较多个项目以提取特征和良好做法。目前,国际协力机构主要以特定的发展课题和援助模式为主题来选取项目,实施横向综合评价。今后,国际协力机构还将对正在制定的支持发展中国家实现具体中长期发展目标的战略框架即"援助计划"进行评价。

(四)重视评价的客观性和透明性

为了确保评价的客观性和透明性,国际协力机构采取了一系列措施。无论哪一种援助方式,为了客观检验项目实施效果,在事后评价中都会根据项目的规模引入外部评价机制,并将事后评价结果在国际协力机构的网站公布,努力确保透明性。为了提高评价的质量,国际协力机构会定期召开由外部专家组成的"项目评价外部有识者委员会",听取外部专家关于评价方针、评价体制和整体制度等建议,外部专家比较客观的观点对项目评价制度的改善起到了很大的作用。此外,国际协力机构强调为了准确地把握援助项目实施效果,需要援助项目进行影响评价。影响评价是运用统计和计量经济学方法,评价通过具体措施、项目或发展模式实现的目标社会的变化,以改善和解决发展问题。具体做法是,对实施援助项目实际观察到的事实与不存在援助项目情况(反事实)下可能出现的变化进行比较(见图2-10),即要明确援助的实施与受援国经济发展的相关性。通过分析这两种情况,以便准确地把握援助项目的效果,对后续评价结果的利用起到积极作用。

(五)重视评价结果的有效利用

国际协力机构的官方发展援助项目评价并不仅仅是实施评价,而且还承担了提高"戴明环"中"行动"(Act)质量的反馈功能。国际协力机构在对实施中的官方发展援助项目提出建议、反馈类似项目的教训的同时,还将强化评价

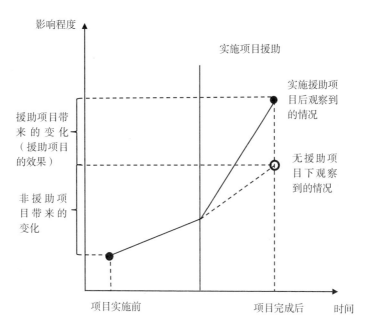

图 2-10　援助项目的有无对受援国可能产生的影响比较

资料来源:日本国际协力机构,https://www.jica.go.jp/activities/evaluation/impact.html。

结果对"合作方案援助"和分课题指针等基本方针的反馈功能。另外,通过向受援国政府反馈评价结果以及评价的共同实施等,国际协力机构将评价结果反映到受援国的官方发展援助项目、方案和发展政策等方面中去。

第三章 日本对东盟经济援助的
动态演变与特征

第一节 日本对东盟经济援助的发展历程

作为第二次世界大战的战败国,第二次世界大战后日本在美国的占领地区救济援助资金、占领地区经济复兴资金两项基金及世界银行等国际机构的援助下,加之朝鲜战争的"特需",仅用10年时间便从战争废墟上实现了经济恢复。1954年10月,日本加入科伦坡计划(Colombo Plan)①,并于翌年开始开展接收研修生、派遣专家等技术援助,到20世纪70年代中期就成为对外援助大国,并于1989年超过美国成为世界上最大的援助国,且维持这一地位近十年,在90年代作为最大援助国引领了世界的经济援助。

在第二次世界大战后60多年的对外经济援助发展历程中,日本一直将东盟国家作为最重要的援助对象国。正如美国学者大卫·阿拉斯(David Arase,

---

① 科伦坡计划的正式名称为"南亚及东南亚合作经济发展的科伦坡计划"(The Colombo Plan for Cooperative Economic Development in South and South East Asia),是1950年创立的支持亚洲及太平洋地区各国经济和社会发展的合作机构,是第二次世界大战后组织得最早的面向发展中国家的国际机构,旨在通过以资金和技术援助、教育及培训计划等形式的国际合作来促进英联邦成员之间的经济和技术合作。该计划于1950年1月由在科伦坡举行的英联邦外长级会谈提出,1951年7月正式开始实施。初期的会员均为英联邦国家,后扩大到英联邦之外。

1995)所言:东南亚是日本政府开发援助的首选区域,并且它的核心地位一直延续至今①。在东盟国家接受的援助中日本也一直占据主导地位,但在不同的发展阶段,日本对东盟国家援助的目的和侧重点有所不同,从最初配合美国的冷战战略到有目的、有计划地借助对外经济援助加强与东盟国家的经贸关系,并在其政治、经济甚至军事领域施加影响力。纵观日本对外经济援助的发展历程,尽管不同阶段援助政策的目的和侧重点有所不同,但对外援助政策始终是其对外经济政策特别是对发展中国家外交政策的重要组成部分。2014年日本政府在其官方发展援助60周年的白皮书中,将其官方发展援助发展历程划分为4个阶段(见表3-1)。1992年和2015年日本政府先后发布了《政府发展援助大纲》《发展合作大纲》两大官方发展援助纲领性文件。本书结合日本与东盟经济、政治的发展形势,参考日本外务省对日本官方发展援助发展阶段的划分②,把日本对东盟的经济援助历程大体上划分为4个阶段,即体制整备时期、计划扩张时期、理念充实时期和适应新时代时期(见表3-1)。

表3-1　日本官方发展援助阶段划分

时间	阶段	主要援助情况
1950—1960年	官方发展援助开始	与缅甸等东南亚国家签署了赔偿协定;向同意放弃日本赔款的柬埔寨、老挝、泰国、马来西亚和新加坡提供经济合作及其他援助
1961—1990年	官方发展援助的扩大和多样化	1968年,日本开始提供粮食援助;1969年,开始为一般项目提供赠款援助;1972年,日本成为世界第四大援助国;1989年,日本超过美国成为世界上最大的援助国
20世纪90年代	日本作为全球最大的援助国履行责任	日本于1992年制定了其第一份《官方发展援助大纲》,一份关于日本中长期援助政策的全面文件。日本官方发展援助还为解决环境、人口和传染病等全球问题而努力

① David Arase, *Buying Power: the Political Economy of Japan's Foreign Aid*, Boulder and London:Lynne Rienner,1995,p.5.
② 资料来源:日本外务省,https://www.mofa.go.jp/mofaj/press/pr/wakaru/topics/vol116/index.html。

续表

时间	阶段	主要援助情况
2000年至今	应对21世纪新的发展挑战	2003年,日本官方发展援助大纲进行了首次修订,增加了"人类安全"的观点,将"减贫""可持续增长""解决全球问题""和平建设"确定为官方发展援助的优先问题

资料来源:根据日本外务省《2014年版政府发展援助(ODA)白皮书》整理所得,https://www.mofa.go.jp/policy/oda/page23_000807.html。

表3-2　日本对东盟官方发展援助发展阶段划分

时间	时期	事件
1954—1976年	体制整备时期	加入科伦坡计划(1954),在战后赔偿的同时实施经济援助,成立援助实施机构
1977—1991年	计划扩充时期	赔偿支付的完成(1976);经济援助的量化扩充→成为发展委员会加盟国中第一大援助大国(1989)
1992—2014年	理念充实时期	官方发展援助大纲的制定(1992);官方发展援助预算减少→"从量向质"的转换,制定官方发展援助中期政策(1999)
2015年至今	适应新时代时期	2015年,修订官方发展援助大纲;官方发展援助改革→实施战略有效、透明的援助

本书根据以上阶段划分,结合日本对东盟官方发展援助的具体情况,对日本对东盟国家的经济援助发展历程进行梳理。

一、体制整备时期(1954—1976年)

1954年10月6日,日本加入了科伦坡计划,作为科伦坡计划的正式成员国,日本于1955年开始开展了接收研修生、派遣专家等技术援助,这标志着日本官方发展援助的正式开始。基于此,日本将10月6日定为"国际合作日"。当时日本正在对东盟国家进行战争赔偿,并于1976年完成战争赔偿支付。这一时期日本的对外经济援助政策经历了一系列的变化并取得了巨大的成绩,也为后来日本对外援助政策的定型积累了丰富的实践经验和制度遗产。

（一）战争赔偿与企业出口、对外直接投资紧密结合

第二次世界大战结束后，美苏冷战形势日趋严峻，尤其是朝鲜战争的爆发使亚太地区的形势变得更为紧张，这促使美国改变了对日本的政策，由严厉制裁逐步改变为扶持日本，为美国的冷战战略服务。美国通过"占领地区救济政府资金"（Government Appropriation for Relief Occupied Area Fund）及"占领地区经济复兴资金"（Economic Rehabilitation in Occupied Area Fund）两项资金对日本进行了大规模的援助。从 1946 年到 1949 年的 4 年时间，美国向日本提供的这两项资金总额约 18 亿美元，其中约 13 亿美元为无偿资金援助。这些资金援助不但大大改善了日本缺衣少食的状态，也对日本稳定金融市场以及建设铁路、电信、电力、运输等基础设施发挥了积极作用。除了美国对日本提供了巨额的双边援助外，日本又相继从世界银行、美国输出入银行和民间银行引进了大量资金。从 1953 年到 1966 年的 14 年，日本从世界银行获得了8.63 亿美元的融资，用于钢铁、造船、电力、汽车等骨干产业以及道路建设，其著名项目有东海道新干线、东名（东京—名古屋）和名神（名古屋—神户）高速公路、八幡制铁、富士制铁（后两公司合并为"新日铁"）、日本钢管、住友金属等。直至 1990 年 7 月，日本才偿清世界银行的这笔债务。日本学者草野厚认为，若没有这些资金援助，日本是无法很快实现复兴的。[①]

1951 年 9 月 8 日，日本与西方各国签订了将苏联、中国等主要战胜国排除在外的片面的《旧金山和约》（全称为《与日本国的和平条约》），同时日美签订了《日美安全条约》，该条约于 1952 年 4 月 28 日生效，恢复了日本的外交权，日美两国成为盟友。由此，日本成为美国全球战略的重要组成部分。《旧金山和约》的签订使日本失去了中国大陆这一丰富的原料供应地和广大的市场。在此背景下，日本急于寻求其他能取代中国的地区，发展与东南亚各国的

---

① 草野厚：《ODAの正しい見方》，ちくま新書 1997 年版，第 42—43 页。

关系对日本经济社会的发展显得尤为重要。

日本发动的侵略战争,曾经给亚洲各国人民带来深重的灾难。日本理应向这些深受其害的国家支付战争赔偿,但日本却极力逃避赔偿责任,在美国庇护下,《旧金山和约》第 14 条写入了对日本最为宽大的内容,该条款是独揽对日媾和过程的美国偏袒日本的产物,虽然承认了日本的战争赔偿责任,但极大地限制了签约国要求日本赔偿的范围和数额,因而在赔偿规模和赔偿方式上最大限度地照顾了日本。第 14 条中明确规定:"兹承认日本应对其在战争中所引起的损害及痛苦给盟国以赔偿,但同时承认,如欲维持可以生存的经济,则日本的资源目前不足以全部赔偿此种损害及痛苦,并同时履行其他义务。因此,日本愿尽速与那些愿意谈判而其现有领土曾被日军占领并曾遭受日本损害的盟国进行谈判,以求将日本人民在制造上、打捞上及其他工作上的服务,供各盟国利用,作为协助赔偿盟国修复其所受损害的费用①。"该条款后来成为解决日本战争赔偿问题的原则和基础。

1953 年 7 月,朝鲜战争停战后,日本失去了战争特需带来的繁荣,开始考虑利用战争赔偿打开东南亚市场;同年 9 月,日本派出了外相冈崎胜男为团长的代表团前往菲律宾、印度尼西亚和缅甸,就赔偿问题交换意见,拉开了媾和后赔偿交涉的序幕。1954 年,日本与缅甸签订《日缅和平条约》《日缅赔偿及经济合作协定》,其中赔偿协议包括赔偿、经济合作、如何支付赔偿 3 方面内容,规定日本 10 年内向缅甸提供价值相当于 2 亿美元的商品和劳务赔偿以及2000 万美元的长期贷款。此后,日本开始向其他亚洲国家支付赔偿。从 1954年到 1959 年,日本先后同缅甸、菲律宾、印度尼西亚、越南签订了赔偿协议以及中、长期贷款协议,代替赔偿。在法律上有资格向日本索取战争赔款的战胜国印度尼西亚、菲律宾、缅甸、越南、老挝、柬埔寨 6 国得到了战争赔款;新加坡、马来西亚、韩国、泰国、密克罗尼西亚 5 个国家和地区在法律上本来没有资

---

① 萩原徹監修:《日本外交史 30 講和後の外交 2 経済(上)》,鹿岛研究所出版会 1972 年版,第 121—123 页。

格获得战争赔款的国家,通过与日本斗争也得到了"准赔款"。日本官方则把"准赔偿"说成是"为报答放弃索赔权的国家对日本的善意,缔结的经济技术援助协定和无偿援助"①。从 1955 年到 1977 年,日本总共对 11 个国家和地区进行了 15.08 亿美元的赔偿和准赔偿,具体见表 3-3。在赔偿金额方面,实际上日本并没有对战争损害作出真正规模的赔偿,而是在美国的庇护下以最小的代价解决与各国政府之间的战争赔偿问题。直到 1976 年,日本结束对菲律宾的赔款才最终完成了战争赔偿。

表 3-3　第二次世界大战后日本的战争赔偿、准赔偿

（单位:百万美元）

受偿国	赔偿额	准赔偿额	合计	支付期
菲律宾*	550.00		550.00	1955—1976 年
缅甸*	200.00	140.00	340.00	1956—1977 年△
韩国		300.00	300.00	1965—1975 年
印度尼西亚*	223.08		223.08	1958—1970 年
越南*	39.00		39.00	1960—1965 年
泰国*		26.70	26.70	1962—1969 年
新加坡*		8.16	8.16	1968—1972 年
马来西亚*		8.16	8.16	1968—1972 年
密克罗尼西亚		5.84	5.84	1973—1975 年
柬埔寨*		4.20	4.20	1959—1966 年
老挝*		2.80	2.80	1959—1965 年
合计	1012.08	495.86	1507.94	1955—1977 年

注:表中△赔偿支付期为 1955—1965 年,准赔偿支付期为 1965—1977 年;标有 * 的国家为东盟国家。
资料来源:日本外务省:《作为战后处理的一部分进行的赔偿和经济合作及支付等》,https://www.mofa.go.jp/mofaj/files/000100328.pdf。

①　日本外务省:《作为战后处理的一部分进行的赔偿和经济合作及支付等》,https://www.mofa.go.jp/mofaj/files/000100328.pdf。

日本对东盟国家的战争赔偿和准赔偿对 20 世纪五六十年代东盟国家的经济起飞、发展起到了一定的促进作用,同时日本自身也受益良多。日本赔偿和准赔偿不是现金支付,而全部是以产品和劳务的方式来提供,由接受国政府与日本民间企业直接缔结物资供应合同,由日本政府向日本企业支付货款。作为赔偿对象的物资,是相当于一定数额美元的日本生产物和日本人的劳务。其总额基准虽然以美元计算,但所提供的物资与劳务都仅限于能以日元支付的范围,在当时日本外汇紧缺的情况下有效地节省了宝贵的黄金外汇储备,防止了外汇流出;同时每一个赔偿协议都同时伴有无偿或有偿的经济援助计划以及中、长期贷款,并且也都是采取提供产品和劳务的方式。例如,日本对印度尼西亚的赔偿及经济合作协定为 8 亿美元,其中一半是"经济合作"。对菲律宾的赔偿及经济合作协定也是 8 亿美元,其中有 2.5 亿美元是"经济合作"。对缅甸的赔偿及经济合作协定为 2.5 亿美元,其中"经济合作"为 0.5 亿美元。而"经济合作"是由日本政府或私人贷款给印度尼西亚、菲律宾、缅甸用于举办合营事业,这实质上是资本输出。事实上,日本往往对一个建设工程"赔偿"一部分,另一部分则要求同对方国家经济合作,对方国家如果想取得日本赔偿则不得不在经济合作方面给予日本种种优待。

日本战争赔偿之所以采取以资本货物为主体的实物和劳务方式,主要基于以下 4 点考虑:一是通过赔偿机械类、成套设备、船舶、上下水道、桥梁和水坝等资本物资,不仅帮助日本企业顺利打入东盟市场,为日本工业特别是与赔偿支付密切相关的重化工业提供了长期的持续稳定的出口市场,而且可以增加辅助和配套产品的出口,形成带动出口的乘数效应,使赔偿成为扩大日本产品出口的重要杠杆。例如,1957 年日本对东南亚的出口比 1956 年增加了 1 亿美元,其中对菲律宾和缅甸两国的出口占了 70%,而对该两国出口的增加大部分是由赔偿引致的出口。这证明赔偿已成为日本占领东盟市场的有效武器。二是出口用于资源开发的成套设备,有利于开发东南亚的资源,保障日本的资源进口。三是大量出口重工业产品,有利于扭转日本当时以轻工业品和初级加工产品为主的出口商品结构,促进日本国内以"重化工业"为中心的经济发展。四是日本企业重返和占领东南亚市场,为以后进军欧美市场打下基础①。这样,日本将战争赔偿转换成了第二次世界大战后日本与这些国家的经济合作方式,以有利于日本自身经济发展的方式提供赔偿,从而将赔偿变成了日本经济的促进剂②。

(二) 经济援助以经济目标为主

日本 1954 年加入科伦坡计划时尚未加入联合国和关贸总协定。因此,日本加入科伦坡计划,除了具有加强与亚洲各国的经济往来的经济目的之外,还带有明显的政治目的。正如吉田茂曾经指出:"现在,东南亚还没有开发,居民的生活程度还很低,这种地方是最适于共产主义萌芽的温床。同时,亚洲的民族主义现在也面临着被共产主义乘机利用的危险。发扬民族意识是好事,但是把它和共产主义结合在一起,使它受到歪曲,却是个问题。东南亚各国天然资源丰富,只要努力开发资源,使当地民族丰衣足食绝不是难事。为了达到这个目的,必须有效地运用美国的所谓第四点计划,即技术援助落后地区计划和以英国为中心的宗旨相同的科伦坡计划。特别是后者,既然日本作为援助国之一,那么日本用它的经验和技术作出贡献就非常重要③。"但是,这一时期的日本援助理念主要不是从政治和安全战略考虑出发,而是促进受援国的经济开发和推动日本与受援国的经济关系。因为作为一个自然资源匮乏的岛国,日本经济建设所需的资源、原料几乎全部依赖进口,据统计,"日本石油的99.8%、天然气的 90.9%、铝的 100%、镍的 100%、铁矿石的 99.6%、铜的95.9%都需要从国外进口"④。日本产品也严重依赖出口,可以说"海外市场

---

① 张廷:《日本对东南亚的经济扩张》,世界知识出版社 1959 年版,第 31 页。
② 日本通商产业省:《经济合作的现状与问题点》,通商产业省出版部 1999 年版,第 6 页。
③ [日]吉田茂:《十年回忆(第一卷)》,韩润棠、阎静先、王维平译,世界知识出版社 1963年版,第 178 页。
④ 金明善:《日本现代化研究》,辽宁大学出版社 1993 年版,第 198 页。

与军事威胁具有同等重要的地位,都是关系日本生死存亡的重大问题"①。

科伦坡计划有 3 种援助方式即用馈赠和借款的方式提供资金或物资援助、派遣专家以及接收培训研修生,日本主要采用的是派遣专家和接收研修生这两种方式,其主要目的是在当时经济还不富裕的情况下为日本企业进入东盟投资准备条件。1955 年,日本政府在预算中拨款 3840 万日元,正式开始了派遣专家和接收研修生等技术援助②。这标志着第二次世界大战后日本对外技术援助的开始。据统计,1955 年至 1964 年 2 月的 10 年,通过科伦坡计划,日本总共向亚洲各国派遣了 511 名专家和接收了 1354 名研修生。所派遣的专家和接收的研修生涉及近 20 个经济技术领域。其中,在农林水产业派遣的专家和接收的研修生最多,共派遣专家 220 名,占派遣专家总数的 43%;共接收研修生 463 名,占接收研修生总数的 34%。其他占比中较大的还有建筑业、轻重工业及矿业等。③ 随着向亚洲各地派遣专家数量的逐年增加,日本还在亚洲这些地区建立起了一批技术援助中心,目的是在欠发达国家培训该领域的工程师。截至 1964 年 2 月,日本在海外设立的技术援助中心共有 16 个。这些技术援助中心的建立和运作原则大致如下:日本为这些训练中心提供机械设备和派遣技术人员,并负担机械设备的运输费、保险费及技术人员的往返路费、工资等;受援国负责提供土地、建筑物附属设施及日本技术人员的住宿等;科技援助中心开放后,日本工程师与伙伴国的相关政府机构一起直接负责运营,但两国政府将根据需要进行磋商,以确保中心的顺利运作。援助期限一般为 3 年,经双方同意可以延长。关于训练中心的经营情况,以 1961 年 1 月开业的泰国电器通信训练中心为例,该中心隶属于泰国教育部管辖,截至

---

① [美]劳伦斯·奥尔森:《日本在战后亚洲》,伍成山译,上海人民出版社 1974 年版,第 24 页。

② 鹿岛平和研究所:《经济协力大系第 5 卷:日本の经济协力》,鹿岛出版社 1975 年版,第 36 页。

③ 日本外务省:《我国外交的最新发展(第 8 期)》,1964 年,第 145—148 页,https://www.mofa.go.jp/mofaj/gaiko/bulebook/1964/s39-contents.htm。

1964 年 2 月已完成约 300 名学员的培训,其中包括泰国邮政局、电信公共公司、国家铁路、陆、海、空、气象等组织派遣的受训学生,并为培训泰国中级和以上电信工程师作出了贡献。泰国方面对该中心取得的成绩很满意,要求日方延长协议并提供技术援助,希望以大学预科课程 3 年制取代以往的高中毕业生一年制正规课程,并将电视和广播部门纳入培训课程。因此,1964 年 1 月,日本应这一要求,将协议期限延长了两年,进一步增加了工程师人数,并扩大了培训设备的数量,为泰国培养了一大批通信技术人员。[①]

日本在参加科伦坡计划之外,还积极参与了联合国的专门机构、国际原子能机构和亚洲生产力机构等一些多国间的技术援助,以及与有关国家合作进行了湄公河流域的调查与开发,与美国合作进行了"日美联合第三国训练计划",为一些国家培养技术人员等。不过,尽管日本强调技术援助,并在 20 世纪 50 年代末 60 年代初通过科伦坡计划等渠道也确实进行了一些技术援助,但总体上讲,与其他发达国家相比,60 年代初期,日本的技术援助在其政府对外经济援助总额中所占的比例却非常低。1965 年,经济合作与发展组织发展援助委员会各国的平均比例为 17.8%,而日本只有 2.7%;同年,法国、联邦德国和英国三国接收研修生的数量分别为 124299 人、10588 人和 8926 人,日本仅接收了 1386 人;法国、英国、比利时和联邦德国 4 国派遣专家的数量分别为 43532 人、6822 人、3466 人和 2560 人,日本仅派遣了 605 人。[②] 因此,1965 年以后,日本提出"要扩充接收来自发展中国家的研修生",并加强"向这些国家派遣专家",用日本的农业技术"积极地向发展中国家,特别是东南亚国家提供援助",以改变这种落后的局面。[③]

1958 年,日本政府第一次向印度提供政府贷款,标志着日本对其他国家

---

①　日本外务省:《我国外交的最新发展(第 8 期)》,1964 年,第 149 页,https://www.mofa.ga.jp/mofaj/gaiko/bulebook/1964/s39-contents.htm。

②　日本通商产业省:《经济合作的现状和问题点》,通商产业省出版部 1999 年版,第 47 页。

③　日本通商产业省:《经济合作的现状和问题点》,通商产业省出版部 1999 年版,第 50 页。

的经济援助开始了新的一页。1957年5月，日本时任首相岸信介对缅甸和泰国进行了访问。1958年6月，日本国会通过了在日本输出入银行设立"东南亚开发协力基金"特别账户，优先向东南亚各国提供贷款的决议；同年10月，日本与印度签订协议，1958年至1961年日本输出入银行向印度提供了180亿日元（相当于5000万美元）的"束缚性"政府贷款，用于购买日本的发电机、洗煤机、筑路机械、通信设备、车辆和各种小工业机械。由于这些有偿贷款都规定必须用日元结算，所以一般就把这种形式日本政府贷款称作"政府贷款"。这便是日本政府首次向发展中国家的政府或机关提供的不是作为赔偿用途的贷款。因此，学术界也把这个时间点作为日本真正援助的开始，成为从"战争赔偿"到正式经济援助的转折点。日本提供的政府贷款1958年为1.18亿美元，1959年为1.95亿美元，1960年增长到2.26亿美元。[1]

1959年7月，日本政府设立了"对外经济协力特别委员会"，与此同时，外务省发表"经济协力基金构想"，通产省制定了"海外经济协力株式会社法案"。通过各省厅、政界的多方协调和国会审议，于1960年3月公布了"海外经济协力基金法案"。1961年，成立了政府贷款的实施机关海外经济协力基金。1962年，日本政府合并了若干个技术协力部门，成立了海外技术协力事业团。各省厅在相互调整的过程中，逐步形成了政府贷款的"4省厅体制"决策机制，即以经济企划厅为监督机构，以外务省、大藏省（现为财务省）、通产省3省为协议机构。池田内阁时期，池田表示日本作为亚洲最先进的工业国，深感责任重大，今后要进一步加强以亚洲国家为中心的发展中国家的经济援助。加强与亚洲国家的经济合作，支持亚洲国家的经济发展和政治稳定，对日本自身的安全与繁荣具有重要意义。[2]

日本于1961年加入经济合作与发展组织下辖的发展援助委员会，1964

① 林晓光：《日本政府开发援助与中日关系》，世界知识出版社2003年版，第105页。
② 日本外务省：《我国外交的最新发展（第7期）》，1963年，第3页，https://www.mofa.go.jp/mofaj/gaiko/bulebook/1963/s38-contents.htm。

年加入经济合作与发展组织,正式成为西方援助体系中的一员。至此,日本的官方发展援助既有了法律依据,也有了组织保证和执行机构,官方发展援助政策开始了正规的制度化和规范化的进程(表3-4给出了第二次世界大战后日本政府对外援助的主要相关事件)。1966年4月,日本时任首相佐藤在东京主持召开了"东南亚开发部长级会议",这是第二次世界大战后日本主持召开的第一次国际会议,东南亚的老挝、马来西亚、菲律宾、新加坡、泰国、越南、印度尼西亚、柬埔寨等都参加了会议,会上日本提出了重视农业和轻工业发展以及拿出国内生产总值的1%援助东南亚的目标。1966年11月24日,由日本发起的区域性政府间金融开发机构亚洲开发银行成立,日本加大了对外经济援助的力度,对外经济援助范围进一步扩大,援助形式也更加多样化。此时期,日本加大对东盟国家援助的原因首先是来自西方国家的压力。1964年,联合国第一次贸易和发展理事会会议要求先进国以国民总收入的1%援助发展中国家;后进国的贷款,清还期以20年、利率以3%为准则。其次是南亚各国也不断要求日本增加援助数量,以提高本国的经济发展水平以及平衡与日本的贸易。因为当时日本对东南亚大多数国家的贸易都是顺差。根据1967年日本的《通商白皮书》,1964—1966年,日本对柬埔寨、越南、泰国、缅甸、新加坡一直是日本保持顺差,只有对马来西亚与菲律宾连续3年都为逆差。因此,东南亚各国要求日本进一步增加援助数量和提高援助质量。与此同时,日本对东南亚各国的赔偿已完成了相当部分,且随着日本经济实力的不断增强,客观上要求日本进一步扩大对东南亚国家贸易,而扩大经济援助正是作为扩大贸易的一种手段。1964年,日本的国内生产总值为806亿美元(同期英国929亿美元、法国924亿美元)、国民收入706亿美元(英国865亿美元、法国832亿美元)、进出口贸易总量146.1亿美元(英国277.7亿美元、法国190.6亿美元)①,均接近西方发达国家的水平。在这种情况下,日本也具备了进一

___

① 张健:《战后日本经济的恢复、调整与起飞》,天津古籍出版社1994年版,第318页。

步增加对外经济援助的经济实力。

表 3-4　第二次世界大战后日本对外援助主要相关事件

年份	日本对外援助的主要相关事件
1954	加入科伦坡计划
1956	加入联合国
1957	启动技术援助
1958	第一笔政府贷款(印度第一笔贷款)
1959	加入国际开发协会(IDA)
1960	加入国际援助集团(DAG)
1961	加入经济合作与发展组织所属开发援助委员会(DAC)
1964	加入经济合作与发展组织(OECD)
1965	成立日本青年海外协力队
1966	倡议的亚洲开发银行(ADB)成立
1969	启动赠款援助
1973	第一次石油危机(迅速从危机的影响中恢复,扩大官方发展援助的数量)
1974	成立日本国际协力事业团
1989	日本官方发展援助超过美国成全球第一
1992	制定官方发展援助大纲(官方发展援助政策的基本文件,规定政府发展援助的原则)
1997	亚洲金融危机(为东南亚国家建立 300 亿美元的财政援助计划)
2001	制定千年发展目标
2003	官方发展援助大纲第一次修订(强调"和平建设""人类安全")
2008	日本国际协力事业团成为世界上最大规模的双边援助机构,集中负责政府贷款、无偿资金援助和技术援助
2011	东日本大地震(许多发展中国家在地震发生时提供了援助)
2014	官方发展援助 60 周年
2015	官方发展援助大纲第二次修订

资料来源:根据日本外务省和国际协力机构的网站资料制作。

　　在上述背景下,1969 年 4 月,日本在亚洲开发银行第二次全体会议上宣布了 5 年内对亚洲经济援助翻一番的倍增计划,决定扩大对外援助。1969

年,日本向东盟各国提供无偿赠款援助。同时日本官方发展援助受援国区域也从侧重亚洲转向更广泛地覆盖中东、非洲、拉丁美洲和加勒比以及大洋洲,日本对外经济援助全面展开。到20世纪60年代末,日本成为继美国、法国、联邦德国、英国之后的世界第五援助大国。到1970年,日本成为仅次于美国的世界第二援助大国。

总体来看,1954—1976年这段时间日本对东盟国家的经济援助数额较小,主要资金形态是政府贷款,援助条件相对苛刻,其本质与经济外交的目的是完全一致的,明显地表现为扩大对外贸易和确保原材料供应。日本政府在1958年第一部"经济合作白皮书"中指出:"日本经济合作必须在促进低水平开发国家经济开发方面作出贡献的同时,要适应日本经济发展的方向,扩大出口市场、确保重要原材料的进口市场。"此时,日本对东盟国家提供的政府贷款与战争赔偿,基本上都是束缚性资金,也就是必须用这些资金购买日本企业的商品和服务。因此,日本的经济援助变相地成为日本政府向日本企业发放的出口订单。总之,在1954—1976年这一时期,日本对外经济援助虽然有配合美国冷战战略的政治因素,但是经济利益目标是最为重要的。

二、计划扩充时期(1976—1991年)

从20世纪70年代初到冷战结束,日本对东盟官方发展援助在注重经济利益目标的同时,开始将官方发展援助作为一种政治外交的手段。以1973年石油危机和田中角荣出访东盟为转折点,日本的对外经济援助从经济利益目标压倒一切转变为经济、政治与战略目标并重。

1973年,日本经济遭受第一次石油危机的严重冲击,日本国内出现严重的通货膨胀。当时,美国正身负越南战争和财政贸易赤字激增的双重压力,无力顾及日本的安全,日本政府不得不探索独立的对外政策。为确保石油供应,维持工业发展,保证经济安全,第二次世界大战后日本第一次"自主"外交采取了以官方发展援助交换石油的"资源外交",于是,大量的日本官方发展援助开始流向中东地区以及非洲和拉美等资源丰富的发展中国家和地区,日本的官方发展援助开始走向全球化。同时,日本也增加了从印度尼西亚等东盟国家的进口,积极参加有关国家的能源勘探和开发,保证日本的能源供给基地。以日本的主要石油进口国印度尼西亚为例,日本对印度尼西亚的政府贷款援助额由1972年的409.2亿日元增加到1973的707.76亿日元,1974年剧增至1550.0亿日元。从1977年起,日本对东盟国家和中东地区的官方发展援助大幅度增长,同时将援助扩大到非洲、拉丁美洲地区。日本外务省在1978年出版的《经济合作的现状与展望——南北问题和开发援助》一书中指出,日本官方发展援助的意义有两点:一是日本只有在世界的和平与稳定中才可能确保生存和繁荣;而日本能够促进世界和平和稳定的最有效的手段就是官方发展援助;二是作为资源小国的日本为了获得原料,必须重视贸易,日本与发展中国家的相互依存关系极深;维护和加强与发展中国家的友好关系是日本经济增长的根本保障。①

20世纪70年代,随着对外经贸摩擦不断加剧,东南亚各国的反日活动和对日批判接踵而至。1974年,日本时任首相田中角荣出访东盟5国遭遇了规模巨大的反日游行示威。其主要原因在于当时日本官方发展援助过于明显地追求经济利益,贷款援助附加各项条件,东盟受援国认为日本的官方发展援助是为日本企业服务的;同时当时东盟各国经济主要依靠农业和渔业等第一产业,泰国主要出口鸡肉和杧果、印度尼西亚主要出口棕榈油等初级产品,但日本对进口这些产品的品质标准要求严格,进口关税也较高,进口援助不足。于是,引起了东盟受援国的强烈不满。日本对此进行了深刻反思,随后开始放宽对东南亚国家援助的条件,除了重视官方发展援助的经济目标之外,也开始重视官方发展援助在外交和政治方面的重大意义,着重改善日本与受援国之间的关系,改善日本的国际形象。于是,在第二次世界大战后日本的历任首相

---

① 日本外务省:《发展合作白皮书》,2004年版,https://www.mofa.go.jp/mofaj/gaiko/oda/shiryo/hakusyo/04_hakusho/index.htm。

中,田中第一个承诺改善官方发展援助的质量,即扩大政府援助,放松贷款条件,推进非束缚性援助①,以求改善日本在东盟地区的地位和形象。

1977 年,日本时任首相福田赳夫出席东盟扩大首脑会议时提出,加强日本与亚洲国家尤其是东南亚国家的关系,日本坚持和平主义原则,绝不做军事大国,这被称为"福田主义"。福田还表示:"日本作为亚洲一员,与亚洲国家的友好互助是首位的,而其后才是经济利益,日本与东南亚国家要加强文化交流,促进相互理解和相互信任。"之后,"福田主义"倡导日本与东盟国家在政治、经济以及社会文化等广泛的领域建立"心心相印"的关系。在日本—东盟首脑会议的联合声明中,福田承诺的 6 点都与官方发展援助直接相关,如日本提供 10 亿美元援助用于实现东盟工业化计划,在其后 5 年内将官方发展援助增加到两倍以上等。同时,日本以官方发展援助为武器,谋求改善与东盟国家的关系,积极发挥官方发展援助"桥梁外交"的政治作用。"福田主义"标志着日本官方发展援助从过去相对单一的经济外交向经济、政治并重的外交政策转变。日本对东盟官方发展援助作为主要的外交手段,其政治目的亦日渐加强。此外,日本援助泰国以及停止对越南援助等措施也是与西方国家保持一致,有战略援助的目的。

落实"福田主义"理念,日本扩大了官方发展援助规模,先后实施了 5 次官方发展援助中期目标。1978 年,日本公布第一次官方发展援助中期目标,即 3 年之内要使官方发展援助金额翻一番。该目标使日本的官方发展援助净额由 1977 年的 14.24 亿美元增长到了 1980 年的 33.53 亿美元;之后又连续公布了 4 次官方发展援助中期目标。日本的官方发展援助规模在 20 世纪 70 年代至 90 年代迅速增长,1983 年日本的官方发展援助净额超过法国,位居第二;1989 年,日本的官方发展援助净额达到了 89.65 亿美元,超过了美国的 76.77 亿美元,首次成为世界最大的援助国。在其后的 1991 年至 2000 年,日

---

① 渡辺昭夫:《戦後日本の対外政策:国際関係の変容と日本の役割》,有斐閣 1985 年版,第 264 页。

本的官方发展援助金额约占经济合作与发展组织发展援助委员会诸国的官方发展援助总量的20%,成为名副其实的世界第一大援助国。

与此同时,日本扩大了对东盟的官方发展援助规模,注重援助给当地带来"正外部性"。1978—1980年,日本对东盟的官方发展援助金额为33亿美元,远远超过1978年拟定的未来5年完成28.50亿美元的援助规模。同时,1980年,日本更新了官方发展援助计划,决定1980—1984年的5年官方发展援助规模超过1976—1980年的1倍以上。在迅速扩大官方发展援助规模的同时,日本官方发展援助从以前仅仅关注本国的原料确保和日本企业投资的便利化,转变为同步考量促进受援国经济与社会发展的实效,期望赢得东南亚受援国的信任。

1979年3月,日本首相大平正芳提出"综合安全保障"的设想,认为为了确保日本的安全,在建设防卫力量的同时,还要综合地运用经济力量、外交力量、文化力量等日本拥有的一切力量。铃木内阁和中曾根内阁继承了大平正芳的路线,进一步把综合安全保障战略具体化,于是,综合安全保障战略便成为20世纪80年代日本历届政府制定内外政策的一个重要依据。这也就决定了日本官方发展援助政策从以往仅仅以确保资源供给和促进出口等经济利益为优先目标,开始注重政治效果和安全目的。1980年的日本经济合作白皮书《经济合作的理念——为何实施政府开发援助》提出,日本经济合作的理念包括"人道主义""相互依存"两个方面,官方发展援助正是"确保日本综合安全保障,构筑国际秩序的成本"。于是,基于"人道主义""相互依存""综合安全保障"3根支柱的日本"援助哲学"基本形成。

1980年,日本的国内生产总值超过1万亿美元,占世界国内生产总值的1/10,日本成为世界贸易、外汇储备、资本输出大国。与此同时,日本提出"发挥与经济大国相称的国际作用"。1982年,日本时任首相中曾根康弘首次提出"政治大国"的战略目标,日本不再满足于经济大国地位,下一步目标是在国际社会中发挥更大的政治作用。1983年,中曾根首相访问东盟5个创始国和文莱,提倡要改变以往只在经济方面的接触,应在更"广泛的领域"开展日本与东盟的关系,扩大科学技术援助和青年交流等,旨在建立长期稳定的日本与东盟关系。中曾根表示日本将扩大官方发展援助,继续把东盟作为最重要的援助地区,主要目的是要保证日本的资源供给和贸易通道的安全,同时支持东盟对抗越南,抵制苏联势力南下,扩大日本的政治影响。为了改善国家形象,日本政府加大对外经济援助投入。1985 年广场协会后日元大幅度升值,为了缓减对外贸易巨额顺差而带来的国际压力,日本政府进一步加大了经济援助的规模,相继于 1985 年、1988 年、1993 年宣布了第三、第四和第五次官方发展援助中期目标计划。到 1989 年,日本的官方发展援助支出额为 12368 亿日元,折合近 90 亿美元,首次超过美国(约 77 亿美元),成为世界第一援助大国。

从以上分析可以看出,随着日本的国情、援助实践及国际形势的发展变化,日本对官方发展援助的战略目标作出了相应调整。20 世纪五六十年代,日本官方发展援助的战略目标是强调日本资源供给、贸易与投资等商业利益;70 年代石油危机之后开始注重官方发展援助的政治作用,官方发展援助的战略目标逐渐从追求商业利益向长期利益和国际政治利益过渡;从 80 年代开始,日本认为其官方发展援助是为确保日本的综合安全保障,并保持经济大国地位必须付出的代价。

三、理念充实时期(1992—2014 年)

从 20 世纪 90 年代初至 2014 年,日本整体对外战略又赋予官方发展援助以新的任务,即在发挥官方发展援助经济效应、巩固日本经济大国地位的同时,突出了对外援助的政治、军事安全影响与战略目的,将官方发展援助作为获得受援国政治支持、建立国际新秩序的一个重要手段,从而为日本走上政治大国、军事大国铺平道路。

到 1993 年,日本完成了自 1978 年开始实行的 5 个连贯的中期官方发展援助目标,官方发展援助规模逐步扩大。在这期间,日本对外援助区域从东南亚扩大到中东、非洲、拉丁美洲和亚洲以外的太平洋地区。20世纪90年代日本的官方发展援助政策发生了重大转变,主要原因在于1991年苏联解体,冷战宣告结束,国际格局发生重大转折,日本对官方发展援助进行了反思,以及日本自身实力状况的变化。在此背景下,谋求政治大国地位成为日本这一时期的战略主题和国家利益核心之一,而官方发展援助主要服务于日本谋求成为政治大国的目标。当然追求官方发展援助的经济利益也是日本始终不变的目标之一。

1993年,在第48届联合国大会上,日本正式提出希望成为联合国常任理事国的愿望,并为其开始了长期不懈的外交努力。如何利用好官方发展援助这一核心外交政策工具,更好地服务于日本的政治大国国家战略目标,成为这一时期日本官方发展援助的重要目的。为此,日本公开在实施官方发展援助时附加政治条件。1991年4月,日本政府对外经济合作会议通过了新的官方发展援助实施标准——《发展中国家的军事支出等与我国政府开发援助的实施原则》,日本公开表明要把援助与受援国军事支出、武器开发及进出口、民主人权等问题挂钩。1992年6月30日,日本政府发布了日本首份《政府发展援助大纲》,即《官方发展援助大纲》,标志着作为日本外交工具核心的官方发展援助具有了正式的、制度化的援助理念、纲领和框架。

作为官方发展援助的纲领性指导文件,日本政府系统地阐述了其官方发展援助的理念、原则、重点和标准(见表3-5),提出了"官方发展援助4原则":(1)协调环境保护与发展;(2)避免用于军事用途及助长国际争端;(3)密切关注受援国的军事开支、大规模杀伤武器和导弹研制和武器进出口等动向;(4)密切关注受援国推动民主化、经济市场化和保护人权与自由的状况。从上述4原则可以看出,冷战后日本政府发展援助已经走出了仅仅关注经济利益的时代,政治色彩明显加强。

表 3-5　1992 年日本《政府发展援助大纲》主要内容

基本理念	1. 解决世界上大多数发展中国家的贫困与饥饿问题,实施人道主义救援 2. 构筑和平与繁荣和自由、人权、民主主义社会而努力 3. 环境保护是国际社会全人类共同的课题 4. 把维护世界和平,确保国际社会的繁荣视为重要使命
原则	1. 协调环境保护与发展 2. 避免用于军事用途及助长国际争端 3. 密切关注受援国军费开支、大规模杀伤武器和导弹研制、武器进出口等动向 4. 密切关注受援国推动民主化、经济市场化和保护人权与自由的状况
事项	1. 地区:把援助重点放在亚洲,同时要关注整个世界的贫困地区 2. 项目:致力于解决全球性的问题;解决基本生活需求;人才培养及研究合作等有助于提高及普及技术的援助;经济基础设施建设;结构调整等
有效实施 主要措施	1. 推进援助国和受援国之间的政策对话 2. 把有偿资金援助、无偿资金援助和技术援助等各种援助形态相结合 3. 利用兼顾环境保护与经济增长的成功案例,充分利用其中的有关技术和知识 4. 致力于使官方发展援助与直接投资和贸易保持有机结合 5. 努力加强与国际组织及亚太经济合作组织等地区合作组织的合作 6. 加强合作和调查,以确定和形成官方发展援助项目,以便采用适当的项目 7. 适当考虑妇女积极参与发展,对儿童、残疾人、老年人等社会弱者予以充分照顾
获得理解 措施	1. 促进官方发展援助信息公开 2. 加强宣传和开发问题教育
实施体制	1. 人才的培养、确保和有效使用 2. 确保官方发展援助有效和高效的执行系统 3. 确保派遣、援助人员的安全

资料来源:根据日本外务省《政府发展援助大纲》(http://www. mofa. go. jp/mofaj/gaiko/oda/seisaku/taikou/sei_1_1.html)整理所得。

2003 年,日本政府对 1992 年官方发展援助大纲进行了修订,发布了新的《政府发展援助大纲》,主要内容见表 3-6。2003 年版新大纲在"官方发展援助 4 原则"基本未变动的前提下,力求提高日本官方发展援助的"战略性、机动性、透明性和效率性"[1]。鉴于冷战后东盟经济实力和地区影响的增大,日本重新审视东盟的地位。1992 年 6 月,日本国会通过了《联合国维持和平行动合作法》(Peace Keeping Operation 法案"),向波斯湾派遣海上自卫队扫雷,派首批维和部队前往柬埔寨。

---

[1]　日本外务省官网,http://www. mofa. go. jp/mofaj/gaiko/oda/seisaku/seisaku_/sei_1.html。

表 3-6　2003 年版日本《政府发展援助大纲》主要内容

目的	1. 促进国际社会的和平与发展,从而确保日本的安全与繁荣 2. 强化国际之间的交流与合作 3. 加强国与国之间的相互依存,建立良好的贸易关系
基本方针	1. 促进发展中国家自身的努力 2. 加强人类安全保障 3. 确保公平性 4. 灵活运用日本的专业技术经验和知识 5. 加强国际社会的协调与合作
重点课题	1. 消除贫困与恐怖主义,强调在教育、保健和医疗福利、水和卫生、农业等领域的合作 2. 支持其可持续增长,灵活运用对发展中国家的贸易投资与交流,重视培育人才、制度、经济活动设备的建立,促进发展中国家经济的发展 3. 应对全球性问题,加强全球变暖面临的环境、疾病、人口、粮食、能源、灾害、犯罪组织及恐怖分子等问题的协调与解决 4. 建设和平,防止发展中国家之间的纷争
重点区域	1. 和日本有密切关系的、对日本的安全和繁荣有重大影响的亚洲地区是重点区域,尤其是东盟地区 2. 对南亚的贫困人口、民主化和市场经济给予支援 3. 对中东、中南美、大洋洲以及非洲给予特别关注
实施原则	1. 平衡环境和发展 2. 避免用于军事用途以及避免助长国际纷争 3. 防止杀伤性武器的散播,维护世界和平,促进世界发展 4. 促进发展中国家的民主化,导入市场经济以及保障人权自由
政策实施	1. 援助政策制定与实施体系:制定连贯一致的援助政策,加强相关部委和机构之间的合作,加强政府与执行机构的合作,加强政策咨询,加强地方在决策过程和执行中的职能,加强与国内外援助利益相关者的合作 2. 扩大国民参与度:促进各级公众的广泛参与,扩大人才开发与开发研究,传播有关发展问题的教育,公开信息确保足够的透明度 3. 有效执行所需事项:加强援助效果评价,确保官方发展援助实施程序适当,防止选择和实施官方发展援助项目过程的欺诈,腐败和意外使用,确保援助人员的安全

资料来源:根据日本外务省《政府发展援助大纲》(http://www.mofa.go.jp/mofaj/gaiko/oda/seisaku/ taikou.html)整理所得。

　　当然,在日本官方发展援助政策调整变化中,经济战略利益最大化一直是其不变的目标和原则。20 世纪 90 年代以来,日本直接投资大量涌入东盟国家,东盟国家成为日本重要的制造业基地和商品市场,对东盟国家官方发展援助与过去一样,配合投资和贸易,开发东盟市场,"援助—贸易—投资"三位一体正是日本型援助的基本特征。例如,1995 年,日本主办了印支综合开发论坛部长会议,1996 年发表了"大湄公河开发构想报告",1999 年召开了柬埔寨援助会议等,积极参与东盟地区的开发。2003 年新大纲的重点课题和基本方针中指出:"我国官方发展援助要与对发展中国家开发有着重大影响的贸易、投资有机结合,总体上促进其发展","进而在实施官方发展援助之际,要考虑与我国经济、社会的联系,力求与我国的重要政策配合,确保全部政策的协调性",同时"我国要充分考虑与东盟等东亚地区加强经济合作,灵活运用官方发展援助,强化与本地区的关系,努力缩小地区差距"[1]。也就是说,日本欲把官方发展援助与贸易、投资以及国内经济改革、产业结构调整相结合,摆脱经济困境,在区域合作中争取主导地位。

四、适应新时代时期(2015 年至今)

2015 年是日本自 1955 年首次提供对外援助 60 周年。经过对其过往官方发展援助历史的回顾和反思,日本政府于 2015 年再次对 2003 年的官方发展援助大纲进行了修订,并将修订后的新大纲命名为《发展合作大纲》,主要内容见表 3-7。与之前版本的名字《政府发展援助大纲》相比,名字里既少了"政府"二字且将"援助"改为了"合作",这反映出新时期日本官方发展援助的理念。

表 3-7　2015 年日本《发展合作大纲》主要内容

目的	1. 致力于国际社会的和平、安定与繁荣,促进与其他各国之间的发展合作行动 2. 通过合作与互助,维护日本的和平与安全,实现稳定、透明和易于预测的国际环境,确保日本的国家利益 3. 官方发展援助作为促进发展的各种活动的核心,以"开发"为核心目标,发挥催化剂的作用,政府与民间的资金、技术合作,调动各种力量,共同致力于对未来的国际社会的和平、安定与繁荣作出贡献

---

① 日本外务省:《政府发展援助(ODA)白皮书》2003 年版,第 179—181 页,https://www.mofa.go.jp/mofaj/gaiko/oda/shiryo/haskusyo/03_hakusho/index.htm。

日本对东盟经济援助与双边经贸关系研究

续表

基本方针	1. 以非军事的帮助创造和平与繁荣 2. 保障人类的安全是日本发展合作大纲的根本理念。为了保护处于弱势立场的人们,通过能力的强化,以保障人民安全为促进基本合作,并积极推动人权观念,包含女性的权利 3. 通过基于日本经验和知识的对话和协作,为发展中国家自力更生的发展提供资助支持与合作
重点课题	1. 高质量增长和通过高质量增长消除贫穷 2. 共享普世价值,实现和平安全的社会 3. 通过解决全球问题建立一个可持续和有复原力的国际社会
重点地区	1. 东盟:支持整个东盟的社区建设和全面可持续发展,重点是硬性和软性两方面的基础设施发展援助,包括加强互联互通;提升生产力的技术革新、培育人才、强化当地的防灾对策以及危机处理能力;促进与东盟作为区域组织的合作,以解决东盟将共同处理的问题 2. 南亚:发展经济基础,加强亚洲地区内部的联通性,改善贸易和投资环境,支持保健、卫生和教育等基本生活领域,以缩小贫富差距 3. 日本也将根据其发展需要和承担能力,向面临各种发展挑战的其他地区国家提供必要的援助
实施原则	1. 强化战略性。为了使《发展合作大纲》的效果最大化,政府实施机关应相互合作,集所有国有资源,发展合作政策的拟定、实施与评价,使之成为一个具有连贯性且完整的战略 2. 利用日本的强项进行帮助。日本经历了高度成长与人口结构的变化,在战争过程中,对人才、知识、技术的培育具有丰富的经验。因此依据日本的经验更好地帮助其他发展中国家 3. 积极参与国际组织。日本应积极地参与国际组织,把在日本的经验带给全世界
战略的评价	1. 民主化程度:对援助对象国进行民主、法律以及基本人权保障制度的评价 2. 避免用于军事目的及助长国际纷争:虽然避免用于军事用途,但在灾害、气象以及安保等非军事领域,不应该忽视军队的作用 3. 军事支出、武器开发等:密切注意援助对象国的军事支出、武器研发以及进出口等,避免恐怖主义扩散,维持国际和平 4. 气候变化:为了实施可持续发展,必须要对援助对象国的自然环境进行评价 5. 照顾弱势群体:为确保援助对象国的社会平等,对弱势群体要给予相应的照顾 6. 鼓励女性参与:推进援助对象国的男女平等问题 7. 防止腐败:打击贪腐企业与政府,增加社会透明性 8. 确保人员安全:保障在实施新官方发展援助政策期间,派驻在援助对象国的日本人员的安全,建构和平的治安环境与体制
实施体制	1. 政府体制整顿 2. 强化合作功能 3. 强化实施基础

资料来源:根据日本外务省《发展合作大纲》(http://www.mofa.go.jp/mofaj/gaiko/oda/seisaku/taikou_201502.html)整理所得。

　　2015 年,日本颁布的《发展合作大纲》是其外交安全战略调整下的产物,其突出特征表现在以下 3 个方面:

(一)官方发展援助是日本外交安全战略的实现手段

　　官方发展援助被定位为日本外交安全战略的实现手段。2015 年,日本《发展合作大纲》明确指出,根据国家安全战略将 2003 年版《官方发展援助大纲》修订为《发展合作大纲》。新大纲在名称使用上未沿用以往的"发展援助",而采用"发展合作",目的在于深化日本与援助对象国在安全领域的互动。新大纲将"发展合作"定义为"以发展中地区的开发为主要目的的政府及政府相关机构间的国际合作活动"①。并强调,这里的"发展"不仅应从狭义上理解,而且应从建设和平、施政、促进基本人权、人道主义援助等方面作广义理解。这种发展合作将加强官方发展援助与日本政府和相关政府组织的其他基金和活动,以及促进与私人基金和活动的合作,并强化发展的协同效应。"发展"内涵的扩大改变了官方发展援助的传统属性,它不只是促进经济发展的基本手段,也是推动政治发展、安全保障和民主建设的重要手段,存在多个目标。为强化官方发展援助的战略性,使发展合作的效果达到最大化,日本将采取一系列措施,包括政府与实施机构一体化;联合各种相关主体,集中各种资源;统合发展合作的项目立案、实施及评价。其中,在项目立案上,日本将掌握绝对主导权。过去,援助项目一般由对象国提出,经日方审核后决定是否提供,被称为"要请主义"。2015 年的新大纲认为,要"根据发展中国家自身的开发政策、开发计划以及作为援助对象的国家和课题在战略上对我国的重要性,强化重点,基于我国的外交政策,制定具有战略性且有效的发展合作方针"②。换言之,日本将主要根据自身的外交、安全和战略利益的现实需要拟定相关援助

---

　　①　日本外务省:《发展合作大纲》(2015 年 2 月 10 日),http://www.mofa.go.jp/mofaj/gaiko/oda/files/000072774.pdf。

　　②　日本外务省:《发展合作大纲》,http://www.mofa.go.jp/mofaj/gaiko/oda/files/000072774.pdf。

项目,再向对象国提出,以达到在援助项目立案上真正发挥主导作用的目的。

(二)官方发展援助按照国家安全战略界定的国家利益开展

日本官方发展援助尽管从实施之初就服务于本国利益,助力开拓原料产地和海外市场,但为避免给国际社会和受援国"动机不纯"之嫌,过去日本从未在官方文件中使用国家利益一词。日本在 2015 年的《发展合作大纲》首次明确表达了官方发展援助要以国家利益为根本诉求的立场,明确指出,"我国要以更加积极地为国际社会的和平、稳定及繁荣作贡献为目的,推进发展合作。通过合作,确保维持我国的和平与安全、实现更加繁荣、创造稳定性和透明性可高度预测的国际环境、维持和拥护基于普世价值的国际秩序等国家利益"①。这里的国家利益,内涵直接取自国家安全战略,反映出安全政策与官方发展援助政策两者之间的高度契合。

(三)重新重视官方发展援助的经济目标

日本在 2015 年的新官方发展援助大纲即《发展合作大纲》中提出了与受援国"共同发展"的理念,再次提出了融合"援助—贸易—投资"三位一体的"日本模式",通过软硬件基础设施的投资来改善当地的投资环境,进而通过政府与社会资本的合作,大力推动私营部门的发展,实现私营部门领导的经济发展,促进投资与贸易的扩大,从而同时推动受援国与日本经济的共同发展。在日本开展官方发展援助的初期,"援助—贸易—投资"三位一体的"日本模式"大大促进了日本经济的发展,由此日本官方发展援助曾遭到国际社会的广泛批评。而当日本极力提高政治影响力时,日本逐渐淡化官方发展援助的经济目标,开始更加强调高质量的对外援助。但是在经济长期低迷且面临老龄化的困境中,日本开始重新重视官方发展援助的经济目标。

---

① 日本外务省:《发展合作大纲》(2015 年 2 月 10 日),http://www.mofa.go.jp/mofaj/gaiko/oda/files/000072774.pdf。

　　总之,通过回顾日本对东盟官方发展援助政策的发展过程,本节发现有两条线索贯穿其中,一是从国际政治经济学角度来看,日本对东盟官方发展援助政策目标经历了 4 个阶段,即由 20 世纪五六十年代的经济利益为主→七八十年代的经济与政治利益并重→再到冷战结束后相对突出政治战略作用→2015年以来高度重视国家安全战略作用,重新重视官方发展援助的经济利益。从经济学的角度来看,日本对东盟官方发展援助的经济目标经历了 20 世纪 50年代至 70 年代上半期以振兴企业出口和支持企业对外资源型开发投资为主→70 年代下半期至 90 年代初期以推动日本制造业企业海外投资为主→90 年代中期以来突出推动区域经济合作战略作用 3 个阶段。

第二节　日本对东盟经济援助的政策走向

一、日本对东盟经济援助的地区分布

(一)东盟是日本对外援助的重点地区

　　作为一个援助国,如何将有限的援助资金进行最合理的地理分配,是日本对外政策的重要组成部分。日本对外援助的地理分配,主要是在权衡对外政治、经济两大利益的基础上决定的,在此基础上还部分地掺杂着地缘、历史、文化等其他因素的影响。表 3-8 给出决定日本官方发展援助政策的地区差异的主要因素。

表 3-8　决定日本官方发展援助政策的地区差异的主要因素

地区	经济关系	日自身关系	主导作用	西方战略	自助能力	人道主义
东北亚	+	+	+	+	+	+
东南亚	+	+	+	+	+	+
南亚	−	−	+	+	−	+

续表

地区	经济关系	日自身关系	主导作用	西方战略	自助能力	人道主义
中东与北非	+	+	−	+	+	+
撒哈拉以南非洲	−	−	−	−	−	+
拉丁美洲	+	−	−	+	−	+

注:表中的"+"号的含义为重要,"−"号的含义为不重要。

资料来源:张光:《日本对外援助政策研究》,天津人民出版社1996年版,第197页。

从表3-8可以看出,东盟在日本经济援助中的重要地位是不言而喻的。从日本经济援助的地区分布来看,总体而言,日本经济援助一直以亚洲为中心,而东盟又是日本对亚洲经济援助的重点区域。

从表3-9展示的各年日本政府对外经济援助地区分布来看,在日本经济援助总额中,历年对亚洲经济援助的占比都在50%以上,其中,对东盟经济援助占比均在20%以上,即日本历年半数以上经济援助流向亚洲地区,1/5以上的经济援助流向东盟国家。20世纪70年代全球经历两次石油危机后,日本愈加重视经济援助,大幅度提高了援助金额,援助的对象地区逐步扩大到中东、非洲和拉丁美洲等地,日本对中东、北非和撒哈拉沙漠以南非洲的经济援助大幅度地增长,这充分体现了日本当时的"能源外交",同时日本对亚洲及对东盟的援助占比相应有所下降。1970年日本对亚洲经济援助占比高达94.36%,该比例1980年下降至72.79%,2010年下降为52.06%。但日本对亚洲经济援助金额从1970年的4.19亿美元迅速上升至1980年的16.48亿美元,之后持续增加,1990年为51.40亿美元,直至2010年援助金额高达81.06亿美元。1970年日本对中东和北非的经济援助占比为3.03%,而到2010年这一比例上升为15.32%,援助金额也由0.13亿美元大幅跃升至23.40亿美元。此外,1970年日本对撒哈拉沙漠以南非洲经济援助总额为0.08亿美元(占比1.84%),到2010年援助金额上涨为18.35亿美元(占比12.01%)。再者,日本对拉丁美洲地区经济援助金额及占比同样增长显著,由

1970 年 0.02 亿美元（占比 0.53%）上涨为 2010 年 10.06 亿美元（占比 6.58%），在 2000 年援助金额更是高达 11.20 亿美元（占比 8.80%）。同样，日本对大洋洲和欧洲经济援助金额也有所提高，但援助占比上升幅度不大，所占份额相对极低。2015—2021 年，日本对亚洲经济援助占比从 52.73% 上升至 59.10%，其中 2019 年和 2020 年这一比例均超过 60%；而对撒哈拉沙漠以南非洲经济援助占比从 15.70% 下降至 2020 年的 7.92%，2021 年略有回升至 9.50%；近 3 年来，日本对大洋洲经济援助金额及占比稳步上升，对欧洲援助占比保持稳定，金额有所上升，对中东、北非、拉丁美洲等地区援助金额稳步增加。从整体来看，近几年日本对各地区援助金额及其占比处于总体平稳状态。

表 3-9　日本对各地域经济援助金额及占比（单位：百万美元；%）

地域	指标	1970 年	1980 年	1990 年	2000 年	2010 年	2015 年
东盟	支出额	172.94	821.78	2893.69	4219.82	4088.89	3252.62
	占比	38.91	36.29	34.73	33.21	26.76	27.08
亚洲（包含东盟）	支出额	419.37	1648.27	5140.05	7630.81	8106.17	6333.08
	占比	94.36	72.79	61.68	60.05	53.06	52.73
中东·北非	支出额	13.45	199.64	898.16	990.11	2339.90	1420.53
	占比	3.03	8.82	10.78	7.79	15.32	11.83
撒哈拉沙漠以南非洲	支出额	8.19	243.71	887.34	1078.57	1835.29	1885.35
	占比	1.84	10.76	10.65	8.49	12.01	15.70
拉丁美洲	支出额	2.34	133.06	637.58	1120.46	1005.55	437.76
	占比	0.53	5.88	7.65	8.82	6.58	3.64
大洋洲	支出额	0.01	14.72	116.38	167.00	196.87	129.11
	占比	0.00	0.65	1.40	1.31	1.29	1.07
欧洲	支出额	0.01	1.94	159.58	128.57	232.45	111.78
	占比	0.00	0.09	1.92	1.01	1.52	0.93
跨区域援助等	支出额	1.07	23.18	493.91	1591.64	1562.14	1693.91
	占比	0.24	1.02	5.93	12.53	10.22	14.10

续表

地域	指标	1970 年	1980 年	1990 年	2000 年	2010 年	2015 年
双边总计	支出额	444.43	2264.52	8332.96	12707.18	15278.36	12011.52

地域	指标	2016 年	2017 年	2018 年	2020 年	2021 年	
东盟	支出额	3459.32	3331.93	2960.56	3626.80	4825.89	3813.73
	占比	25.72	22.09	22.26	24.70	28.54	21.41
亚洲（包含东盟）	支出额	7037.79	9009.43	7509.02	8972.14	10206.45	10520.16
	占比	52.32	59.73	56.47	61.11	60.36	59.10
中东·北非	支出额	1944.69	1735.16	1682.65	1511.28	1935.81	1951.78
	占比	14.46	11.50	12.65	10.29	11.45	11.00
撒哈拉沙漠以南非洲	支出额	1490.07	1703.29	1333.40	1553.46	1338.39	1691.79
	占比	11.08	11.29	10.03	10.58	7.92	9.50
拉丁美洲	支出额	428.94	372.45	452.46	412.83	644.28	711.41
	占比	3.19	2.47	3.40	2.81	3.81	4.00
大洋洲	支出额	180.77	321.24	219.20	221.04	329.11	619.55
	占比	1.34	2.13	1.65	1.51	1.95	3.50
欧洲	支出额	402.06	92.75	80.65	77.02	90.00	96.66
	占比	2.99	0.61	0.61	0.52	0.53	0.50
跨区域援助等	支出额	1966.44	1850.15	2020.27	1934.83	2364.76	2220.96
	占比	14.62	12.27	15.19	13.18	13.99	12.50
双边总计	支出额	13450.75	15084.47	13297.64	14682.60	16908.80	17812.31

注:表中支出额均为支出总额;表中的"0.00"为保留两位有效数字后的结果,其真实值并不为 0。1990
年以后的援助支出额包括面向经济援助毕业国的援助;跨地域的援助等包含跨多个地域的调查团
的派遣等,无法具体细分所属地域。

资料来源:根据日本外务省《2020 年版发展合作白皮书》《2021 年版发展合作白皮书》《2022 年版发展
合作白皮书》整理所得。

20 世纪 70 年代中期日本已经崛起为援助大国,日本在对东盟经济援助
绝对数额不断增长,日本"能源外交"等因素促使援助对象区域的扩大致使东
盟所占份额相对缩小,但仍保持较高的比例。1970 年日本对东盟经济援助占

比为 38.90%,之后逐步降低为 2010 年的 26.80%,但是日本对东盟援助金额由 1970 年的 1.73 亿美元大幅上升至 2000 年的 42.20 亿美元,2010 年相对略有下降至 40.89 亿美元。2015—2021 年,日本对东盟经济援助金额及其占比相对比较稳定,2015—2019 年援助金额在 33 亿美元左右波动中略有上升,2020 年日本对东盟援助金额大幅上升至 48.26 亿美元,2021 年又下降至 38.14 亿美元;而日本对东盟经济援助占比整体上略有下降,但基本保持在 25%左右。

从 2018—2020 年日本对外经济援助的前 30 个受援国/地区名单(见表 3-10)和日本为最大援助国的受援国家列表(见表 3-11)中也可以明显地反映出东盟是日本对外援助的重点地区。

从表 3-10 可以看出,东盟国家中除不在经济合作与发展组织发展援助委员会受援国援助名单的新加坡和文莱外,历年仅有马来西亚不在此名单中,其余 7 个国家尽在此列,尤其是越南、印度尼西亚、缅甸和菲律宾连续几年均在前十列表中,泰国在 2017 年位于前十列表,但在 2019 年和 2020 年排名有所下滑,分别位列第 11 位、第 15 位,无缘前十,在 2018—2020 年日本对外援助前十国家或地区支出总额中,东盟国家接受援助金额占比很高,分别达 37%、37% 和 43%。此外,长时期以来,在日本对外援助的前十大受援国和地区中,除个别国家(埃及等)以外,其他皆为亚洲国家和地区,其中印度尼西亚、越南等东盟国家接受日本援助的款额较大。

表 3-10　2018—2020 年日本对外援助前 30 个受援国/地区名单

(单位:亿日元)

年份 排名	2018		2019		2020	
	国家/地区名	支出总额	国家/地区名	支出总额	国家/地区名	支出总额
1	印度	2231.91	印度	2699.94	孟加拉国	2130.83
2	孟加拉国	1297.71	孟加拉国	1255.59	印度	1807.74
3	※越南	673.85	※菲律宾	1000.40	※印度尼西亚	1369.77

续表

年份 排名	2018		2019		2020	
	国家/地区名	支出总额	国家/地区名	支出总额	国家/地区名	支出总额
4	※印度尼西亚	637.77	※缅甸	756.93	※菲律宾	1151.14
5	※菲律宾	562.50	※印度尼西亚	664.34	※缅甸	1093.52
6	伊拉克	555.01	※越南	650.57	伊拉克	820.63
7	※缅甸	536.90	乌兹别克斯坦	412.69	※越南	620.42
8	埃及	294.58	埃及	357.89	乌兹别克斯坦	312.83
9	※泰国	270.82	伊拉克	304.40	埃及	311.17
10	肯尼亚	224.12	肯尼亚	290.08	蒙古国	298.56
前10个国家合计(东盟5国)	7285.16 (2681.83, 37%)		前10个国家合计(东盟4国)	8392.82 (3072.24, 37%)	前10个国家合计(东盟4国)	9916.63 (4234.85, 43%)
11	乌兹别克斯坦	217.55	※泰国	259.38	斯里兰卡	297.36
12	斯里兰卡	200.63	斯里兰卡	225.85	※柬埔寨	271.23
13	阿富汗	188.03	突尼斯	179.57	约旦	256.89
14	※柬埔寨	169.07	※柬埔寨	176.43	科尼亚	221.72
15	突尼斯	155.31	约旦	170.72	※泰国	220.55
16	莫桑比克	143.87	尼泊尔	137.23	巴西	157.36
17	土耳其	133.81	巴基斯坦	132.11	巴布亚新几内亚	126.69
18	巴基斯坦	126.71	阿富汗	131.44	阿富汗	126.23
19	尼泊尔	115.72	蒙古国	114.88	墨西哥	112.78
20	摩洛哥	90.80	莫桑比克	92.72	※老挝	89.37
前20个国家合计	8826.66		前20个国家合计	10013.15	前20个国家合计	11796.80
21	※老挝	89.57	土耳其	87.42	内瓦尔	87.60
22	蒙古国	88.18	卢旺达	78.69	叙利亚	76.15
23	坦桑尼亚	78.67	※老挝	76.60	埃塞俄比亚	75.23
24	乌干达	72.13	叙利亚	69.07	莫桑比克	72.72
25	加纳	70.13	乌干达	65.89	科特迪瓦	65.51
26	埃塞俄比亚	69.41	巴布亚新几内亚	64.94	马达加斯加	64.46
27	巴西	67.73	埃塞俄比亚	64.45	萨尔瓦多	62.76
28	巴布亚新几内亚	60.53	巴西	61.78	巴斯蒂娜	62.00

续表

年份排名	2018		2019		2020	
	国家/地区名	支出总额	国家/地区名	支出总额	国家/地区名	支出总额
29	秘鲁	58.89	也门	60.42	摩洛哥	61.09
30	叙利亚	57.70	坦桑尼亚	59.09	马尔代夫	61.09
前30个国家合计		9539.59	前30个国家合计	10701.51	前30个国家合计	12485.41
发展中国家合计		13297.64	发展中国家合计	14682.60	发展中国家合计	16908.80

注:※标记及加粗为东盟国家。
资料来源:根据日本外务省《2019年版发展合作参考资料集》《2020年版发展合作参考资料集》《2021年版发展合作参考资料集》整理计算所得。

从表3-11可得,2018—2020年,东盟国家中除作为日本援助毕业国的新加坡和文莱外,仅分别有1国未在日本为最大援助国的国家列表中。2017年其余东盟8国均在日本为最大援助国名单列表中,2018年、2019年和2020年分别只有印度尼西亚、柬埔寨、泰国不在此列表中,其余7国均在此列。在2018—2020年日本为最大援助国的受援国接受日本援助总额中,东盟国家占比分别达35.39%、40.94%、44.01%,这一比例呈现出逐年上升的趋势。此外,据长期统计,历年东盟中除新加坡和文莱外,东盟各国的最大援助国均为日本,且接受援助金额在所有日本为最大援助国的国家列表支出总额中占有相当大比例。

表3-11 日本为最大援助国的受援国家列表 (单位:亿日元)

2018年		2019年		2020年	
国家	金额	国家	金额	国家	金额
安提瓜和巴布达	2.17	安提瓜和巴布达	1.93	伊拉克	820.63
印度	2231.91	印度	2699.94	印度	1807.74
乌兹别克斯坦	217.55	※印度尼西亚	664.34	※印度尼西亚	1369.77
※柬埔寨	169.07	乌兹别克斯坦	412.69	乌兹别克斯坦	312.83
基里巴斯	21.66	厄立特里亚	7.18	埃及	311.17
哥斯达黎加	48.74	古巴	14.22	圭亚那	9.90

续表

2018 年		2019 年		2020 年	
国家	金额	国家	金额	国家	金额
萨摩亚	28.04	哥斯达黎加	35.16	※柬埔寨	271.23
斯里兰卡	200.63	萨摩亚	37.26	格林纳达	1.88
圣卢西亚	1.83	吉布提	44.33	斯里兰卡	297.36
※泰国	270.82	斯里兰卡	225.85	※泰国	220.55
塔吉克斯坦	37.89	圣文森特	4.03	巴拿马	19.26
巴拉圭	39.50	圣卢西亚	3.53	帕劳	33.10
孟加拉国	1297.71	※泰国	259.38	孟加拉国	2,130.83
※菲律宾	562.50	帕劳	18.40	※菲律宾	1,151.14
不丹	18.80	巴拉圭	56.00	不丹	22.68
※越南	673.85	孟加拉国	1255.59	※越南	620.42
※马来西亚	19.09	※菲律宾	1000.40	※缅甸	1093.52
※缅甸	536.90	不丹	30.22	马尔代夫	61.09
马尔代夫	4.11	※越南	650.57	蒙古国	298.56
蒙古国	88.18	※马来西亚	41.68	※老挝	89.37
※老挝	89.57	※缅甸	756.93	—	—
—	—	马尔代夫	14.68	—	—
—	—	蒙古国	114.88	—	—
—	—	※老挝	76.60	—	—
—	—	—	—	—	—
21 个国家（东盟 7 国）	6560.52（2321.80，35.39%）	24 个国家（东盟 7 国）	8425.79（3449.90，40.94%）	20 个国家（东盟 7 国）	10943.03（4816.00，44.01%）

注：※标记及加粗为东盟国家。

资料来源：根据日本外务省《2020 年版发展合作参考资料集》《2021 年版发展合作参考资料集》整理计算所得。

（二）日本对东盟经济援助的国别差异

日本政府对东盟国家的经济援助根据东盟各国国情以及日本需求的不同而有所区别。在东盟 10 国中，新加坡和文莱不在经济合作与发展组织发展援助委员会援助国家或地区列表内,且日本将两国划归经济援助毕业国家,因此,日本对新加坡和文莱的援助仅有部分技术合作援助,相对其他东盟国家整体规模极小,所以在此部分及其后涉及经济援助国别差异的分析中均不包含这两个国家。从 2010 年起日本将其对东盟援助政策分为两类,相对应的统计数据也公布为两类:一类是东盟区域,包括柬埔寨、印度尼西亚、老挝、马来西亚、缅甸、菲律宾、泰国、越南 8 个国家;另一类是大湄公河次区域,包括柬埔寨、老挝、缅甸、泰国、越南 5 国。

从日本对外经济援助累计支出总额及占比来看(见表 3-12),日本对东盟援助支出总额最多的国家是印度尼西亚,截至 2020 年累计金额为 59876.66 亿日元,占日本对东盟援助总额的 30.60%,也就是说日本对东盟经济援助的近 1/3 流向了印度尼西亚;其后依次是菲律宾、越南和泰国 3 国,援助支出总额分别为 39451.57 亿日元、31099.11 亿日元和 27906.62 亿日元,在日本对东盟援助总额中的占比分别为 20.16%、15.89% 和 14.26%;位居前四的国家共占日本对东盟援助总额的 80.92%。日本对大湄公河次区域经济援助同样表现良好,截至 2020 年日本对大湄公河次区域 5 国经济援助累计支出总额为 85740.45 亿日元,占比为 43.82%,接近日本对东盟区域援助支出总额的一半。

表 3-12　截至 2020 年日本对东盟经济援助支出总额及占比

(单位:亿日元;%)

区域	国家	金额	占比
大湄公河次区域	柬埔寨	5286.93	2.70
	泰国	27906.62	14.26
	越南	31099.11	15.89
	缅甸	18449.39	9.43
	老挝	2998.40	1.53
	大湄公河次区域东盟国家合计	85740.45	43.81

续表

区域	国家	金额	占比
其他	印度尼西亚	59876.66	30.60
	菲律宾	39451.57	20.16
	马来西亚	10591.93	5.41
	其他东盟国家合计	109920.16	56.17

资料来源:根据日本外务省《2021年版发展合作参考资料集》整理计算所得。

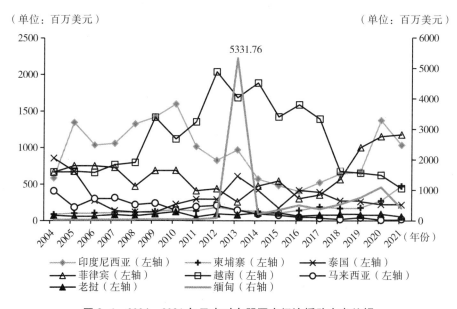

图 3-1　2004—2021 年日本对东盟国家经济援助支出总额

资料来源:日本外务省:《2005—2014 年版政府发展援助(ODA)白皮书》《2015—2022 年版发展合作白皮书》。

自2005年日本发布《政府发展援助白皮书》开始,日本外务省对外公布的官方发展援助方式中政府贷款开始包含政府贷款回收额,即日本援助金额能够区分支出总额和支出净额①,因此本部分选取2004年及以后支出总额分

---

① 对官方发展援助方式具体细分本节后续日本对东盟经济援助方式分析部分会详细论述,此处不作过多拓展。

（年份）

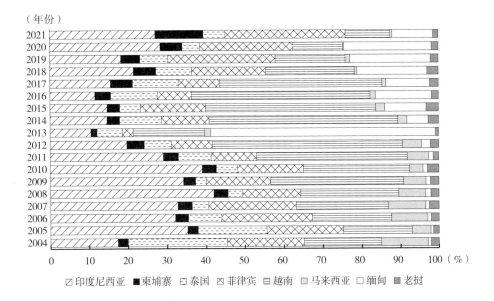

图 3-2　2004—2021 年日本对东盟国家经济援助的国别分布

资料来源：根据《2005—2022 年版政府发展援助（ODA）白皮书》《2005—2022 年版发展合作白皮书》数
据整理计算所得。

析历年日本对东盟国家经济援助的国别差异。从 2004—2021 年各年度日本
对东盟国家援助支出总额及占比来看（见图 3-1 和图 3-2），整体而言，日本
对东盟各国援助支出总额及占比变动较大且各国差异较大，各国间差异经历
了先变大后缩小的态势，日本在东盟区域的援助重点国也发生了多次改变，但
总体上日本对东盟的援助主要集中在印度尼西亚、越南、菲律宾和泰国，而对
其余各国的经济援助相对较少。具体而言，2004 年，日本对东盟援助重点国
为泰国，支出总额为 8.54 亿美元，占比 25.42%，该年度位列第二、三、四、五位
分别为越南、菲律宾、印度尼西亚、马来西亚，占比分别为 19.81%、19.72%、
17.37%、12.14%，各国间差异很小。之后几年，日本对泰国援助支出总额及
占比急速下降，2009 年占比仅为 2.78%，之后开始回升至 10% 左右，但近两年
又下降至 5% 左右。2004 年后，日本对东盟各国经济援助差异开始扩大，日本
开始重视对印度尼西亚的经济援助，2005—2010 年，日本对印度尼西亚的援
助支出总额及占比在东盟各国中始终居于首位。而自 2008 年开始，日本对越

南援助支出增长迅速,并于 2011 年超越印度尼西亚,成为东盟国家中受日本援助最多的国家,2012 年日本对印度尼西亚援助支出总额进一步上升,并在以后的几年持续处于高位,2018 年虽有所下降但仍居于首位,但在 2019 年随着日本对菲律宾援助的上升,其首位被取代,在 2020 年再次居于首位,2021 年又被菲律宾取代。此外,日本对马来西亚援助支出总额及占比整体上呈现下降趋势,由 2004 年的 12.40% 逐步下降为近几年的不足 1%;而日本对柬埔寨和老挝的援助支出长期处于低位,柬埔寨相对老挝占比略高,但在 2021 年,日本对柬埔寨的经济援助占比达 12.34%,仅低于菲律宾和印度尼西亚,位居第三位。

日本对缅甸的经济援助始于 20 世纪 50 年代,但鉴于 1988 年后缅甸国军掌握政权等政治情况,日本原则上停止了对缅甸的经济援助。1995 年后,双方恢复了部分民生领域的经济合作,但 2003 年因昂山素季软禁等事件,日本再次停止了大规模援助项目。此后,随着日本政府 2011 年后对民主化的努力,日本于 2012 年 4 月改变经济援助方针,恢复了包括政府贷款在内的全面援助。考虑到在 2013 年日本对缅甸援助支出总额骤然加大,图 3-1 中右轴单独列示了 2004—2019 年日本对缅甸援助支出总额变动状况。2013 年日本对缅甸援助金额高达 53.32 亿美元①,占当年日本对东盟 8 国援助总额的 57.88%,远超其余各年,部分原因是日本方面考虑到在 2013 年缅甸需要偿还往期日本政府贷款及利息,当年日本对缅甸进行了大规模债务减免,这一点在日本对缅甸无偿资金援助中可以反映,此外当年缅甸总共偿还贷款本息 28.03 亿美元。除此特殊年份外,日本对缅甸援助支出金额及占比整体呈上涨趋势,2012 年 4 月日本恢复对缅甸的全面经济援助后,日本对缅甸援助支出金额及占比上涨速度加快,从 2014 年占比 5.51% 上升至 2020 年的 22.66%,但在 2021 年出现大幅下降,占比为 10.61%;对应的金额也由 2.14 亿美元攀升至 10.94 亿美元,增长超 5 倍,但在 2021 年下降为 4.05 亿美元。

---

① 此外日本对缅甸的援助金额包括债务减免额。债务减免额包括政府贷款的债务免除和保险商业债务削减,不包括债务递延金额。

二、日本对东盟经济援助的领域分析

根据经济合作与发展组织的统计标准,经济援助的领域主要分为以下5部分。

(一) 社会基础设施和服务援助(Social Infrastructure and Services Aid)

该类援助主要用于努力开发人力资源潜力和改善受援国的生活条件。细分为4类:(1)教育,包括所有领域的教育基础设施、服务和投资;农业或能源等特定领域的专业教育援助;(2)卫生和人口,包括向医院、诊所等机构提供的援助,疾病及流行控制、防疫注射、护理、提供药物、健康示范,公共卫生行政和医疗保险方案的制定等;(3)供水、卫生和污水系统方面的援助;(4)河流开发援助(不包括农业灌溉系统的援助)。

(二) 经济基础设施和服务援助(Economic Infrastructure and Services Aid)

该类援助主要包括为促进经济活动网络、公用事业和服务提供的援助。细分为2类:(1)能源生产与分配方面的援助,包括和平利用核能;(2)运输和通信方面的援助,主要是公路、铁路、水路和航空运输以及电视、无线电和电子信息网络设备等基础设施的援助。

(三) 生产部门援助(Production Sectors Aid)

该类援助是指对所有直接生产部门的援助。细分为2类:(1)农业、渔业和林业,包括作物的培育、牲畜的养殖、提供农业机械与肥料、灌溉、虫害控制以及兽医服务等生产必需品的援助,为农业、渔业、林业(包括树木作物)提供的服务,保护、扩建以及土地复垦,土地和土壤调查,土地和水的使用,农业建设,储存和运输设施等;(2)工业、采矿和建筑业,协助各种采掘和制造业,包括勘探和地质调查,石油和矿石的开发与提炼,粮食和其他农产品的加工,肥料和农业机械的制造,家庭手工业和手工艺品以及非农业储存和仓储。

(四)人道主义援助(Humanitarian Aid)

主要指以现金或实物进行紧急和救灾,包括紧急反应、救济粮食援助、短期重建救济和重建、防灾和备灾。

(五)多部门发展援助(Multisector Aid)

主要是支持跨多个部门的项目,重点针对环境、性别项目以及城乡发展项目方面。

下面结合官方发展援助分类具体分析日本对东盟经济援助的领域分布情况。

(一)日本对东盟援助以经济基础设施与服务、社会基础设施与服务为主

本书认为日本对东盟援助的承诺金额更能体现作为援助国日本的真实意图,由于经济合作与发展组织对援助领域承诺金额的统计数据最早只到2005年,因此本节的援助领域分析从2005年开始。表3-13给出了日本对东盟经济援助的各领域规模以及占比情况。

表3-13 2005—2020年日本对东盟各领域经济援助支出额及占比

（单位:百万美元;%）

年份	总计	社会基础设施与服务		经济基础设施与服务		生产部门		多部门		其他	
		金额	占比	金额	占比	金额	占比	金额	占比	金额	占比
2005	4091.55	1126.38	27.53	1703.82	41.64	306.21	7.48	203.41	4.97	751.73	18.37
2006	2398.76	635.91	26.51	1281.10	53.41	141.00	5.88	176.04	7.34	164.71	6.87
2007	2885.83	492.59	17.07	1124.69	38.97	222.43	7.71	479.92	16.63	566.20	19.62
2008	3432.77	744.70	21.69	1446.45	42.14	361.10	10.52	565.31	16.47	315.21	9.18

续表

年份	总计	社会基础设施与服务		经济基础设施与服务		生产部门		多部门		其他	
		金额	占比	金额	占比	金额	占比	金额	占比	金额	占比
2009	5719.07	988.08	17.28	2590.64	45.30	553.07	9.67	501.98	8.78	1085.30	18.98
2010	3178.22	375.76	11.82	1426.58	44.89	138.91	4.37	611.67	19.25	625.30	19.67
2011	4362.82	583.60	13.38	3189.19	73.10	140.74	3.23	359.34	8.24	89.95	2.06
2012	3851.83	801.89	20.82	1597.73	41.48	423.79	11.00	613.55	15.93	414.87	10.77
2013	9235.18	681.21	7.38	2909.15	31.50	529.69	5.74	417.37	4.52	4697.76	50.87
2014	3929.52	814.50	20.73	1770.91	45.07	402.01	10.23	238.91	6.08	703.19	17.90
2015	7559.28	771.76	10.21	6203.08	82.06	248.55	3.29	262.32	3.47	73.57	0.97
2016	5062.68	583.28	11.52	4179.57	82.56	85.94	1.70	143.68	2.84	70.21	1.39
2017	5338.20	1034.25	19.37	2277.33	42.66	1124.47	21.06	634.58	11.89	267.57	5.01
2018	4110.28	571.70	13.91	2936.87	71.45	505.91	12.31	46.04	1.12	49.76	1.21
2019	3186.74	631.23	19.81	1930.11	60.57	105.24	3.30	402.89	12.64	117.27	3.68
2020	8147.47	1603.30	19.68	3062.79	37.59	294.97	3.62	1461.69	17.94	1724.72	21.17

资料来源:根据经济合作与发展组织数据库(https://stats.oecd.org/)整理计算得出。

由表 3-13 可知,2005—2020 年日本对东盟援助各领域中经济基础设施与服务援助领域金额及占比最高,除 2007 年、2013 年和 2020 年以外,其余年份所占份额均在 40%以上,2011 年、2015 年、2016 年和 2018 年所占份额均超过 70%,其中 2015 年和 2016 年更是超过 80%,分别为 82.06%和 82.56%;其次是对社会基础设施与服务领域的援助,对生产部门、多部门和其他的援助占比相对较小。由此可见,日本非常重视受援国的经济基础设施建设,以期通过改善受援国基础设施建设状况为日本企业与东盟国家开展贸易投资创造良好的条件。

（二）日本对东盟援助领域的国别之间有差异

日本对东盟国家的经济援助总体上主要流向经济基础设施部门和社会基础设施部门,但各国之间有差异,图 3-3 为 2005—2020 年日本对东盟国家经济援助投向各领域占比演变情况。

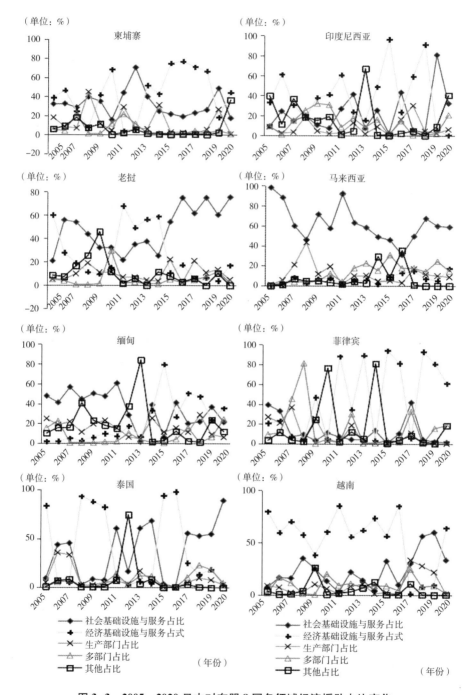

图 3-3　2005—2020 日本对东盟 8 国各领域经济援助占比变化

资料来源:根据经济合作与发展组织数据库(https://stats.oecd.org/)整理计算所得。

从图 3-3 中可以看出,在日本对印度尼西亚、泰国、菲律宾和越南东盟国家中较高收入国家的经济援助中,经济基础设施与服务援助规模显著大于社会基础设施与服务等其他领域的援助规模,但值得注意的是,近年来日本显著加大了对印度尼西亚、泰国和越南的社会基础设施与服务的经济援助;相比之下,日本对老挝、缅甸、柬埔寨较低收入国家的经济援助以社会基础设施与服务领域的援助占比较大,尤其是 2016—2020 年对老挝社会基础设施与服务领域的援助占比非常大;历年日本对马来西亚的援助以社会基础设施与服务领域占比明显最大。

日本在 2012 年前对缅甸的援助规模非常小,日本对缅甸大规模援助起始时间晚于其他东盟后发国家。2012 年是其分水岭,2012 年后,日本一定规模的经济援助流向缅甸各个领域,但在 2012 年以前主要流向社会基础设施与服务领域;2015 年、2017 年和 2018 年主要流入经济基础设施与服务领域,这三年日本向缅甸经济基础设施与服务领域援助支出的投入分别高达 12.21 亿美元、7.01 亿美元和 6.95 亿美元,在对缅甸援助总额中占比分别为 79.50%、50.40% 和 47.15%;但在 2020 年日本加大了对缅甸多部门和其他领域的援助金额,对多部门领域的援助占比达 24.55%,超过了对社会基础设施与服务领域援助的占比。日本对柬埔寨和老挝在经济基础设施与服务和社会基础设施与服务领域的援助从 2005 年起相互交替成为最主要领域。其中,对柬埔寨经济基础设施与服务领域援助占比波动较大,2008 年、2011 年和 2012 年占比较小,不足 10%,而 2015—2017 年连续 3 年占比超过 70%,2018 年占比略微下降为 66.80%,但 2019 年这一比例急速下降为 18.13%,2020 年日本明显加大了对柬埔寨的经济援助,援助金额由 2019 年的 1.48 亿美元扩大至 6.40 亿美元,其中日本对柬埔寨其他领域的援助占比达 36.59%,仅低于对经济基础设施与服务的援助①。随着柬埔寨和老挝两国经济的进一步发展,日本对其援

---

① 资料来源:根据经济合作与发展组织数据库(https://stats.oecd.org/)整理计算得出。

助领域分布逐渐呈现出从社会基础设施与服务领域转向经济基础设施与服务领域的特点,但是这一趋势仍有反复。

三、日本对东盟经济援助的方式分析

经济合作与发展组织发展援助委员会将对外经济援助的方式按照其性质分类一般包括无偿援助与有偿援助两大类。其中,无偿援助指对低收入水平的发展中国家提供无须偿还的资金援助,多用于改善基础设施,如建医院、学校、桥梁、道路等,同时用于提供卫生和医疗服务、设备等,帮助改善当地民生以及救灾重建款、人类安全捐赠、环境气候变化捐赠等。有偿援助多为贷款形式,总体上分为一般条件贷款与优惠条件贷款,并且贷款通常附带条件,例如采购条件、其他政治条件等。

日本外务省将日本官方发展援助分为赠予和政府贷款。赠予指对发展中国家无偿提供的援助,分为无偿资金援助和技术援助,其中无偿资金援助项目包含普通项目无偿、日本非政府组织合作无偿、紧急无偿、普通文化无偿、基层和人类安全保障无偿等;技术援助包含接受研修员、派遣技术援助专家、技术援助项目、开发计划调查型技术合作、派遣青年海外协力队、派遣资深海外志愿者、派遣国际紧急援助队等。另外,在无偿赠予援助项目统计值中,包含经由国际组织事前指定受援国的特殊类型双边援助额。政府贷款是以发展中国家未来偿还为前提的有偿资金援助,政府贷款可以详细记录为贷款执行额和回收额,据此可以核算经济援助支出总额与支出净额,其中支出净额中政府贷款等项目是以贷款执行额与回收额的差值计入的,而支出总额中该项目则以贷款执行额整体计入。本部分主要按照日本外务省对外公布官方发展援助统计数据的援助形式分析。

(一)日本对东盟经济援助整体上以政府贷款为主

日本对东盟的经济援助总体上符合日本对外援助方式以政府贷款为主的整体特征,具体援助方式见图3-4。从图中可以看出,日本对东盟援助的方式以政府贷款为主,截至 2020 年日本对东盟 8 国援助累计金额 19.57 万亿日元,其中,政府贷款 16.41 万亿日元,占比 83.85%,技术援助 1.46 万亿日元,占比 7.44%,无偿资金援助 1.70 万亿日元,占比 8.70%。

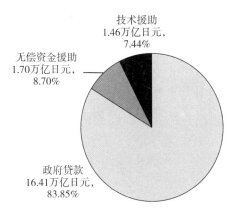

图 3-4　截至 2020 年日本对东盟各形式援助累计金额

注:计算占比所使用日本援助支出总额不包含日本援助毕业国在内的总额。图中政府贷款、无偿资金
　援助和技术援助三项占比总和因四舍五入原因不等于 100%。
资料来源:根据日本外务省《2021 年官方发展援助(ODA)国家数据》整理计算所得。

从各年度来看,日本对东盟国家历年各种形式的援助均以政府贷款为主(见图 3-5),自 1997 年以来,政府贷款金额有较大波动,1997—2003 年,日本对东盟援助中的政府贷款净额①稳步增加后逐渐降低,1999 年达到峰值,为 29.78 亿美元,2003 年跌至 6.16 亿美元。自 2004 年开始,日本外务省对外公布官方发展援助统计值区分支出总额与支出净额。2004 年,日本对东盟政府贷款支出净额有所下降的背景下,支出总额高达 26.95 亿美元,之后支出总额波动中保持平稳,2008 年受国际金融危机影响援助额有所下降,但 2009 年之后又有较高提升,政府贷款金额超过了危机前水平,2013 年创下 52.94 亿美元新峰值,之后又波动中下降至 2018 年的 22.34 亿美元,2019 年又有所回升,2020 年大幅增加至 41.93 亿美元,2021 年又回落至 30.92 亿美元。2004

―――――――――――――

　　①　据日本外务省对外公布官方发展援助统计数据,政府贷款净额＝政府贷款执行额－回收额。

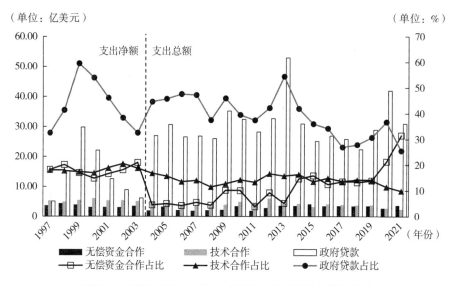

图 3-5 1997—2021 年日本对东盟各形式援助金额及占比

资料来源:根据日本外务省《1997—2000 年度我国政府发展援助实施情况年度报告》《2001—2014 年版政府发展援助(ODA)白皮书》《2015—2022 年版发展合作白皮书》整理计算所得。

年以前,政府贷款援助金额波动主要是受贷款偿还的影响,尤其是前期对马来西亚、泰国、印度尼西亚和菲律宾的贷款援助金额较大,导致每年需要偿还的金额较多,从而使日本对东盟的贷款净额呈现较大幅度的波动。技术援助与无偿资金援助数额较小,但技术援助数额整体上有所下降,无偿技术援助金额总体变动不大,两者近年来呈现平稳态势。从 3 类援助方式所占比重看,技术援助占一直维持在 10%—20% 的水平,近年来这一比例更是下降至不足 10%;政府贷款所占比重虽然较高,但整体波动幅度较大,1997 年占比 32.53%,之后持续增加至 1999 年的 59.54%,之后又逐步下降至 2003 年的 32.57%,后又持续波动,在 2013 年达到 54.46% 后又逐渐下降到 2017 年的 26.96%,之后又逐步增长至 2020 年的 36.72%,但在 2021 年这一比例又下降至 25.50%;而无偿资金援助占比大致经历 3 个阶段:1997—2003 年占比在 20% 左右波动,2004—2013 年除 2009 年、2010 年和 2012 年占比约 10% 外,其余年份占比均在 5% 左右,2014 年占比增至 14.68%,之后年份均保持在 14% 左右,但近两年这一比例大幅跃升,2020 年占比增加到 21.26%,2021 年这一比例更是超过了政府贷款,达到 31.52%。无偿资金援助的变化与近些年日本为谋求国际政治地位,以无偿资金援助为工具提升国际形象、增强国际影响力有很大关系。

(二)日本对东盟援助方式的国别差异明显

由于东盟各国的经济基础不同以及日本需求的差异,日本对各国援助方式差异明显。

从表 3-14 中可以看出,截至 2020 年,在日本对东盟各国援助累计金额及占比中,日本对印度尼西亚、泰国、菲律宾、越南、马来西亚、缅甸 6 国的经济援助以政府贷款为主,技术援助和无偿资金援助规模都远小于政府贷款的规模,政府贷款占比分别高达 88.91%、85.25%、85.49%、89.18%、87.22%、74.72%;而日本对柬埔寨和老挝的经济援助以无偿资金援助为主,占比分别为 42.81% 和 56.53%,其中日本对柬埔寨的政府贷款占比达 39.21%,已经非常接近无偿资金援助占比,但日本对老挝政府贷款占比为 16.15%,远低于无偿资金援助占比。新加坡和文莱不在经济合作与发展组织发展援助委员会接收国家或地区列表内,日本将两国划归经济援助毕业国家,且日本对新加坡和文莱的援助主要以少量技术援助为主,相对其他东盟国家整体规模极小,所以在此部分及之后涉及经济援助国别差异分析中不再包含这两个国家。

表 3-14 截至 2020 年日本对东盟 8 国各形式援助累计金额及占比

(单位:亿日元;%)

国家\援助类型		政府贷款	无偿资金援助	技术援助	合计
印度尼西亚	金额	53235.78	2930.53	3710.35	59876.66
	占比	88.91	4.89	6.20	100.00
柬埔寨	金额	2073.10	2263.29	950.54	5286.93
	占比	39.21	42.81	17.98	100.00

续表

国家	援助类型	政府贷款	无偿资金援助	技术援助	合计
泰国	金额	23789.02	1726.90	2390.70	27906.62
	占比	85.25	6.19	8.57	100.01
菲律宾	金额	33725.49	3068.16	2657.92	39451.57
	占比	85.49	7.78	6.74	100.01
越南	金额	27733.70	1630.50	1734.91	31099.11
	占比	89.18	5.24	5.58	100.00
马来西亚	金额	9238.10	152.45	1201.38	10591.93
	占比	87.22	1.44	11.34	100.00
缅甸	金额	13784.72	3565.18	1099.49	18449.39
	占比	74.72	19.32	5.96	100.00
老挝	金额	484.36	1695.06	818.98	2998.40
	占比	16.15	56.53	27.31	99.99

注:表中的占比因四舍五入原因部分合计不等于100%。

资料来源:根据日本外务省《2021年官方发展援助(ODA)国家数据》整理计算所得。

表 3-15 1997—2007 年日本对东盟 8 国各形式援助金额及占比

(单位:百万美元)

国家	援助方式	1997年	1998年	1999年	2000年	2001年	2002年	2003年	2004年	2005年	2006年	2007年
印度尼西亚	无偿资金援助	66.57	114.59	100.54	52.07	45.16	63.54	82.36	25.47	172.21	60.67	39.21
	技术援助	148.39	125.69	130.80	144.60	117.27	126.46	120.66	105.96	98.04	91.11	81.68
	政府贷款	281.90	589.88	1374.49	773.43	697.64	348.31	938.76	452.52	1072.18	882.83	937.22
柬埔寨	无偿资金援助	36.11	58.35	27.62	65.32	79.89	48.46	76.68	38.27	53.10	56.93	62.35
	技术援助	25.52	23.46	23.25	32.35	40.11	42.65	41.24	40.75	43.45	39.86	39.84
	政府贷款	—	—	—	1.53	0.21	7.47	7.96	8.22	4.92	10.31	15.37

续表

国家	援助方式	1997年	1998年	1999年	2000年	2001年	2002年	2003年	2004年	2005年	2006年	2007年
泰国	无偿资金援助	1.58	18.57	2.09	1.51	2.50	2.29	3.00	5.68	3.17	2.34	2.17
	技术援助	127.07	123.71	123.99	121.04	90.12	90.25	73.85	72.04	66.79	49.28	47.74
	政府贷款	339.61	418.12	754.18	512.69	116.97	129.89	1079.06	776.62	605.35	224.99	87.45
菲律宾	无偿资金援助	68.21	78.34	82.23	57.58	66.75	59.42	69.72	42.17	17.90	6.92	7.24
	技术援助	89.25	83.98	92.08	99.52	84.70	77.47	91.53	74.60	57.33	46.49	50.53
	政府贷款	161.51	138.54	238.68	147.39	146.77	181.13	367.53	546.11	674.78	695.77	669.08
越南	无偿资金援助	79.08	55.46	84.87	41.52	51.58	53.51	53.18	39.81	50.58	40.97	18.48
	技术援助	54.35	47.80	61.66	91.49	86.71	79.81	83.63	83.89	71.72	60.82	73.85
	政府贷款	99.06	287.18	533.46	790.66	321.25	241.42	347.43	542.21	552.02	555.93	672.66
马来西亚	无偿资金援助	1.20	3.92	1.27	1.14	0.51	0.79	0.57	0.03	0.53	0.03	0.28
	技术援助	62.77	56.05	68.49	61.20	52.21	54.45	45.77	45.77	33.01	25.65	25.7
	政府贷款	—	115.65	52.85	-38.40	-39.60	-1.09	32.81	362.24	151.78	276.52	287.75
缅甸	无偿资金援助	55.14	47.01	9.08	17.97	33.64	30.03	18.52	8.41	6.65	13.35	11.68
	技术援助	9.28	10.59	15.47	22.38	27.10	35.21	24.56	18.41	19.03	17.55	18.84
	政府贷款	—	—	9.63	11.43	9.12	-15.84	—	—	—	—	—
老挝	无偿资金援助	59.45	61.61	86.22	74.13	36.37	52.79	51.56	34.75	23.25	33.24	46.28
	技术援助	18.83	20.93	32.03	35.05	39.41	39.32	34.00	30.27	29.56	22.99	22.40
	政府贷款	0.32	3.06	14.29	5.69	-0.31	-2.02	0.45	6.72	5.05	9.93	14.40

资料来源:根据日本外务省《1997—1999年度我国政府发展援助实施情况年度报告》《2001—2008年版政府开发援助(ODA)白皮书》整理计算所得。

表 3-16 2008—2021 年日本对东盟 8 国各形式援助金额及占比

（单位：百万美元）

国家	援助方式	2008 年	2009 年	2010 年	2011 年	2012 年	2013 年	2014 年	2015 年	2016 年	2017 年	2018 年	2019 年	2020 年	2021 年
印度尼西亚	无偿资金援助	37.06	27.26	58.61	23.95	18.86	11.31	32.22	25.24	7.67	11.50	2.89	26.75	8.49	96.59
	技术援助	74.21	88.14	111.02	110.15	131.61	85.86	79.20	53.06	59.79	69.30	49.00	59.17	37.77	34.68
	政府贷款	1212.50	1300.49	1424.05	879.74	672.01	870.99	458.52	400.31	332.46	439.79	585.88	578.42	1312.02	881.41
柬埔寨	无偿资金援助	70.21	59.40	80.83	62.12	83.14	74.29	63.72	50.06	76.04	83.15	65.15	60.29	87.29	54.97
	技术援助	39.73	48.14	53.10	50.25	55.95	46.20	40.08	28.54	33.24	41.58	31.17	31.49	22.21	23.34
	政府贷款	4.82	20.94	15.64	20.88	45.67	22.89	23.16	27.47	31.64	64.19	72.74	84.64	151.04	375.42
泰国	无偿资金援助	2.56	3.71	14.92	7.25	13.86	23.60	9.95	27.52	11.10	9.89	3.43	1.78	1.29	15.01
	技术援助	44.16	48.30	56.33	45.89	71.48	48.38	39.45	19.57	24.77	28.38	26.70	27.73	24.26	18.52
	政府贷款	72.25	63.31	154.76	240.89	203.69	535.23	366.32	125.68	378.18	350.34	240.69	229.87	191.50	179.69
菲律宾	无偿资金援助	13.93	40.72	50.37	37.62	55.49	63.03	25.87	46.20	20.64	63.17	106.84	26.27	32.07	23.43
	技术援助	47.56	48.81	77.68	59.00	85.49	59.88	56.35	49.66	61.70	52.01	95.84	93.83	72.63	55.19
	政府贷款	409.19	595.13	558.93	311.79	295.63	133.81	391.07	446.10	219.17	237.12	359.82	880.29	1032.28	087.65
越南	无偿资金援助	26.29	22.82	51.84	26.74	20.38	23.99	39.67	12.94	9.28	19.60	13.48	16.44	25.25	79.23
	技术援助	74.59	86.24	106.84	125.07	148.27	105.30	88.76	78.52	95.47	76.17	53.51	56.76	43.66	45.69
	政府贷款	693.82	1305.05	958.38	1198.72	1866.99	1551.12	1755.54	1327.42	1478.72	1293.84	606.87	577.38	546.33	305.64
马来西亚	无偿资金援助	3.98	5.00	7.32	6.87	0.36	0.70	2.94	0.57	0.05	6.36	0.03	0.04	0.09	11.70
	技术援助	21.28	25.03	25.84	22.03	23.57	10.19	14.33	9.58	12.08	13.32	10.14	9.45	7.55	8.47
	政府贷款	194.97	210.48	110.69	163.82	184.49	133.66	75.20	65.76	35.33	14.71	8.91	32.19	0.00	0.00
缅甸	无偿资金援助	23.77	24.50	21.56	19.70	54.82	127.75	119.68	202.11	209.58	135.96	136.56	179.85	71.89	71.40
	技术援助	18.71	23.77	25.27	22.82	37.96	48.65	83.10	53.31	97.96	91.15	88.28	80.51	47.10	37.03
	政府贷款	—	—	—	—	—	2044.67	11.14	95.71	199.28	151.96	312.06	496.57	943.13	253.76

续表

国家	援助方式	2008年	2009年	2010年	2011年	2012年	2013年	2014年	2015年	2016年	2017年	2018年	2019年	2020年	2021年
老挝	无偿资金援助	32.56	41.90	63.55	8.60	42.10	40.33	65.47	51.87	16.62	25.52	20.44	44.48	48.09	14.83
	技术援助	23.83	29.91	40.19	36.63	51.06	38.11	29.13	28.65	30.35	21.70	22.17	21.80	20.56	16.92
	政府贷款	11.75	22.59	19.88	6.85	0.01	1.40	12.31	26.64	16.81	30.17	46.97	10.32	16.70	8.81

注:表中2013年日本对缅甸经济援助金额不包括债务减免额。

资料来源:根据日本外务省《2009—2014年版政府开发援助(ODA)白皮书》《2015—2022年版发展合作白皮书》整理计算所得。

从表3-15和表3-16中可以得出,1997—2021年,日本历年对印度尼西亚、泰国、菲律宾、越南的经济援助中政府贷款占绝对主导。日本对马来西亚经济援助总体上呈下降趋势,在2004—2016年和2019年援助以政府贷款为主,援助金额远高于其他两种类型;2017年,日本对马来西亚的经济援助仍以政府贷款为主,但仅略高于技术援助,并且于2018年技术合作援助额超过了政府贷款,2020年、2021年日本并未向马来西亚提供政府贷款。日本对缅甸的经济援助在2016年以前基本以无偿资金援助为主,而在2016年之后则以政府贷款为主,但在2013年日本减免了缅甸部分债务,并为其提供了大量政府贷款用以偿还之前的政府贷款本息。1997—2017年日本对柬埔寨的援助以无偿资金援助为主,技术援助也占有相当比例,即日本对柬埔寨经济援助主要是赠予方式,日本在2002年以后逐步加大对柬埔寨的政府贷款规模,2009年开始政府贷款在日本对柬埔寨的援助总额中占有相当比例,之后这一比例在波动中上升,分别于2017年和2018年超过技术援助、无偿资金援助的规模,在2020年和2021年占据绝对主导地位。1997—2021年,日本对老挝经济援助以赠予为最主要形式,除了在2017年和2018年日本对老挝提供较大金额的政府贷款援助外,其余年份日本对老挝援助中无偿资金援助和技术援助交替占据主导地位,且除个别年份外,政府贷款援助也占据一定比例。

四、日本对东盟经济援助的基本模式

2015 年以前日本提供经济援助长期奉行"要请主义"(Request-basis Principle)原则,即援助项目一般由对象国提出,经日方审核后决定是否提供;2015 年以来开始向"提供型合作"模式转变,即日本主要根据自身的外交、安全和战略利益的现实需要拟定相关援助项目,再向对象国提出。

(一)2015 年以前为"要请主义"模式

日本对外经济援助实行"要请主义"原则曾经是第二次世界大战后日本对外援助的一大特色,日本既不像其他西方国家那样主动提供资金,也不像世界银行或国际货币基金组织那样首先提出某些融资条件,只要受援国能够满足其融资条件即可获得资金援助。日本提供经济援助的一般决策过程是:受援国要想得到日本的援助首先必须通过外交渠道向日方提出正式申请,所有申请由日本外务省或其派出机构统一受理;日方在接受他国的援助申请及其援助项目清单后,组织国内相关机构进行审查和判断,决定援助金额和方式,然后与对方国家交换公文,最后由负责管理资金的"海外经济合作基金"和负责技术援助的"国际合作事业团"予以执行,把援助资金落实给中标的企业。

(二)2015 年后开始向"提供型合作"模式转变

2015 年,日本在《发展合作大纲》中首次提出要对"要请主义"原则进行修正,改为加强"政策协商"(Program Approach),在接受受援国的援助请求前,就与之开展政策协商的方式,借以更好地对经济援助加以战略利用,以利谋求日本自身的国家利益。因此,2015 年日本在《发展合作大纲》中明确指出:"根据发展中国家自身的开发政策、开发计划以及作为援助对象的国家和课题在战略上对我国的重要性,强化重点,基于我国的外交政策,制定具有战略性且有效的发展合作方针。"①换言之,2015 年以后日本主要根据自身的外交、安全和战略利益的现实需要拟定相关援助项目,再向对象国提出,以达到在援助项目立案上掌握绝对主导权。这样日本旗帜鲜明地将日本对外援助实现国家利益这一"利己性"彰显出来。但是在实际运用中,因为日本对外援助长期以来是根据对方国家的要求来实施的,所以虽然 2015 年的《发展合作大纲》要求主动提供经济援助,但还是会重点考虑对方国家有没有提出要求。因此,2023 年 3 月,日本首相岸田文雄宣布"为实现'自由且开放的印度太平洋(Free and Open Indo-Pacific,FOIP)'的新计划"时明确提出,"官方发展援助将促进利用日本优势的基于提议的合作"。2023 年 4 月 5 日,日本政府宣布了《发展合作大纲》的修订草案,这是自 2015 年以来对《发展合作大纲》的首次修订。该大纲是日本对外援助的指导方针,修改草案提出,加强"提供型"援助,发挥日本优势,制定具有吸引力的援助方案,主动提出援助方案而无须等待对方国家提出要求,目的是为更加有效和战略性地利用对外援助。

第三节　日本对东盟经济援助的主要特征

一、援助理念强调互利与双赢

日本将"自助型开发"视为其实施对外援助的重要理念之一。日本政府的相关负责人指出,支援发展中国家的自助努力,既是日本对外援助政策的根本姿态,也是理解日本对外援助的一个关键词②。"自助型开发"的援助理念,在促进日本自身经济利益、维护本国经济安全的同时,还具有刺激受援国依靠自身力量发展本国经济的作用,即凸显受援国的主体性(ownership)。

---

①　日本外务省:《发展合作大纲》(2015 年 2 月 10 日),http://www.mofa.go.jp/mofaj/gaiko/oda/files/000072774.pdf.

②　西垣昭、下村恭民、辻一人:《開発援助の経済学——《共生の世界》と日本のODA》(第四版),有斐閣 2009 年版,第 178 页。

在"自助型开发"理念的指导下,在对东盟国家的援助领域方面,日本将大量资金投放于铁路、公路、机场、港口和桥梁等基础设施建设上,该类型援助资金比重约占日本对东盟援助总额的 70%。相比之下,德国、法国对东盟的经济援助则主要投放于教育、医疗、环境整治和农业发展等方面①。日本的"自助型开发"援助中有中短期和长期的实施目的。中短期以扩大日本的出口、确保资源供应等经济利益为目的,把援助与本国的经济利益相挂钩,如日本对东盟经济援助的早期。长期目的则着眼于更长远的对外经济利益,注重以援助促进受援国的经济发展。第二次世界大战后很多日本企业通过对外援助的途径进入东盟市场,在帮助受援国经济发展的过程中,日本的企业也在当地不断发展壮大。随着东盟各国经济发展水平的不断提高,形成了一个新兴消费市场,成为世界上经济发展最有潜力的地区,而日本企业凭借前期日本政府对东盟的援助,对这一新兴市场的占领和开发又将是捷足先登,同样符合日本的国家利益。

在"自助型开发"理念的指导下,日本对外援助的资金来源也独具特色。日本对外援助资金去向包括双边援助和向国际机构注资的多国间援助,双边援助由政府贷款、无偿资金援助和技术援助 3 部分组成。无偿资金援助、技术援助及多国间援助属于无偿部分,因而被列入年度援助预算款中,属于以国税为源泉的一般会计预算,需通过众参两院审议方能生效。政府贷款具有利率低和还款周期长的特点,虽然是贷款,但相比普通商业贷款,还是有部分援助性质。政府贷款利率通常在 2.5%—3.5%,用于环境保护方面的政府贷款利率则在 0.65%—2.1%,而经济合作与发展组织发展援助委员会平均的贷款利率在 3%—4.5%。政府贷款还款周期通常在 30 年,其中还包括 10 年的只还利息的宽限期,环境保护项目则为 40 年,其中包括 10 年宽限期;而在经济合作与发展组织发展援助委员会成员中,除日本、德国、法国和比利时 4 国外,援

---

① 古森義久:《ODA 再考》,PHP 新書 2002 年版,第 101—102 页。

助贷款还款周期均少于 30 年。按照政府贷款中援助性质与贷款性质所占比例,其财源分别来自一般会计预算和财政投融资。国税由政府投入公共事业,不能直接用于投资领域。政府贷款的相当部分因具有贷款性质,属于投资领域,不能列入一般会计预算。而财政投融资来自邮政存款、简易保险等,属于政府向国民的借款,无须经国会审议。此外,大部分政府贷款事业预算来自财政投融资,意味着日本政府用向本国国民的借款开展带有援助性质的对外投资,这从某种程度上也促使日本在审查政府贷款项目时必须审慎,避免浪费和出现腐败①。

二、援助提供模式由"要请主义"向"提供型合作"转变

2015 年前,日本对东盟的援助项目一般由对象国提出,经日方审核后决定是否提供,被称为"要请主义"。但 2015 年日本公布的《发展合作大纲》公开明确提出,对外援助应为国家利益作出更多贡献,强调要"积极地、战略性地、有效地灵活运用官方发展援助"②。换言之,日本将主要根据自身的外交、安全和战略利益的现实需要拟定相关援助项目,再向对象国提出,以达到在援助项目立案上真正发挥主导作用的目的。日本对东盟援助提供模式从传统的"要请主义"转向加强"提供型合作","提供型合作"根据日本的国家战略利益需要,使日本在向受援国提供经济援助时变得更为主动,因地制宜地改善援助质量的同时,进一步提高日本对外援助在受援国民众心中的认可度。目前日本的对外援助是根据受援国的实际情况,将对外援助与经济外交"二合一",在保障"利己"的同时致力于"利他",以实现互利与共赢这一基本方针。

---

① 西垣昭、下村恭民、辻一人:《開発援助の経済学—〈共生の世界〉と日本のODA》,有斐閣 2009 年版,第 178 页。
② 日本外务省:《发展合作大纲》(2015 年 2 月 10 日),http://www.mofa.go.jp/mofaj/gaiko/oda/files/000072774.pdf。

三、援助实施重视官民合作优势互补

日本的官方发展援助实施体制中一直存在对外援助政策的官方执行机构援助资金数额大、援助项目数量多与行政人员数量少的矛盾。这个问题主要是通过官方援助执行机构与民间企业和民间性经济协力团体的协作而加以解决的。2008年机构整合后的日本国际协力机构是掌控全球援助资金最多的双边援助机构,统筹分配日本在全球的援助资金,截至2022年1月,国际协力机构全职职员仅有1955人①,人数严重不足,需要借助民间组织部门的力量完成对外援助项目的实施。近年来日本政府更是强调加强政府援助机构与其他机构的合作伙伴关系,包括与其他金融机构(如株式会社日本国际协力银行、行政法人日本贸易保险、株式会社海外交通与都市开发支援事业支援机构等)、民间企业、地方自治体、大学与研究机构的合作,共同推进日本对外援助政策的实施。同时,日本的"官民合作"(Public Private Partnership,PPP)倡议非常注重国际协力机构与民间企业的合作关系,在外务省官网上关于"官民合作"的定义也主要涉及政府与民间企业合作的内容。由于发展中国家的发展需求巨大,仅靠日本对外援助资金不可能满足发展中国家的资金需求。在日本流向发展中国家的资金中,民间企业资金占据主流,并为这些发展中国家的发展作出重大贡献。日本对外援助与日本的民间企业合作利用官民合作方法能够发挥协同效应,将继续得到加强、扩大和发展。②

日本对外援助深化官民合作伙伴关系,主要体现在:其一,2015年日本政府将官方发展援助纲领性文件名称从原《政府发展援助大纲》变成《发展合作大纲》,其中一个重要原因在于日本需要扩大官民合作体系,以鼓励更多民间企业以及民间资金参与政府的对外援助活动;其二,2015年日本政府发表

---

① 日本国际协力机构:《组织概要》,https://www.jica.go.jp/about/jica/index.html。
② 日本国际协力机构:《合作预备研究(海外投融资)》,https://www.jica.go.jp/priv_partner/activities/psiffs/index.html。

《"高质量的基础设施合作伙伴关系"的跟进政策》,表示要通过改善援助事业行政效率、加大对民间投资的鼓励力度(如放宽审核标准以扩大参与对象的数量等)、创造更完善的援助制度,来加强国际协力机构与民间部门的合作,深化官民合作伙伴关系;并表示今后5年内国际协力机构的信托基金对相关官民合作项目的投融资将达到15亿美元。① 因此,官民合作的对外援助执行体系的扩大与深化,将是日本政府官方发展援助政策关注的重点方向。仅以国际协力机构与日本中小企业的合作案件为例加以证明,2009—2021年,国际协力机构与日本中小企业双方的援助项目达1371件,其中,766件为对东南亚的援助项目。② 由此可以看出,东南亚地区是日本开展官民援助项目最多的地区,其主要原因在于日本进驻东南亚的企业最多。国际协力机构不仅与中小企业合作开展对外援助,日本在东南亚援助建设的众多大型基础设施项目更是需要数个大企业财团以及一些中小企业共同合作完成,而东盟地区恰恰是日本企业和财团海外经济活动的重要目标区。

综上所述,国际协力机构作为日本官方发展援助项目的主要执行机构,在资金、设备、技术和人力资源等多方面注重与民间企业的合作,在日本对外援助项目实施过程中,几乎全程都有民间企业的身影,这从图3-6日本对外援助项目的运作流程中能够一目了然。日本政府与民间企业合作成为日本官方发展援助项目得以完成不可或缺的一部分。国际协力机构在官方发展援助项目的初始评价和设计阶段就开始与民间企业合作,广泛听取准备参与官方发展援助项目实施的民间企业的意见和建议。日本官民合作的官方发展援助项目执行方式既是降低对外援助成本与民间企业商业风险的互利选择,也是政府引领更多民间企业特别是中小企业海外扩张的最优选择。日本的民间企业

① 日本外务省:《高质量基础设施伙伴关系组织的后续行动》,http://www.mofa.go.jp/mofaj/gaiko/oda/files/000112660.pdf。

② 日本国际协力机构:《有关与私营部门伙伴关系和中小企业海外发展支持项目》,https://www2.jica.go.jp/ja/priv_sme_partner/index.php。

利用了官方发展援助资金,日本政府也利用了民间企业的人力资源、技术和管理,并为民间企业后续在操作、维修、后期管理和更新迭代等方面与受援国合作打下了基础。

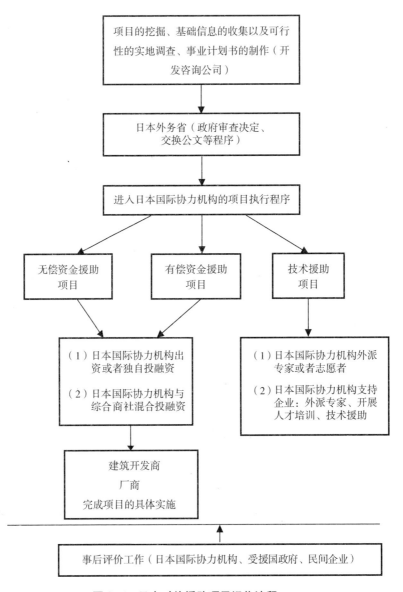

图 3-6 日本对外援助项目运作流程

资料来源:根据日本国际协力机构(https://www.jica.go.jp/)资料制作而成。

四、援助效果注重提升"软实力"

在对日本侵略历史记忆特别敏感的东盟地区,日本非常注重通过对外援助达到软性影响的目的,向东盟推行日本的政治价值观,从而获得在亚洲的主导地位。作为日本对外援助的积极倡导者,前首相麻生太郎(Taro Aso)认为,对发展中国家的援助是"输出日本文化的体面途径,也是散播日本价值观的重要方式"①。20世纪80年代以来,为了进一步发展与东盟国家的关系,并且有效改善日本在东盟各国的国家形象,日本加大了对东盟在文化、教育、卫生医疗、农业等方面的援助项目,加强对东盟国家官员以及人力资源的培养,重视受援国的教育及青少年的文化交流。例如,通过日本交换与教学项目(The Japan Exchange and Teaching Program)、日本国际交流基金(the Japan Foundation,JF)和日本海外合作志愿者项目(Japan Overseas Cooperation Volunteer Program)等,鼓励和资助东盟国家的学生到日本留学,接受日本教育和文化的熏陶,大力培养"知日派",希望这些学生回国后成为传播日本文化和推动与对日关系的桥梁和民间大使。在2012年日本《官方发展援助白皮书》对东亚的援助基本方针阐述中,明确指出要通过青少年交流、文化交流、日本语或日本型教育增进相互理解。2020年启动的"负责任的外国劳工接受平台"(JP-MIRAI)是日本国际协力机构利用多年来对发展中国家援助积累的知识和经验,为顺利接受日本的外国劳工而进行的划时代的尝试。2022年3月底结束任期的国际协力机构理事长北冈伸一社长多次强调"国家发展就是人才培养"。

下面以日本政府与马来西亚政府在"东方政策"方面的合作来说明日本注重对东盟国家官员以及人力资源的培养。

2022年是马来西亚实施"东方政策"(Look East Policy)40周年。"东方

---

① 郭爽:《日本悄悄提升软实力》,《新华每日电讯》2008年12月18日。

政策"是马来西亚的一项政策,旨在通过学生在日本留学和行政官员在日本的培训,使马来西亚人民了解日本的劳动伦理、工作意愿、道德和管理能力,从而推动本国经济社会发展和建立工业基础。自马来西亚政府实施这一政策40年以来,日本政府一直与马来西亚政府实行"东方政策"合作。例如,在国际学生派遣业务中,日本政府派遣讲师到马来西亚,为即将赴日留学的学生提供日语预备教育,帮助他们顺利地适应赴日后的课程学习。此外,在面向行政官员的培训方面,日本支持实施产业技术培训计划,即马来西亚年轻的行政官员到日本企业的实际培训,以及管理层官员到日本企业的实际培训。此外,日本还根据"东方政策"的第二阶段"东方政策2.0",从2015年开始进行最先进的产业技术领域培训。截至2021年12月底,马来西亚政府已向日本派遣约2.6万人,在马来西亚政府各部门的副部长级职位中,超过六成的人有在日本留学和进修的经历。在支持"东方政策"的同时,日本政府通过官方发展援助支持马来西亚制定和完善道路、电力、自来水和其他基础设施的长期计划,支持改善工业技术,日本还支持马来西亚国内的工业人力资源发展提升,从职业培训到高等教育,包括支持早期的职业培训指导员和高级技能培训中心,以及向马来西亚日本国际理工学院派遣专家等,该学院是一所从事日本式工程学高等教育的大学。日本政府将对外援助与马来西亚的"东方政策"进行有机结合,体现了日本根据受援国的实际情况和需求提供援助。通过这些举措,不仅促进了马来西亚经济和社会的发展,而且通过"东方政策"学习的留学生和行政官员回到马来西亚后在日资企业就职,运用在日本所学经验制定相关政策,有力地促进了两国的相互理解和友好增进。同时,"东方政策"培育的多层次人才交流,也成为日本企业进入马来西亚的支撑。

此外,20世纪90年代以来,日本政府还大力推广"和平友好交流计划",通过援建东盟当地艺术展览馆、开展学术论坛和促进民众旅游交流等方式,进一步加大民间文化交流的援助力度,以此加深东盟各国民众对日本的认识和了解。除了日本政府实施官方发展援助外,日本的跨国企业也设立了援助基金,例如,丰田基金在印度尼西亚资助翻译项目——"认识我们的邻居"(Know Our Neighbors),共翻译了 16 本印度尼西亚著作。

日本对东盟经济援助注重提升"软实力"取得了明显的效果。日本外务省于 2014 年 3 月在东盟 7 国(印度尼西亚、马来西亚、菲律宾、新加坡、泰国、越南和缅甸)对各国 18 岁以上的约 300 人所作的舆论调查中,回答日本是最值得信赖的国家的比率占到 33%,超过 1/3,日本成为最值得信赖的国家的第一位,第二位是美国,占比约为 16%,第四位是中国,占比约为 5%;对日本的经济技术援助起到作用的肯定回答约占 89%。[①] 2019 年 3 月,日本对东盟 10 国所作的舆论调查结果显示(见图 3-7),关于"对你的国家来说,今后成为重要合作伙伴的是以下国家中的哪个国家?"51% 的人回答是日本,48% 的人回答是中国,37% 的人回答是美国。

（单位：%）

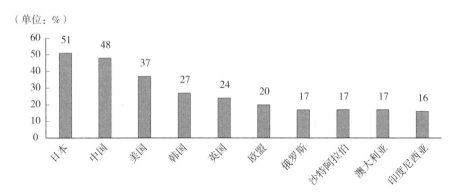

图 3-7　2019 年日本对东盟 10 国"关于最重要合作伙伴"的舆论调查结果

资料来源:日本外务省,https://www.mofa.go.jp/mofaj/gaiko/oda/files/000092736.pdf。

---

① 日本外务省,https://www.mofa.go.jp/mofaj/gaiko/oda/shiryo/pamphlet/pdfs/oda＿60th.pdf。

第四章　日本与东盟贸易关系的
动态演变与特征

　　本章根据联合国商品贸易数据库(the United Nations Comtrade database)提供的数据,从日本与东盟国家整体的贸易关系演进、贸易关系的国别特征和产品结构特征 3 个维度对其贸易关系进行描述性统计分析。根据数据的可获得性且保证数据的连续性,结合上述日本对东盟经济援助的分析,本章选取柬埔寨、印度尼西亚、老挝、马来西亚、缅甸、菲律宾、泰国和越南 8 个国家作为东盟国家的代表展开分析,故本章东盟国家进出口贸易数据仅包括这 8 个国家,不包括新加坡和文莱。

第一节　日本与东盟国家贸易关系的演进

一、日本与东盟国家贸易规模分析

　　21 世纪以来,日本与东盟国家的贸易规模变动大致经历了先升后降的过程(见图 4-1)。从图中可以看出,2000—2012 年日本与东盟国家的贸易总额整体上呈上升趋势,贸易额由 2000 年的 991.05 亿美元上升至 2012 年的

2203.16亿美元,该时期尽管受2008年国际金融危机的影响导致2009年双边贸易额大幅度下降,但2010年后又迅速回升达到国际金融危机前的水平。自2013年开始,日本与东盟国家的贸易规模呈现下降趋势,2016年降至1588.66亿美元,之后两年贸易额有所回升,2018年上升至1910.99亿美元。之后受2019年年末开始的全球新冠疫情的影响,日本与东盟国家的贸易额持续下降至2020年的1641.09亿美元,2021年回升至1954.32亿美元,超过新冠疫情前2018年的双边贸易额。

（单位：亿美元）

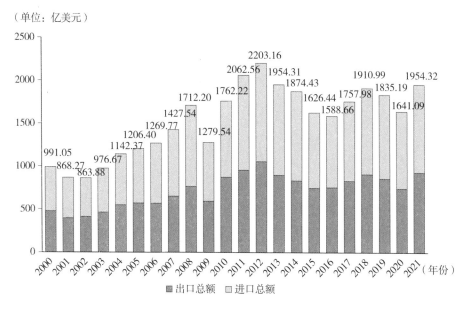

图4-1　2000—2021年日本与东盟国家贸易总额

资料来源:根据联合国商品贸易数据库 UN Comtrade(https://comtrade.un.org/data/)计算所得。

　　从图4-1日本对东盟国家的出口及从东盟国家的进口规模来看,2000—2021年日本从东盟的进口总额均略高于日本对东盟的出口总额,二者的变动趋势具有较高的同步性。日本与东盟进口和出口贸易额受2008年国际金融危机、2016年国际金融市场影响和2020年全球新冠疫情的影响,经历3次低谷,之后又都恢复到之前的水平。具体而言,2000—2012年大体呈上升的态

势,该时期内日本对东盟国家的出口总额由 2000 年的 476.10 亿美元上升至
2012 年的 1059.03 亿美元,达到 21 世纪以来的最高水平;同期从东盟国家的
进口规模由 514.94 亿美元增至 1144.13 亿美元,为目前为止的最高水平。
2013 年开始,日本与东盟国家的双边贸易总额开始出现一定程度的下降,
2013 年出口总额和进口总额分别为 898.37 亿美元和 1055.94 亿美元,之
后两者均有不同程度的波动,但总体上保持平稳,至 2021 年出口总额和进
口总额分别为 932.52 亿美元和 1021.80 亿美元,相对于 2013 年变动幅度
不大。

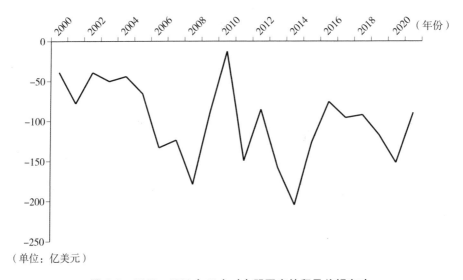

（单位：亿美元）

图 4-2 2000—2020 年日本对东盟国家的贸易差额变动

资料来源：根据联合国商品贸易数据库（https://comtrade.un.org/data/）计算所得。

此外,通过日本与东盟国家贸易关系的演进历程可发现,2000—2021 年
日本一直在贸易关系中处于逆差地位,其贸易逆差额呈"W"型趋势（见图
4-2）,21 世纪初和 2010 年贸易逆差额相对降低,2008 年、2014 年以及 2020
年的贸易逆差额则相对较高。

二、日本与东盟国家的贸易依存关系分析

本书分别用出口依存度（ *EI* ）和进口依存度（ *XI* ）①考量日本对东盟国家的贸易依存关系，2000—2021 年日本与东盟国家的贸易依存关系见图 4-3。

（单位：%）

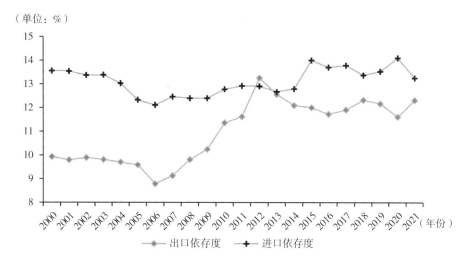

图 4-3　2000—2021 年日本与东盟国家的贸易依存度

资料来源：根据联合国商品贸易数据库（https://comtrade.un.org/data/）计算所得。

从整体上看，在进口方面，日本对东盟国家的依存度更高，且其变动趋势相对更平稳，2000 年以来一直稳定在 12%—14% 的水平，2006 年为最低水平12. 11%，2020 年达到最高水平 14. 11%。从日本对东盟国家的出口依存度看，2000—2012 年，出口依存度整体呈上升的趋势，2012 年达到最高水平13. 26%，超越了当年的进口依存度，2012 年后则基本稳定在 12% 左右的水平。对比出口依存度与进口依存度可以发现，2000—2013 年日本对东盟国家的出口依存度与进口依存度之间的差距在逐步拉低，2013 年以后差距有所拉

---

①　出口依存度（ *EI* ）= *i* 国对 *j* 国的出口额/ *i* 国对世界的出口额；进口依存度（ *XI* ）= *i* 国从 *j* 国的进口额/ *i* 国从世界的进口额。下文的出口依存度与进口依存度均由上述公式计算得到。

大但趋于稳定,始终保持在2%之内。由此在一定程度上说明,东盟在日本贸易关系中占据着不可替代的地位。

第二节　日本与东盟国家贸易关系的国别特征

一、日本与东盟各国的贸易规模分析

日本与东盟国家的贸易规模存在较大的国别差异,其中与马来西亚、泰国、菲律宾、印度尼西亚和越南的贸易规模较大。图4-4、图4-5分别列示了2000—2021年日本对东盟各国的出口规模、日本从东盟各国进口规模状况。

（单位：亿美元）

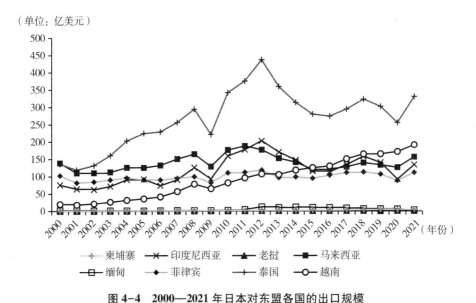

图4-4　2000—2021年日本对东盟各国的出口规模

资料来源:根据联合国商品贸易数据库(https://comtrade.un.org/data/)计算所得。

由图4-4可知,日本对东盟国家的出口主要集中在东盟老4国(包括泰国、马来西亚、印度尼西亚和菲律宾)以及越南。其中对泰国的出口规模一直处于领先地位,2000年日本对其出口总额为136.34亿美元,2012年达到最高

水平 437.08 亿美元,且其占当年日本对东盟国家出口贸易总额的 40% 以上,虽然近几年贸易额有所下降,但依然远远高于其他国家;对马来西亚、印度尼西亚的出口贸易额在波动中有所上升,并保持了大致相同的增长趋势,但自2011 年、2012 年以后也逐渐下降;对菲律宾的出口规模相对稳定,增减波动不大;而对越南的贸易额自 2000 年以来保持了较强的增长势头,尽管 2008 年国际金融危机导致日本向其他国家的出口出现了大幅度下降,但对日本向越南的出口影响较小,国际金融危机后除 2009 年出口总额出现略微下降外,日本对越南的出口快速增加,并于 2018 年和 2019 年分别超过了对马来西亚和印度尼西亚的出口,越南一跃成为日本在东盟国家中仅次于泰国的第二大出口国。此外,日本对老挝、缅甸以及柬埔寨的出口额较小,呈现缓慢增长趋势。受 2019 年年末全球新冠疫情影响,2020 年除日本对老挝的出口略有增加外,日本对东盟其余各国的出口均有所下降,但 2021 年出口额均已恢复到疫情前水平。

（单位：亿美元）

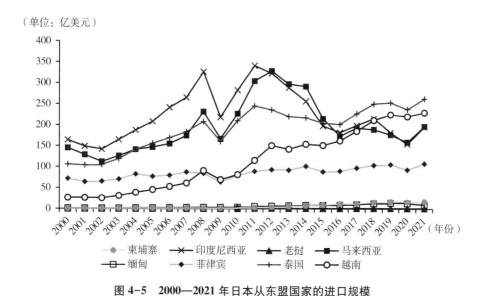

图 4-5　2000—2021 年日本从东盟国家的进口规模

资料来源:根据联合国商品贸易数据库(https://comtrade.un.org/data/)计算所得。

　　从图4-5日本从东盟各国的进口规模状况来看,日本从印度尼西亚的进口随时间的推移呈现出先增长后下降的趋势,但整体上处于高位,进口额自2000年开始持续增长并且增速较快,受国际金融危机的冲击,2009年的进口额出现下降,之后又快速回升并于2011年达到峰值,之后呈下滑趋势且在东盟国家中不再居于首位,进口额先后被马来西亚、泰国和越南超越;2000—2010年日本从泰国、马来西亚的进口在波动中保持增长,但先后在2011年、2012年呈现出下降趋势,并且日本从马来西亚的进口额下降幅度更大;日本从菲律宾的进口额整体呈增长趋势,十余年来无较大波动;日本从越南的进口与日本对越南的出口一样,涨势明显、增速较快,2016年日本从越南的进口额与从印度尼西亚、马来西亚、泰国的进口额均较为接近;日本从老挝、缅甸、柬埔寨的进口较少,其中老挝所占份额不足0.1%,其他两国所占份额在1%左右。受全球新冠疫情影响,2020年日本对东盟各国的出口额均有所下降,但2021年进口额均已恢复到疫情前水平。

　　综上所述,日本与东盟的双边贸易存在一定的同步性,日本对东盟老4国以及越南的出口较多,从上述5国的进口规模也较大。日本与马来西亚、泰国和印度尼西亚的双边贸易在2012年前后逐渐下降,与菲律宾的双边贸易缓慢增长,与越南的双边贸易涨势显著,而与老挝、缅甸和柬埔寨的双边贸易规模均较小。

二、日本与东盟各国的贸易依存关系

(一)出口依存度

　　从表4-1中可以看出,整体上日本对东盟各国出口依存的国别差异显著,且各年间存在一定程度的波动。

　　从日本对东盟各国出口依存度的变动情况看,2000—2021年日本对马来西亚、印度尼西亚的出口依存度波动特征并不显著,均维持相对稳定的水平;

对菲律宾的出口依存度呈波动中下降的趋势;对泰国、越南的出口依存度呈显著上升的趋势,2000年对其出口依存度分别为2.84%和0.41%,2021年分别增至4.36%和2.52%,其中泰国的出口依存度波动幅度相对较大,而日本对越南的出口依存度涨势显著。在日本出口依存度水平较低的柬埔寨、缅甸和老挝3个国家中,日本对柬埔寨和老挝的出口依存度始终保持在较低的水平,而对缅甸的出口依存度2000—2011年处于较低水平,2012年增至0.1%以上达到0.16%,此后,2012—2017年稳定在0.15%左右的相对较高水平,之后又降至0.1%以下,2021年为0.04%。

表4-1　2000—2021年日本对东盟国家的出口依存度　　（单位:%）

国家\年份	柬埔寨	印度尼西亚	老挝	马来西亚	缅甸	菲律宾	泰国	越南
2000	0.01	1.58	0.00	2.90	0.04	2.14	2.84	0.41
2001	0.01	1.59	0.00	2.73	0.05	2.03	2.95	0.44
2002	0.02	1.50	0.00	2.64	0.03	2.03	3.16	0.51
2003	0.01	1.52	0.00	2.39	0.03	1.91	3.40	0.56
2004	0.01	1.60	0.00	2.22	0.02	1.70	3.58	0.56
2005	0.01	1.55	0.00	2.11	0.02	1.52	3.77	0.60
2006	0.01	1.14	0.00	2.04	0.02	1.39	3.54	0.64
2007	0.02	1.27	0.01	2.11	0.02	1.33	3.59	0.79
2008	0.02	1.61	0.01	2.10	0.02	1.28	3.77	1.00
2009	0.02	1.61	0.01	2.22	0.03	1.42	3.82	1.12
2010	0.02	2.07	0.01	2.29	0.03	1.44	4.44	1.06
2011	0.02	2.15	0.01	2.28	0.06	1.36	4.56	1.17
2012	0.03	2.54	0.02	2.22	0.16	1.48	5.47	1.34
2013	0.03	2.38	0.02	2.13	0.15	1.35	5.03	1.48
2014	0.04	2.13	0.02	2.05	0.17	1.43	4.54	1.71
2015	0.05	1.85	0.02	1.92	0.17	1.52	4.48	2.01
2016	0.05	1.76	0.02	1.88	0.16	1.60	4.25	2.01
2017	0.05	1.92	0.02	1.83	0.13	1.59	4.22	2.16
2018	0.06	2.14	0.02	1.89	0.09	1.53	4.37	2.23

年份\国家	柬埔寨	印度尼西亚	老挝	马来西亚	缅甸	菲律宾	泰国	越南
2019	0.08	1.98	0.01	1.88	0.09	1.51	4.28	2.34
2020	0.08	1.43	0.02	1.96	0.09	1.37	3.98	2.67
2021	0.08	1.76	0.02	2.06	0.04	1.47	4.36	2.52
均值	0.03	1.78	0.01	2.18	0.07	1.56	4.02	1.33

注:表中的"0.00"为保留两位有效数字后的结果,其真实值并不为0。
资料来源:根据联合国商品贸易数据库(https://comtrade.un.org/data/)计算所得。

(二)进口依存度

类似出口依存度关系,从表4-2中可以看出,日本对东盟各国进口依存度的国别差异显著但呈现逐渐下降的态势,且各年间存在一定程度的波动。在进口依存关系上,日本与东盟各国的贸易关系表现为以下特征:对印度尼西亚、马来西亚、泰国、越南和菲律宾5国的进口依存度较高,2000—2021年进口依存度均值分别为3.62%、3.11%、3.07%、1.69%和1.43%,但对5国的进口依存度差异逐年降低;对老挝、柬埔寨和缅甸的进口依存度均处于较低的水平,其中对老挝的进口依存度均值仅为0.01%,对柬埔寨和缅甸的进口依存度均值都为0.09%。

从表4-2中2000—2021年日本对东盟各国进口依存度的变化情况看,对马来西亚和泰国的进口依存度的变化不大;对菲律宾的进口依存度波动中有所下降;对印度尼西亚的进口依存度波动中下降趋势明显,由2000年的4.31%降至2021年的2.54%;而对越南的进口依存度则呈现出显著上升趋势,日本2000年对越南的进口依存度仅为0.70%,一路升至2020年的3.47%,2021年下降至2.98%。2000—2021年日本对老挝、柬埔寨和缅甸3国的进口依存度始终处于相对较低的水平,但对柬埔寨和缅甸的进口依存度具有明显上升的趋势,日本对两国的进口依存度分别由2000年的0.01%和0.03%上升至2021年的0.23%和0.12%,其中在2019年和2020年日本对缅甸的进口依存度分别达到 0.20% 和 0.21%。

表 4-2　2000—2021 年日本对东盟国家的进口依存度　（单位:%）

国家\年份	柬埔寨	印度尼西亚	老挝	马来西亚	缅甸	菲律宾	泰国	越南
2000	0.01	4.31	0.00	3.82	0.03	1.90	2.79	0.70
2001	0.02	4.26	0.00	3.68	0.03	1.84	2.97	0.75
2002	0.02	4.20	0.00	3.32	0.03	1.94	3.11	0.75
2003	0.02	4.29	0.00	3.29	0.04	1.84	3.10	0.81
2004	0.02	4.11	0.00	3.10	0.04	1.81	3.10	0.85
2005	0.02	4.04	0.00	2.84	0.04	1.49	3.02	0.88
2006	0.02	4.17	0.00	2.67	0.04	1.37	2.92	0.91
2007	0.02	4.26	0.00	2.80	0.05	1.40	2.94	0.98
2008	0.02	4.28	0.00	3.04	0.04	1.11	2.73	1.19
2009	0.03	3.96	0.00	3.03	0.06	1.16	2.90	1.26
2010	0.03	4.08	0.01	3.27	0.06	1.14	3.03	1.18
2011	0.04	3.99	0.01	3.56	0.07	1.05	2.87	1.35
2012	0.05	3.64	0.01	3.71	0.08	1.05	2.67	1.70
2013	0.07	3.47	0.01	3.57	0.09	1.11	2.65	1.71
2014	0.10	3.16	0.01	3.59	0.11	1.25	2.68	1.90
2015	0.15	3.16	0.02	3.44	0.14	1.42	3.27	2.42
2016	0.20	3.00	0.02	2.86	0.15	1.49	3.32	2.68
2017	0.19	2.96	0.02	2.87	0.16	1.45	3.38	2.76
2018	0.21	2.88	0.02	2.53	0.17	1.39	3.35	2.82
2019	0.24	2.52	0.02	2.45	0.20	1.47	3.52	3.12
2020	0.26	2.44	0.02	2.51	0.21	1.47	3.74	3.47
2021	0.23	2.54	0.02	2.55	0.12	1.40	3.41	2.98
均值	0.09	3.62	0.01	3.11	0.09	1.43	3.07	1.69

注:表中的"0.00"为保留两位有效数字后的结果,其真实值并不为 0。
资料来源:根据联合国商品贸易数据库(https://comtrade.un.org/data/)计算所得。

对比日本与东盟各国的出口依存度和进口依存度可以发现,二者同样具有较高程度的一致性,即日本对其出口依存度高的国家往往进口依存度也相对较高,由此也反映出日本与东盟国家的贸易关系相对比较稳定。

第三节 日本与东盟国家的商品贸易结构特征

广义的贸易结构指在一定时期内贸易总额中货物贸易与服务贸易的构成情况,与生产力、生产关系、自然资源、人力资源、科技资源等因素密切相关,能够反映出一国的比较优势、工业化程度以及在国际分工中的地位。而狭义的贸易结构主要指一定时期内货物贸易中各种商品的构成情况,即商品贸易结构,是反映一国对外贸易质量的重要指标,本书研究的是商品贸易结构。

根据联合国国际贸易标准分类(Standard International Trade Classification, SITC)第三版的分类标准,将商品按照一分位划分,可以分为 0 食品和活畜,1 饮料和烟草,2 除燃料外非食用原料,3 矿物燃料、润滑油和相关材料,4 动植物油、油脂和蜡,5 化学品和相关产品,6 按材料分类的制成品,7 机械与运输设备,8 杂项制成品,9 未分类的其他商品共 10 个大类。根据商品中要素投入的差异,本书将第 0—4 类初级产品划分为资源密集型产品,第 6 类和第 8 类工业制成品划分为劳动密集型产品,第 5 类和第 7 类工业制成品划分为资本与技术密集型产品,第 9 类未分类的其他商品(包括 4 个子类)不参与研究,其中资源密集型产品为初级产品,而劳动密集型产品、资本与技术密集型产品均属于工业制成品。[1]

一、日本对东盟国家出口贸易结构特征

根据联合国国际贸易标准分类 Rev3 的分类标准收集整理数据并计算出 2000—2021 年日本对东盟国家出口的 9 类产品出口额的占比情况(见表4-3)。由表4-3可知,在日本对东盟国家出口的商品中,均值居前四位的

---

① 依据相关理论或文献划分初级产品、工业制成品和资源密集型产品、劳动密集型产品、资本与技术密集型产品。

商品依次为机械与运输设备、按材料分类的制成品、化学品和相关产品、杂项制成品。从其占比情况来看,机械与运输设备产品的出口占比最高,2000—2019年始终保持在50%以上的水平,2020年2021年受全球新冠疫情影响占比略有下降,但仍接近50%,即日本的机械与运输设备产品占据其对东盟国家出口的半壁江山。需要注意的是,尽管该类产品在日本对东盟国家的出口中占比较高,但其呈现出明显的下降趋势,从2000年的64.67%下降至2021年的46.45%。同时,按材料分类的制成品占比也相对较高,并且呈波动上升的趋势,从2000年的15.21%升至2021年的22.53%。此外,化学品和相关产品所占份额略有提高,而杂项制成品的所占比重变化不大。综合来看,2000—2018年上述4类工业制成品占据了日本对东盟出口总额的90%以上,2019—2021年占比略有下降,但仍接近90%。由此也表明,日本对东盟国家的出口产品集中于工业制成品,且日本在机械与运输设备出口中占据绝对的比较优势。日本对东盟国家资源密集型产品出口所占比重极低,但资源密集型各类产品占比呈上升趋势,2000年这5类产品的出口仅占1.59%,而2021年该比例上升至6.35%。

表4-3　2000—2021年日本对东盟国家出口的商品结构　　（单位:%）

类别 年份	资源密集型						资本与技术密集型			劳动密集型		
	0类	1类	2类	3类	4类	合计	5类	7类	合计	6类	8类	合计
2000	0.25	0.02	1.01	0.29	0.02	1.59	8.27	64.67	72.94	15.21	6.34	21.55
2001	0.34	0.02	1.19	0.24	0.02	1.81	8.02	63.84	71.86	15.69	6.82	22.51
2002	0.37	0.03	1.19	0.26	0.02	1.87	8.31	62.40	70.71	16.54	6.50	23.04
2003	0.41	0.02	1.10	0.26	0.02	1.81	8.41	61.44	69.85	16.63	6.59	23.22
2004	0.33	0.02	1.13	0.37	0.02	1.87	8.67	59.62	68.29	17.94	6.79	24.73
2005	0.41	0.02	1.18	0.22	0.01	1.84	9.00	58.49	67.49	19.84	6.26	26.10
2006	0.40	0.03	1.26	0.22	0.02	1.95	9.73	56.33	66.06	20.58	6.63	27.21
2007	0.48	0.01	1.22	0.68	0.02	2.41	9.58	55.91	65.49	21.13	5.95	27.08
2008	0.57	0.01	1.34	1.22	0.02	3.16	9.19	53.46	62.65	23.24	5.98	29.22

续表

类别 年份	资源密集型						资本与技术密集型			劳动密集型		
	0类	1类	2类	3类	4类	合计	5类	7类	合计	6类	8类	合计
2009	0.57	0.02	1.49	0.92	0.02	3.02	9.37	54.65	64.02	20.68	6.55	27.23
2010	0.49	0.02	1.44	0.79	0.02	2.76	8.92	55.32	64.24	21.62	6.71	28.33
2011	0.58	0.02	1.51	0.91	0.02	3.04	9.02	53.30	62.32	22.29	7.15	29.44
2012	0.57	0.02	1.47	0.47	0.02	2.55	7.60	57.42	65.02	21.36	6.79	28.15
2013	0.72	0.02	1.73	0.98	0.02	3.47	8.45	53.78	62.23	23.04	6.58	29.62
2014	0.74	0.02	1.97	0.77	0.02	3.52	9.10	52.53	61.63	22.85	6.92	29.77
2015	0.83	0.03	2.06	0.69	0.02	3.63	9.11	52.90	62.01	21.61	6.78	28.39
2016	0.83	0.04	2.03	0.86	0.02	3.78	9.38	53.17	62.55	20.89	6.99	27.88
2017	0.86	0.04	2.01	0.92	0.02	3.85	9.63	52.06	61.69	21.57	7.01	28.58
2018	0.95	0.07	1.97	1.18	0.03	4.20	9.74	51.48	61.22	22.16	6.62	28.78
2019	1.05	0.08	2.62	1.36	0.03	5.14	9.97	51.22	61.19	20.75	6.78	27.53
2020	1.35	0.09	3.61	1.16	0.04	6.25	11.11	49.72	60.83	19.66	7.04	26.70
2021	1.23	0.10	3.48	1.48	0.06	6.35	11.92	46.45	58.37	22.53	6.42	28.95
均值	0.65	0.03	1.73	0.74	0.02	3.17	9.20	55.46	64.66	20.35	6.65	27.00

资料来源:根据联合国商品贸易数据库(https://comtrade.un.org/data/)计算所得。

进一步,将上述涉及的9类商品按资源密集型、资本与技术密集型和劳动密集型的类别进行加总,得到2000—2021年日本对东盟国家出口各类别商品的变动情况(见图4-6)。

由图4-6各类型商品占比的变动情况可知,日本对东盟国家出口的商品以资本与技术密集型产品为主,但资本与技术密集型产品出口占比呈现明显下降的趋势,由2000年的72.94%逐步下降至2021年的58.37%;资源密集型产品出口占比则呈现上升趋势,由2000年的1.59%上升至2021年的6.35%;劳动密集型产品出口占比也呈现上升趋势,由2000年的21.55%上升至2008年的29.22%,之后的十余年则基本稳定在此水平。日本对东盟国家出口商品结构的变动也在一定程度上反映了东盟产业结构的升级。

（单位：%）

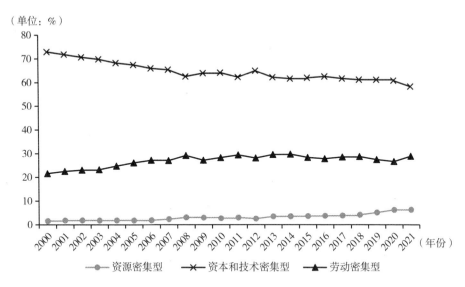

图 4-6 2000—2021 年日本对东盟国家出口各类型商品变动

资料来源：根据联合国商品贸易数据库 UN Comtrade(https://comtrade.un.org/data/)计算所得。

二、日本从东盟国家进口贸易结构特征

与前文一致，通过整理计算可得 2000—2021 年日本从东盟国家进口各类商品的构成情况（见表 4-4）。表 4-4 列示了日本从东盟国家进口的商品结构状况，相较于日本对东盟出口各类产品的占比，日本从东盟国家进口各类产品所占比重的差距相对较小。根据历年均值，进口居前 6 位的商品依次是机械与运输设备，矿物燃料、润滑油和相关材料，杂项制成品，按材料分类的制成品，食品和活畜，除燃料外非食用原料；其中机械与运输设备，矿物燃料、润滑油和相关材料两类商品的进口较多，两者占据总进口的 50% 左右，2000 年日本从东盟国家进口上述两种商品分别占其从东盟国家进口总额的 35.61% 和 24.16%，2021 年则为 33.58% 和 9.84%，均呈现下降趋势。其中机械与运输设备占比略有下降，而矿物燃料、润滑油和相关材料占比下降幅度较大，尤其是自 2016 年开始，矿物燃料、润滑油和相关材料占比迅速下降至 14.67%，之

后这一比例下降至 2020 年的 8.60%,2021 年略有上升但仍低于 10%。此外,杂项制成品占比显著提高,从 2000 年的 9.15% 上升至 2020 年的 21.11%,2021 年略有下降为 18.39%;按材料分类的制成品、食品与活畜、除燃料外非食用原料进口所占份额基本保持稳定,各占比 10% 左右。其余各类别产品进口所占比例相对较低,但占比均有所提高,化学品和相关产品,动植物油、油脂和蜡,饮料和烟草进口占比分别从 2000 年的 2.72%、0.47%、0.05% 提高至 2021 年的 6.09%、1.13%、0.17%,其中化学品和相关产品占比提高显著。

表 4-4　2000—2021 年日本从东盟国家进口的商品结构　　（单位:%）

类别\年份	资源密集型						资本与技术密集型			劳动密集型		
	0类	1类	2类	3类	4类	合计	5类	7类	合计	6类	8类	合计
2000	9.32	0.05	6.89	24.16	0.47	40.89	2.72	35.61	38.33	9.25	9.15	18.40
2001	9.78	0.05	6.60	23.50	0.42	40.35	2.92	35.51	38.43	9.24	9.69	18.93
2002	10.65	0.06	6.99	22.27	0.58	40.55	3.16	34.14	37.30	9.56	9.97	19.53
2003	9.48	0.06	7.34	24.60	0.62	42.10	3.23	32.97	36.20	9.49	9.78	19.27
2004	8.45	0.06	7.64	23.60	0.70	40.45	3.39	34.11	37.50	10.41	9.11	19.52
2005	8.27	0.05	8.63	26.38	0.63	43.96	3.72	31.12	34.84	9.78	8.86	18.64
2006	7.62	0.05	11.35	26.23	0.58	45.83	3.63	28.66	32.29	10.49	8.55	19.04
2007	6.98	0.04	12.68	26.99	0.81	47.50	3.84	27.26	31.10	9.84	8.05	17.89
2008	7.10	0.05	8.91	35.88	1.03	52.97	3.92	23.78	27.70	8.61	7.58	16.19
2009	9.83	0.05	9.74	26.86	0.93	47.42	3.99	25.30	29.29	9.42	10.51	19.93
2010	8.10	0.05	11.64	27.03	0.92	47.74	4.25	26.26	30.51	9.10	9.49	18.59
2011	8.03	0.17	10.02	32.36	1.08	51.66	4.50	22.44	26.94	9.07	9.50	18.57
2012	7.78	0.23	7.26	35.69	0.88	51.84	4.59	22.31	26.90	8.39	10.52	18.91
2013	7.65	0.17	7.04	33.07	0.78	48.71	4.54	23.35	27.89	9.09	12.24	21.33
2014	7.66	0.10	7.24	29.80	0.88	45.68	4.75	24.66	29.41	9.34	13.57	22.91
2015	8.70	0.11	8.04	21.10	0.91	38.86	4.90	27.30	32.20	10.05	16.84	26.89
2016	9.36	0.09	7.83	14.67	0.96	32.91	5.36	29.56	34.92	10.71	19.33	30.04
2017	8.89	0.08	7.75	15.08	1.04	32.84	5.25	31.38	36.63	10.08	18.52	28.60
2018	8.42	0.08	8.43	13.30	0.91	31.14	5.74	31.22	36.96	10.52	19.39	29.91

续表

年份\类别	资源密集型						资本与技术密集型			劳动密集型		
	0类	1类	2类	3类	4类	合计	5类	7类	合计	6类	8类	合计
2019	8.68	0.14	6.86	11.00	0.82	27.50	5.72	32.81	38.53	10.66	20.97	31.63
2020	9.14	0.18	7.52	8.60	0.93	26.37	5.65	34.19	39.84	10.08	21.11	31.19
2021	8.15	0.17	9.12	9.84	1.13	28.41	6.09	33.58	39.67	10.76	18.39	29.15
均值	8.55	0.10	8.43	23.27	0.82	41.17	4.36	29.43	33.79	9.72	12.78	22.50

资料来源:根据联合国商品贸易数据库(https://comtrade.un.org/data/)计算所得。

同样,将上述9类商品按资源密集型、资本与技术密集型和劳动密集型的类别进行加总,得到2000—2021年日本从东盟国家进口资源密集型、资本与技术密集型和劳动密集型商品占比的变动情况(见图4-7)。

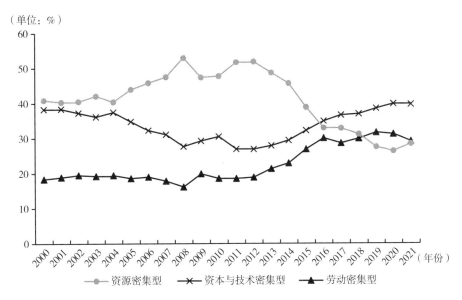

（单位：%）

图4-7 2000—2021年日本从东盟国家进口各类型商品变动

资料来源:根据联合国商品贸易数据库(https://comtrade.un.org/data/)计算所得。

由图4-7可知,日本从东盟国家进口3种类型商品主要以资源密集型产品为主,进口商品结构变动大致可分为3个时期,2000—2004年3类商品在进口中的占比相对比较稳定,资源密集型商品、资本与技术密集型商品和劳动密集型商品分别占比约 40%、40%、20%,其中资源密集型商品进口相对较高;2005—2012 年,资源密集型商品和资本与技术密集型商品占比差异逐渐拉大,前者占比稳步提升并在 50% 左右波动,而后者占比持续下降 27% 左右,而劳动密集型商品占比相对上一时期则未发生明显变动,一直维持在 20% 左右;2013—2021 年,资源密集型商品进口占比大幅下降至不足 30%,而资本与技术密集型商品进口占比稳步上升至 40%,超过 21 世纪初水平,位居 3 种类型商品进口之首且仍保持明显的增长势头,劳动密集型商品占比也在 2016 年上升至 30% 以上,此后则在此水平上下略微波动。日本从东盟国家进口商品结构的变动也能在一定程度上反映出东盟产业结构的优化。

综上所述,日本对东盟国家的出口与从东盟国家的进口在商品结构上存在较大差异。日本对东盟的出口中工业制成品占九成左右,并且以机械与运输设备为代表的资本与技术密集型产品出口较多,而资源密集型产品出口不足 10%。而日本从东盟国家进口商品中工业制成品与初级产品基本上各占一半,工业制成品略高于初级产品;在工业制成品中,资本与技术密集型产品与劳动密集型产品所占比重也相差不多,资本与技术密集型产品略高于劳动密集型产品;在初级品中,矿物燃料、润滑油和相关材料出口较多。日本对东盟国家的出口与进口商品的结构与各自国情和产业结构有密切的关系,东盟国家资源丰富但各国都是生产能力与技术水平相对落后的发展中国家,尤其是东盟新 4 国经济发展极其落后,仍属于中等偏下收入国家;日本虽然早已进入发达国家行列,生产水平处于世界前列,但属于资源稀缺的岛国,发展受自身资源禀赋局限较大;历年进出口商品的变动可以反映出日本与东盟国家的产业结构均在进一步优化调整过程中。由此可见,日本与东盟在贸易需求方面存在一定的互补性。

第五章　日本对东盟直接投资的
动态演变与特征

第一节　日本对东盟国家直接投资的发展历程

  早在第二次世界大战以前,日本已经开始向东南亚地区进行直接投资。但是,第二次世界大战结束后,日本作为战败国经济处于崩溃边缘,几乎丧失了全部对外直接投资。第二次世界大战后的日本致力于经济复兴,国内工业生产设备等投资对资本的需求很大,为此,日本政府对资本输出采取了限制政策。直到 1949 年日本政府修改了"外汇管制法",自 1951 年开始允许企业对外进行直接投资。由此,拉开了第二次世界大战后日本对东盟直接投资的序幕。但由于当时日本的国际收支处于逆差状态,虽然政府政策允许企业对外直接投资,但企业对外直接投资金额很小,基本处于停滞状态。1951—1960 年的对外直接投资总额仅为 2.83 亿美元。进入 20 世纪 60 年代初期,日本扩大了对外直接投资的规模,但由于东盟国家在 50 年代初期刚刚摆脱殖民地或半殖民地的被统治地位,民族独立意识强烈,对外资限制较多,尤其是对日本在第二次世界大战期间的残酷暴行记忆犹新,因而对日本的投资有抵触情绪和恐惧心理。为此,日本政府在恢复本国经济的同时,通过"战争赔偿""经济援助""和平外交"等方式,努力恢复与东盟国家的经济关系,逐渐为日本企业向东盟直接投资打开了通道。60 年代末 70 年代初东盟各国相继向日本企业敞开国门。1970 年日本对东盟国家的直接投资金额首次突破 1 亿美元大关,这标志着日本对东盟国家的直接投资进入了实质性发展阶段。此后,日本对东盟国家的直接投资大致经历过 4 次高潮,第一次高潮出现在 70 年代初,第二次高潮在 80 年代初,第三次高潮则出现在 80 年代中期以后,第四次高潮则出现在 2010 年以来(见图 5-1)。

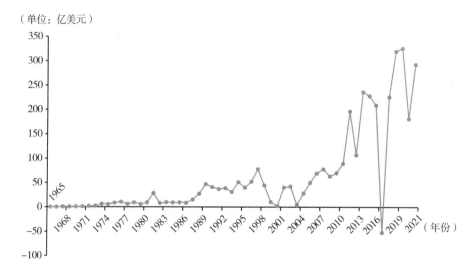

（单位：亿美元）

图 5-1　1965—2021 年日本对东盟直接投资流量

资料来源:日本贸易振兴机构:《直接投资统计》,https://www.jetro.go.jp/world/japan/stats/fdi.html。

本书将第二次世界大战后日本对东盟国家的直接投资历程分为缓慢增长期(1951—1969 年)、迅猛增长期(1970—1979 年)、成熟时期(1980—1989 年)、动荡调整期(1990—1999 年)和高位攀升波动期(2000—2021 年)5 个阶段。

据东盟秘书处统计,日本是东盟重要的外商直接投资来源国,在东盟的外资来源中占有相当的比例,由表 5-1 可知,2013 年这一比例超过了 20%,之后虽波动中有所下降但基本上保持在 10% 以上,但 2020 年和 2021 年这一比例有所下降,2021 年更是达到了历史最低,为 6.63%。虽然东盟的外资来源更为多元化,但仍旧无法忽视日本作为外资来源国的重要性。

表 5-1　日本对东盟直接投资及占比　　　　（单位:亿美元;%）

年份	日本对东盟投资	东盟吸收总投资	日本占比
2010	128.55	1084.21	11.86
2011	77.98	875.63	8.91
2012	148.53	1167.74	12.72
2013	246.09	1209.66	20.34
2014	134.36	1301.15	10.33
2015	129.62	1186.67	10.92
2016	155.24	1134.72	13.68
2017	155.54	1539.59	10.10
2018	281.29	1479.90	19.01
2019	232.36	1748.96	13.29
2020	117.89	1222.89	9.64
2021	118.76	1792.15	6.63

资料来源:根据东盟秘书处数据库(http://asean.org)数据整理计算得。

一、缓慢增长期(1951—1969 年)

第二次世界大战结束时,日本几乎丧失了全部对外投资。随着战后经济的恢复,从 1951 年起日本重新开始对外直接投资,但投资规模相当小。在 1967 年东盟成立之前,日本企业就开始了对有关国家的直接投资活动,但由于当时日本的投资重点是欧美等发达国家,所以对东南亚的投资进展缓慢。1951—1969 年日本对东盟国家实际投资额总共只有 4.83 亿美元(见表 5-2),占日本对外直接投资总额的 18.05%,平均每年的直接投资额不到 0.3 亿美元。在此阶段,日本对东盟地区的直接投资不仅数量少而且发展缓慢。

究其原因主要是:第一,从日本国内来看,日本企业的投资能力有限,同时日本政府限制企业对外投资。由于战争的消耗与严重破坏,日本经济遭到了巨大损失,全面地丧失了国际竞争能力。虽然第二次世界大战后日本经济得到了迅速的恢复,并且增长速度很快,但直至1968年,其国际收支基本上处于逆差状态。因此,在这个时期,根据1949年12月公布的日本《外汇及对外贸易管理法》,日本政府为了防止因资本盲目外流而进一步加剧国际收支的恶化,并给国内经济发展造成重大障碍,一直对海外投资实行直接管制,凡是私人对外投资都必须经过政府的严格审查,方可酌情批准。第二,东盟国家的人民痛恨日本在第二次世界大战时期的残暴占领,因而对日本企业的投资目的一直持怀疑和抵触的态度。同时,由于东盟部分国家刚刚摆脱殖民统治,国内政局动荡不定,经济建设处在起步阶段,因此,对日本的跨国公司来说,作为促使其直接投资的政治环境和市场体系都还不成熟。

二、迅猛增长期(1970—1979年)

1970年,日本对东盟国家直接投资流量首次突破1亿美元大关,达到1.14亿美元,此后的1970—1979年日本对东盟地区的直接投资规模突飞猛进。1973年,日本对东盟直接投资流量增加到6.25亿美元;到1976年,仅仅六年时间就已突破10亿美元大关,占当年日本企业对外直接投资总额的30.16%,是第二次世界大战后日本企业对东盟国家直接投资史上划时代的一年。日本对东盟国家直接投资总额1970—1979年相比1951—1969年增长了9.89倍,同时,在日本对外直接投资总额中的占比由18.05%上升为19.63%,见表5-2。

20世纪70年代促使日本对东盟国家直接投资迅猛增长主要有以下六方面原因:一是经过第二次世界大战后20多年的恢复和发展,日本企业的经营能力、技术力量以及拥有资金的雄厚程度,均已达到很高的水平,国际竞争力显著增强。二是第二次世界大战后日本经济的高速增长,使日本企业资本积累急剧膨胀,但与此同时,日本国内出现劳动力短缺、劳动力价格上升等现象;加之日本国土利用已达饱和状态,选择新厂址日趋困难等原因,从而严重地限制了日本企业国内投资的进一步发展。为了追求利润最大化,日本企业纷纷在海外寻找新的投资场所。而且在 20 世纪五六十年代日本政府对东盟国家提供的战争赔款和政府贷款援助已经为日本企业直接投资铺平了道路,由此东盟国家成为日本企业海外扩张的理想场所。三是日元升值和对外贸易摩擦加剧促进了日本的对外直接投资。1971 年年底根据史密森协定,日元由 360 日元兑 1 美元升值到 308 日元兑 1 美元,日元对美元汇率升值约 16.8%。日元升值虽然不利于日本商品出口,但促进了日本的对外直接投资。此外,由于日本与美国及亚洲大部分发展中国家之间贸易严重不平衡,欧美国家对日本的纺织、钢铁、彩电等产品实施主动出口限制等措施,因此,日本企业把资本投向海外的装配或生产机构,以保护甚至扩大海外市场。四是日本从 1965 年贸易收支由逆差转为顺差之后,国际收支连年出现大幅度顺差,日本政府及时采取了对外投资自由化措施,并制定实施了各种促进对外投资的鼓励和保护政策。五是 60 年代后期,日本形成了以重化学工业为中心的、资源高消耗型的、大规模生产体制的产业结构,结果导致进入 70 年代,日本对海外资源的依赖性大大提高,加之 1973 年和 1979 年两次石油危机使日本经济遭受较大冲击,日本更迫切需要扩大对海外资源的开发,以保障能源供给安全。六是东盟国家政局已趋稳定,60 年代中期起,东盟各国开始积极推行工业化政策,从进口替代转向出口,资本需求量增多。为了吸引外资弥补国内储蓄和资本的缺口,东盟各国纷纷设立出口加工区,实行引进外资优惠措施。而此时作为东盟主要投资国的美国却因越南战争负担导致经济衰退,在亚洲反美斗争蓬勃高涨的压力下,美国势力逐渐从亚洲撤离。东盟各国慑于随着越南战争而来的共产主义“多米诺骨牌效应”,同时为了保证外资的来源,转而希望日本加强对本地区的经济合作和政治影响,为日本资本向东盟国家大规模进入提供了良好的投资环境。

表 5-2　1965—1979 年日本对东盟和世界的直接投资流量、件数及占比

（单位：亿美元；件；%）

年份	对东盟 10 国投资流量	直接投资流量总额	对东盟 10 国投资流量占比	对东盟 10 国投资件数	直接投资总件数	对东盟 10 国投资件数占比
1965	0.29	1.59	18.24	28	196	14.29
1966	0.17	2.27	7.49	30	244	12.30
1967	0.74	2.75	26.91	58	290	20.00
1968	0.60	5.57	10.77	59	369	15.99
1969	0.75	6.65	11.28	90	544	16.54
1951—1969	4.83	26.75	18.05	564	3005	18.77
1970	1.14	9.04	12.61	125	729	17.15
1971	1.53	8.58	17.83	163	904	18.03
1972	2.14	23.38	9.15	263	1774	14.83
1973	6.25	34.94	17.89	491	3093	15.87
1974	5.64	23.95	23.55	361	1911	18.89
1975	8.56	32.80	26.10	317	1591	19.92
1976	10.44	34.62	30.16	281	1652	17.01
1977	6.36	28.06	22.67	301	1761	17.09
1978	9.17	45.98	19.94	369	2393	15.42
1979	5.95	49.95	11.91	380	2694	14.11
1970—1979	57.18	291.30	19.63	3051	18502	16.49

资料来源：日本贸易振兴机构：《直接投资统计》，https://www.jetro.go.jp/world/japan/stats/fdi.html。

三、成熟时期（1980—1989 年）

20 世纪 80 年代日本的对外直接投资处于发展的成熟时期，日本企业进入由渐进式向跃进式转变的海外扩张时期。日本对外直接投资流量从 1979 年的 5.95 亿美元猛然跃升到 1980 年的 9.27 亿美元，之后大幅增加至 1985 年的 9.37 亿美元，成为仅次于美国和英国的世界第三投资大国，之后继续保持强劲增势，至 1989 年更是达到了 46.84 亿美元。80 年代中期到 90 年代初期，由于日元大幅升值和日本经济结构调整，日本企业海外投资急剧膨胀，传

统工业逐渐开始向海外大批转移,1986—1991年,这6年的对外直接投资额总和超过了1951—1985年这35年的对外直接投资额总和,1989—1991年连续3年日本成为世界上最大的对外直接投资国。在此背景下,日本对东盟国家的直接投资的流量和增速都突飞猛进。据日本大藏省统计,1951—1979年的29年日本在东盟的直接投资额为62.01亿美元,平均每年投资额为2.14亿美元。而从表5-3可知,1980—1989年的10年日本对东盟国家的直接投资额就达到171.67亿美元,平均每年投资额约为17.17亿美元,是前29年平均投资额的8.03倍。至1989年,1951—1989年日本在东盟国家的直接投资累计额已达233.67亿美元。随着日本直接投资的大量涌入东盟,自80年代中期起,日本超过美国而成为东盟国家的最大资本供应国。东盟地区成为日本国内产业结构升级的主要产业承接地。

表5-3　1980—1989年日本对东盟和世界的直接投资流量、件数及占比

（单位:亿美元;件;%）

年份	对东盟10国投资流量	直接投资流量总额	对东盟10国投资流量占比	对东盟10国投资件数	直接投资总件数	对东盟10国投资件数占比
1980	9.27	46.93	19.74	370	2442	15.15
1981	28.39	89.32	31.79	373	2563	14.55
1982	8.01	77.03	10.39	400	2549	15.69
1983	9.74	81.45	11.96	468	2754	16.99
1984	9.10	101.55	8.97	344	2499	13.77
1985	9.37	122.17	7.67	292	2613	11.17
1986	8.56	223.20	3.83	269	3196	8.42
1987	15.26	333.64	4.57	524	4584	11.43
1988	27.14	470.22	5.77	825	6077	13.58
1989	46.84	675.40	6.94	971	6589	14.74
总计	171.67	2220.92	7.73	4836	35866	13.48

资料来源:日本贸易振兴机构:《直接投资统计》,https://www.jetro.go.jp/world/japan/stats/fdi.html。

四、动荡调整时期(1990—1999 年)

20 世纪 90 年代,受泡沫经济破裂和 1997 年亚洲金融危机的影响,日本对东盟国家的直接投资经历了两次大规模的动荡。受 1991 年日本泡沫经济的破灭和 1997 年亚洲金融危机的影响,日本对东盟的直接投资流量和存量都出现了下降。亚洲金融危机后,日本对亚洲的投资目标更加倾向于中国,这使其对东盟的投资大幅度下降,1999 年,日本对东盟直接投资额为 41.09 亿美元,是亚洲金融危机前 1997 年的 78.35 亿美元的 52.44%。

表 5-4　1990—1999 年日本对东盟和世界的直接投资流量、件数及占比

(单位:亿美元;件;%)

年份	对东盟10国投资流量	直接投资流量总额	占比	对东盟10国投资件数	直接投资总件数	占比
1990	40.84	569.11	7.18	900	5863	15.35
1991	36.96	415.84	8.89	690	4564	15.12
1992	38.77	341.38	11.36	518	3741	13.85
1993	30.88	360.25	8.57	501	3488	14.36
1994	51.33	410.51	12.50	463	2478	18.68
1995	55.60	513.92	10.82	623	2863	21.76
1996	63.91	480.21	13.31	672	2501	26.87
1997	78.35	539.77	14.52	613	2495	24.57
1998	41.31	412.28	10.02	291	1637	17.78
1999	41.09	675.02	6.09	279	1744	16.00
总计	479.05	4718.30	10.15	5550	31374	17.69

资料来源:日本贸易振兴机构:《直接投资统计》,https://www.jetro.go.jp/world/japan/stats/fdi.html。

五、高位攀升波动时期(2000—2021 年)

21 世纪以来,日本对东盟的直接投资流量总体呈现上涨的趋势,不断创

造新纪录。进入 21 世纪后,日本把在东盟国家开展对外直接投资作为重振日本产业、使日本经济走出低迷的重要策略,从而加快与东盟国家合作的步伐。2002 年,小泉政府正式制定了"日本自由贸易协定(Free Trade Agreement,FTA,简称自贸协定)战略",并把东盟作为优先推进区域经济合作的对象。尤其是为应对中国经济的迅速发展,日本加快了与东盟国家的经济合作计划。日本于 2002 年签订了第一个自贸协定即《日本和新加坡新时代经济伙伴关系协定》,之后又陆续与印度尼西亚、马来西亚、文莱、菲律宾、越南、泰国 6 个东盟国家签署了自贸协定,2008 年 12 月与东盟签署了日本—东盟经济伙伴关系协定(Economic Partnership Agreement,EPA);于 2013 年加入跨太平洋伙伴关系协定(Trans-Pacific Partnership Agreement,TPP)谈判,美国退出跨太平洋伙伴关系协定后,日本扛起了大旗,于 2018 年 3 月 8 日推动和完成了全面与进步跨太平洋伙伴关系协定(Comprehensive and Progressive Agreement for Trans-Pacific Partnership,CPTPP)谈判,成员包括东盟的新加坡、文莱、马来西亚和越南 5 国;2020 年 11 月 15 日,东盟 10 国与中国、日本、韩国、澳大利亚和新西兰正式签署《区域全面经济伙伴关系协定》(Regional Comprehensive Economic Partnership,RCEP)。

2008 年国际金融危机后,日本受此冲击较大,导致其对东盟的直接投资连续下降,2010 年才开始快速回升,2010 年日本对东盟直接投资额为 89.30 亿美元,为当时历史最高点,2011 年日本对东盟投资流量同比增加了 120%,达到 196.45 亿美元。2012—2013 年,由于中日关系陷入低谷,导致原来在中国投资的部分日本企业从中国转移到东盟,掀起了日本对东盟直接投资的小高潮,日本再次成为东盟最大的外资来源国。2013 年日本对东盟直接投资创下 236.19 亿美元的历史新高,2018 年再创新纪录,达到 319.50 亿美元,2019年又一次创下 325.82 亿美元的新纪录。与此同时,日本对东盟的直接投资存量也不断攀升,2000 年年末仅为 249.96 亿美元,2007 年年末达到 614.35 亿美元,2020 年年末这一数值高达 2771.13 亿美元(见表 5-5)。

表5-5　2000—2021年日本对东盟和世界的直接投资流量、存量及占比

（单位：亿美元；%）

年份	对东盟10国投资流量	直接投资流量总额	占比	对东盟10国投资存量	直接投资存量总额	占比
2000	2.07	315.34	0.66	249.96	2784.45	8.98
2001	40.13	384.95	10.42	283.93	3008.68	9.44
2002	42.56	320.39	13.28	299.75	3055.85	9.81
2003	4.32	287.67	1.50	320.35	3359.11	9.54
2004	28.00	309.62	9.04	357.94	3717.55	9.63
2005	50.02	454.61	11.00	404.78	3881.97	10.43
2006	69.23	501.65	13.80	498.37	4496.80	11.08
2007	77.90	734.83	10.60	614.35	5468.39	11.23
2008	63.09	1308.01	4.82	676.54	6838.72	9.89
2009	70.02	746.50	9.38	757.46	7403.64	10.23
2010	89.30	572.23	15.61	907.49	8304.64	10.93
2011	196.45	1088.08	18.05	1109.54	9577.03	11.59
2012	106.75	1223.55	8.72	1222.69	10404.63	11.75
2013	236.19	1350.49	17.49	1362.58	11172.67	12.20
2014	228.19	1380.18	16.53	1599.33	11854.47	13.49
2015	209.20	1384.28	15.11	1669.97	12610.20	13.24
2016	−52.18	1785.33	−2.92	1672.16	13567.17	12.33
2017	225.69	1737.68	12.99	2047.62	15547.38	13.17
2018	319.50	1602.67	19.94	2296.88	16474.80	13.94
2019	325.82	2582.76	12.62	2628.81	18705.31	14.05
2020	181.18	1460.41	12.41	2771.13	19933.30	13.90
2021	292.38	1498.14	19.52	—	—	—
2000—2021	2805.81	23029.35	12.18	—	—	—

注："—"表示负值，指当年日本对东盟的超额撤资（撤出资金超过了新投入资金）。
资料来源：日本贸易振兴机构：《直接投资统计》，https://www.jetro.go.jp/world/japan/stats/fdi.html。

　　目前东盟是日本制造业企业认为最具潜力的对外直接投资地区之一。2022年度日本国际协力银行以日本的制造业为对象实施的有关海外直接投资的调查显示，在"中期（今后3年）潜力国家"排行榜上（见图5-2），日本海

外事业开展最有潜力的前 9 位国家和地区中,包含东盟中的越南、泰国、印度尼西亚、马来西亚、菲律宾 5 个国家,其中,它们分别处于第 4、第 5、第 6、第 7、第 8 位;此外,新加坡和柬埔寨位列第 15 位和第 20 位。

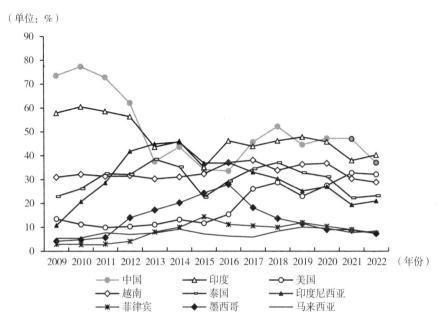

（单位：%）

图 5-2　2009—2022 年日本海外事业开展最具潜力国家(未来三年)得票率变化情况

资料来源:根据日本国际协力银行《关于日本制造企业海外业务发展的调查报告》(第 34 回)整理所得。

截至 2020 年年底,日本在东盟 10 国的海外子公司为 7414 家,在日本海外子公司总数量中的占比从 2010 年的 23.0% 上升到 2020 年的 28.8%,连续 10 年上升(见表 5-6)。

表 5-6　2010—2020 年日本海外子公司地域分布情况　(单位:%)

年份 地区	2010	2011	2012	2013	2014	2015	2016	2017	2018	2019	2020
东盟	23.0	23.1	23.2	24.3	25.4	26.0	26.7	27.2	28.4	28.5	28.8
北美	14.2	13.8	12.7	12.2	12.3	12.0	12.0	12.0	12.5	12.7	12.6
中国	24.8	25.5	27.7	27.6	26.8	26.4	25.5	25.2	29.6	29.7	29.1

年份 地区	2010	2011	2012	2013	2014	2015	2016	2017	2018	2019	2020
亚洲其 他地区	8.9	9.2	9.1	9.4	9.4	9.4	9.3	9.5	9.4	9.4	9.5
欧洲	13.6	13.6	12.1	11.6	11.5	11.7	11.6	11.4	11.2	10.9	11.3
世界其 他地区	15.4	14.9	15.0	18.0	14.5	14.6	14.9	14.6	8.9	8.8	8.6

资料来源:根据日本统计局《海外商业活动的基本调查概述》第 39—51 回整理所得,https://www.estat.
go.jp/stat-search/files? page = 1&layout = dataset&toukei = 00550120&tstat = 000001011012&-
tclass1 = 000001023635。

第二节　日本对东盟直接投资的行业结构

一、20 世纪 50—70 年代资源开发占据主导地位

一直以来,日本对东盟地区的投资是结合本国的产业结构进行调整,同时配合了该地区产业结构的转换。20 世纪 50—70 年代,日本对东盟地区的投资基本上集中在资源开发和制造业部门,但 70 年代中期以前,日本对东盟的直接投资以资源开发型为主。第二次世界大战后日本奉行"贸易立国"的方针,其对外直接投资就是以发展和扩大对外贸易为目的而展开的。五六十年代,日本对东盟国家直接投资的主要目的是获得资源、发展和巩固海外市场。稳定的原料供应一直是日本得以实施"贸易立国"方针的中心原因。在 60 年代的经济高速增长时期,日本重化工业特别是资源消费型产业比重上升,从而使获得充足的原料资源的动力更加强烈。通过对外直接投资,认购当地企业的一部分股本,对当地企业施加影响,甚至掌握对企业的控制权,这种联系要比一般的顾客与供应者的关系更为紧密,更能保证海外原料的稳定供应。因此,日本政府一开始就很注重对印度尼西亚的石油、天然气,菲律宾的铜矿、铁矿,马来西亚的锡矿的资源开采投资。日本输出入银行对日本企业向海外投

资提供低息贷款。随着东盟国家资源民族主义情绪的高涨,以及日本把污染重的冶炼工业移植到东盟国家,日本对东盟国家的资源开发投资逐步扩展到加工冶炼。进入70年代以后,东盟国家纷纷开始实现工业化,普遍采取进口替代和出口导向的贸易政策,迫使日本制造业把重心由出口转向到东盟当地生产;同时日本与欧美的贸易摩擦不断加剧,以及日本国内劳动力成本上升等因素都推动了日本制造业对外产业转移。在此背景下,日本制造业对东盟直接投资额和投资项目快速增加,投资行业集中于以纺织为主的轻工业、家电业、食品以及金属材料行业等在日本失去优势的劳动密集型产业。投资的主要目的是利用东盟低工资的优势,把其作为生产基地,产品出口第三国,同时可以通过直接投资,绕过东盟的关税和非关税壁垒限制,改善出口贸易条件。此外,为了确保原料的供应,在东盟建立原料生产和初级产品加工基地,同时还向东盟国家输出了一些高能耗和污染环境的产业。但是直到1977年日本对东盟国家制造业的投资仍未占据主导地位。据统计,截至1978年3月31日,日本对东盟国家的直接投资存量中,矿业投资占52.32%、制造业投资占35.23%、商业投资占8.16%、农林渔业投资占3.58%(见表5-7)。

表5-7　截至1978年日本在东盟直接投资存量行业分布情况

（单位:百万美元）

行业	世界	东盟	菲律宾	印度尼西亚	马来西亚	新加坡	泰国
农林渔业	558	163	19	120	17	1	6
矿业	5311	2397	200	2088	104	—	5
制造业	7139	1614	109	753	268	268	216
粮食	363	88	12	21	13	4	37
纤维	1285	505	20	285	77	7	116
木材、纸、纸浆	627	106	7	44	41	11	3
化学	1396	167	23	59	57	11	17
铁、非铁金属	1051	206	21	136	25	12	12
一般机械	513	54	2	6	3	39	4

续表

行业	世界	东盟	菲律宾	印度尼西亚	马来西亚	新加坡	泰国
电气机械	848	107	5	18	32	49	3
输送机械	538	142	8	35	4	83	12
其他	545	236	8	149	16	51	12
商业	7856	374	48	163	30	86	47
不动产、分店	1347	34	5	6	5	15	3
合计	22211	4581	381	3128	425	370	277
1967年3月末存量	1451	240	35	109	28	19	49

资料来源:池间诚:《日本与东盟:贸易、投资、援助的概况》,https://hermes-ir.lib.hit-u.ac.jp/hermes/ir/re/13203/ronso0810500350.pdf。

二、20世纪80年代后期以来制造业占据主导地位,金融保险业开始对外扩张

进入20世纪80年代,日本企业开始大规模对外直接投资。主要原因是经过前期经济的高速发展,日本形成了全套产业结构,导致了日本对美国的出口产品激增,日美贸易摩擦加剧;而美国国内由于财政赤字剧增,且对外贸易逆差呈现大幅增长,国内希望通过贬值美元增加产品竞争力以改善本国国际收支不平衡状况的呼声越来越高。在此背景下,1985年,美国、日本、德国、法国、英国5国签署"广场协议"。协议签署后,美元大幅贬值,且在之后的3年内,日元对美元升值了一倍。

日本为了缓解与美国、欧洲的贸易摩擦,开始从国内产业结构入手进行产业结构调整,制造业开始以资本与技术密集型的钢铁、石油化工、造船、家用电器为主,转向以技术密集型的汽车与电子信息产业为主的方向发展。然而,1985年"广场协议"后日元的不断升值导致日本国内高工资、高地价、高基础设施费用,形成生产成本高、竞争力低下的局面。在此背景下,日本国内企业纷纷在海外尤其是东盟各国寻求并建立生产基地,利用当地廉价劳动力寻求

海外产品销售市场,日本企业对东盟制造业的投资迅速增加。进入 20 世纪 80 年代后,日本对东盟直接投资产业构成中,化学、钢铁、机械、电子机械、运输机械等重化工业增长较快,所占比例逐渐增加;纺织、食品、材料等轻工业占比明显下降,矿产等第一产业占比明显下降;而商业、金融保险、运输业、房地产业等第三产业迅速增长,特别是金融保险和服务业的对外直接投资有较大幅度增长。从 1987 年开始,日本对东盟国家的制造业投资超过非制造业,制造业占据主导地位。1989 年,制造业投资占比为 55.82%,1999 年上升到 68.1%。[①] 日本逐步把东盟地区由单纯的原材料、资源的供应地,转变为制造业投资基地。

三、20 世纪 90 年代投资行业结构不断优化

20 世纪 90 年代后,日本对东盟直接投资的产业结构不断优化,从劳动密集型行业转向资本与技术密集型行业,电子、机械、金融保险等高附加值行业所占比重上升,轻纺和初级产品等劳动密集型产业所占比重下降。在日本对东盟的直接投资中,2021 年制造业累计投资占比为 54.03%,2014—2021 年制造业累计投资占比为 49.14%。表 5-8 和表 5-9 分别为 2014—2021 年日本对东盟按行业划分的对外直接流量及占比。2016 年日本对新加坡的制造业投资大量撤资,导致该年日本对东盟的投资流量及占比出现异常值,此处分析忽略这些异常负值和正值。从 2014—2021 年日本对东盟各行业直接投资流量累计总额及占比来看(见表 5-8),对制造业、非制造业直接投资分别为 88031.72 亿日元和 91114.28 亿日元,分别占比为 49.14% 和 50.86%,两者均接近 50%,并未表现出较大差异。日本对东盟制造业投资主要集中在运输设备、化学与医药、食品和电气设备行业,其中对运输设备、化学与医药行业的投资分别占对日本对东盟制造业投资的 22.21% 和 21.45%(见图 5-3),且在日

---

① 日本贸易振兴机构:《JETRO 白皮书·投资篇·世界和日本的海外直接投资》,日本贸易振兴会 1994 年、1998 年、1999 年、2000 年。

本对东盟直接投资总额中的占比均超过了10%（见表5-8）。日本对东盟非制造业投资主要集中在金融保险业、批发和零售业、服务业、房地产业，其中对金融保险业的投资规模最大，在日本对东盟非制造业投资和日本对东盟直接投资总额中的占比分别为30.77%和15.65%。

表5-8 2014—2021年日本对东盟直接投资流量行业分布情况

（单位：亿日元）

行业	2014年	2015年	2016年	2017年	2018年	2019年	2020年	2021年	2014—2021年
制造业	10831.65	13209.15	8377.88	10793.51	11729.79	8965.7	8212.78	15911.27	88031.72
食品	804.4	2706.19	598.05	868.4	3887.48	1054.51	1297.65	1330.61	12547.29
纤维	211.09	203.82	174.62	107.23	144.71	118.62	136.65	100.59	1197.32
木材和纸浆	333.09	245.82	117.27	−9.33	238.29	213.31	438.51	258.58	1835.54
化学与医药	1423.92	899.99	1371.5	736.76	1180.84	1190.44	873.45	11205.09	18881.98
石油	242.14	449.55	−42.09	−75.65	−110.83	−298.77	−347.95	−437.48	−621.06
橡胶和皮革	507.18	217.93	311.65	559.24	−14.64	150.36	39.82	−194	1577.54
玻璃、石、黏土	144.8	498.02	218.4	178.05	195.98	200.54	161.86	286.89	1884.54
铁、有色金属、金属	882.91	1212.32	719.08	1008.93	781.45	1073.18	623.32	695.84	6997.03
通用机械	665.98	669.87	492.96	1724.8	838.06	583.6	226.73	469.08	5671.07
电气设备	1499.38	1745.61	1535.59	1906.76	1173.08	1512.6	1840.86	1040.85	12254.74
运输设备	3305.21	3432.45	2192.68	2704.56	2732.68	2334.47	2091.49	758.08	19551.62
精密仪器	283.67	353.01	397.68	583.11	162.15	215.27	247.55	−12.3	2230.14
非制造业	13186.52	11730.1	−14365.4	12170.15	18744.67	24569.92	11539.66	13538.66	91114.28
农业、林业	179.43	40.2	102.6	−172.53	1.74	1.19	280.96	18.15	451.74
渔业和水产业	7.98	10.49	15	0.78	−0.46	1.29	10.03	−3.89	41.22
矿业	239.23	1809.03	−39.65	43.42	686.88	−177.45	136.8	−217.64	2480.61
建筑业	192.46	77.84	554.97	489.19	438.98	413.18	889.3	239.41	3295.33
运输业	774.12	2060.45	884.69	432.44	492.54	797.88	625.83	675.9	6743.84

续表

行业	2014 年	2015 年	2016 年	2017 年	2018 年	2019 年	2020 年	2021 年	2014—2021 年
电信业	1586.98	1285.51	1300.12	1419.53	614.75	−629.75	1074.79	527.27	7179.19
批发和零售业	1773.56	2310.95	1483.78	1388.3	2028.99	3696.06	2269.9	1388.61	16340.14
金融保险业	7255.74	2003.77	−20701.79	5832.88	11897.19	14618.6	3508.65	3617.03	28032.06
房地产业	389.68	1012.73	867.38	1480.71	1318.73	1748.69	1136.68	1558.22	9512.83
服务业	434.19	813.32	732.22	1266.13	862.3	3332.08	933.86	2036.67	10410.77
合计	24018.17	24939.24	−5987.52	22963.66	30474.46	33535.63	19752.44	29449.93	179146.01

注:表中"制造业"和"非制造业"分别包括表中未列出的"其他制造业"和"其他非制造业",因此与细
　　分行业之和一致。
资料来源:日本银行:《按行业和地区划分的直接投资》,https://www.boj.or.jp/statistics/br/bop_06/
　　bpdat-a/index.htm/。

表 5-9　2014—2021 年日本对东盟直接投资行业占比情况　（单位:%）

行业	2014 年	2015 年	2016 年	2017 年	2018 年	2019 年	2020 年	2021 年	2014—2021 年
制造业	45.10	52.97	−139.92	47.00	38.49	26.73	41.58	54.03	49.14
食品	3.35	10.85	−9.99	3.78	12.76	3.14	6.57	4.52	7.00
纤维	0.88	0.82	−2.92	0.47	0.47	0.35	0.69	0.34	0.67
木材和纸浆	1.39	0.99	−1.96	−0.04	0.78	0.64	2.22	0.88	1.02
化学与医药	5.93	3.61	−22.91	3.21	3.87	3.55	4.42	38.05	10.54
石油	1.01	1.80	0.70	−0.33	−0.36	−0.89	−1.76	−1.49	−0.35
橡胶和皮革	2.11	0.87	−5.21	2.44	−0.05	0.45	0.20	−0.66	0.88
玻璃、石、黏土	0.60	2.00	−3.65	0.78	0.64	0.60	0.82	0.97	1.05
铁、有色金属、金属	3.68	4.86	−12.01	4.39	2.56	3.20	3.16	2.36	3.91
通用机械	2.77	2.69	−8.23	7.51	2.75	1.74	1.15	1.59	3.17
电气设备	6.24	7.00	−25.65	8.30	3.85	4.51	9.32	3.53	6.84
运输设备	13.76	13.76	−36.62	11.78	8.97	6.96	10.59	2.57	10.91
精密仪器	1.18	1.42	−6.64	2.54	0.53	0.64	1.25	−0.04	1.24

续表

行业	2014 年	2015 年	2016 年	2017 年	2018 年	2019 年	2020 年	2021 年	2014—2021 年
非制造业	54.90	47.03	239.92	53.00	61.51	73.27	58.42	45.97	50.86
农业、林业	0.75	0.16	-1.71	-0.75	0.01	0.00	1.42	0.06	0.25
渔业和水产业	0.03	0.04	-0.25	0.00	0.00	0.00	0.05	-0.01	0.02
矿业	1.00	7.25	0.66	0.19	2.25	-0.53	0.69	-0.74	1.38
建筑业	0.80	0.31	-9.27	2.13	1.44	1.23	4.5	0.81	1.84
运输业	3.22	8.26	-14.78	1.88	1.62	2.38	3.17	2.3	3.76
电信业	6.61	5.15	-21.71	6.18	2.02	-1.88	5.44	1.79	4.01
批发和零售业	7.38	9.27	-24.78	6.05	6.66	11.02	11.49	4.72	9.12
金融保险业	30.21	8.03	345.75	25.4	39.04	43.59	17.76	12.28	15.65
房地产业	1.62	4.06	-14.49	6.45	4.33	5.21	5.75	5.29	5.31
服务业	1.81	3.26	-12.23	5.51	2.83	9.94	4.73	6.92	5.81

注:表中"制造业"和"非制造业"分别包括表中未列出的"其他制造业"和"其他非制造业",因此与细
　　分行业之和一致。
资料来源:日本银行:《按行业和地区划分的直接投资》,https://www.boj.or.jp/statistics/br/bop_06/
　　bpdata/index.htm/。

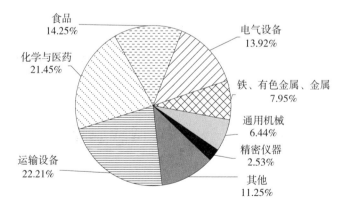

**图 5-3　2014—2021 年日本对东盟制造业各行业投资占对
制造业投资总额的比重。**

资料来源:日本银行:《按行业和地区划分的直接投资》,https://www.boj.or.jp/statistics/br/bop_06/
　　bpdata/index.htm/。

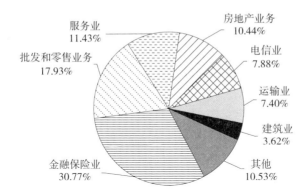

**图 5-4 2014-2021 年日本对东盟非制造业各行业投资占对
非制造业投资总额的比重**

资料来源:日本银行:《按行业和地区划分的直接投资》,https://www.boj.or.jp/statistics/br/bop_06/
bpdata/index.htm/。

自 2014 年以来日本对东盟各行业直接投资流量占比变动情况来看(见表
5-9),日本对制造业直接投资占比呈波动中上升趋势,从 2014 年的 45.10%
上升至 2021 年的 54.03%,提高了近 10 个百分点;其中化学与医药行业上升
幅度最大,由 5.93% 上升至 38.05%,而在 2020 年这一比例为 4.42%,这与日
本为应对新冠疫情所采取的供应链多元化措施有关;而日本对运输设备行业
的直接投资占比下降幅度最大,由 2014 年的 13.76% 下降为 2021 年的
2.57%,在 2020 年这一比例为 10.59%。与此同时,日本对非制造业直接投资
占比约下降了 10 个百分点,其中对金融保险业的投资占比从 2014 年的
30.21% 波动上升至 2019 年的 43.59%,之后大幅下降,2021 年这一比例为
12.28%;而批发和零售业波动中略有下降,从 2014 年的 7.38% 下降至 2021
年的 4.72%。

第三节 日本对东盟直接投资的国别差异

日本在 1995 年改变了美元换算方法,并调整了对外直接投资的定义和统计
口径,使 1995 年前后的数据没有连续性。此外,在 2013 年变更了国际收支统计

标准,使 2013 年以前和 2014 年以后的数据不具有连续性。囿于数据问题,本部分将研究区间划分为 3 个时期:1951—1994 年、1995—2013 年和 2014—2021 年。

一、1951—1994 年,投资分布集中化和不均衡

20 世纪 90 年代中期以前(1951—1994 年),日本在东盟地区①直接投资的国别分布呈现集中化和发展不均衡的特点;日本对东盟直接投资主要集中于印度尼西亚,其中印度尼西亚除 1989 年(该年日本突然加大对新加坡、泰国和马来西亚的直接投资)外,其余年份一直是日本对东盟直接投资的最大接受国,同时对其余的早加入东盟的马来西亚、菲律宾、新加坡和泰国的直接投资也相对较多;而对后加入东盟的 5 个国家直接投资数额很小,这一时期日本对越南、老挝、缅甸和柬埔寨几乎没有投资或没有实际业绩,对文莱仅在 1969 年投资了 0.86 亿美元,而其余个别年份仅有少量投资。

具体而言,由表 5-10 可知,1951—1994 年,日本对东盟国家的投资总额共为 432.46 亿美元,其中对印度尼西亚的直接投资为 169.81 亿美元,占比接近 40%;对新加坡的投资为 95.35 亿美元,占比为 22.05%;对泰国的直接投资为 71.84 亿美元,占比为 16.61%;对马来西亚的投资为 63.57 亿美元,占比为 14.70%;对菲律宾的直接投资为 28.17 亿美元,占比为 6.51%;而对其余的 5 国总共投资 3.72 亿美元,占比仅为 0.86%。

日本对东盟各国投资的国别差异随着投资部门结构的变化而不断变化。比如,20 世纪 60 年代中期以前(1951—1964 年),日本在东盟国家的直接投资累计分布状况是:印度尼西亚占 26%、泰国占 24%、菲律宾占 18%、马来西亚占 12%、新加坡占 11%。随着日本对石油、天然气需求量的不断增加,对印度尼西亚的直接投资急剧增加。1965—1982 年,除了个别年份外,日本对印度尼西亚的投资额占对东盟 10 国总投资额的 50% 以上,1976 年这一比例更

---

① 此处以东盟 10 个国家为研究对象,不考虑东盟各时期成员国的不同。

是高达 89.18%,1981 年这一比例也高达 85.73%,可见日本为应对石油危机对印度尼西亚投资的重视①。之后,由于世界石油价格下跌,日本大大缩减了对印度尼西亚石油部门的投资,同时随着日本国内劳动力短缺、劳动力价格的上升,日本加紧转移国内边际产业,而加强了对新加坡、马来西亚、泰国的制造业部门的投资。

表 5-10　1951—1964 年和 1951—1994 年日本对东盟国家直接投资流量总额及占比

(单位:亿美元;%)

国家	1951—1964 年		1951—1994 年	
	直接投资流量总额	占比	直接投资流量总额	占比
印度尼西亚	34.70	0.26	169.81	39.27
新加坡	14.83	0.11	95.35	22.05
泰国	32.02	0.24	71.84	16.61
马来西亚	15.53	0.12	63.57	14.70
菲律宾	23.53	0.18	28.17	6.51
越南	4.98	0.04	2.38	0.55
文莱	0.00	0.00	1.24	0.29
柬埔寨	4.00	0.03	0.04	0.01
老挝	4.00	0.03	0.04	0.01
缅甸	0.00	0.00	0.02	0.00

资料来源:日本贸易振兴机构:《直接投资统计》,https://www.jetro.go.jp/world/japan/stats/fdi.html。

二、1995—2013 年,投资分布多极化和不均衡

20 世纪 90 年代中期以后,日本加大了对泰国、新加坡的直接投资,并开始逐渐加大对越南的直接投资,不再过度集中于印度尼西亚,但对东盟后加入的文莱、老挝、缅甸和柬埔寨的直接投资数额仍旧极小。

① 根据日本贸易振兴机构《直接投资统计》整理计算所得。

（单位：亿美元）

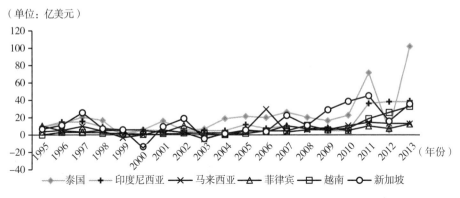

图5-5 1995—2013年日本对东盟6个国家直接投资流量

资料来源：日本贸易振兴机构：《直接投资统计》，https://www.jetro.go.jp/world/japan/stats/fdi.html。

　　具体而言，由图5-5可知，1995—2013年，日本对6个主要东盟国家直接投资波动幅度较大，2011—2013年日本加大对越南的直接投资趋势已经显现。从表5-11来看，日本对泰国直接投资流量总计为415.91亿美元，占日本对东盟直接投资总额的31.97%；对新加坡直接投资272.47亿美元，占比20.94%；对印度尼西亚的直接投资位居东盟各国的第三位，金额为234.72亿美元，占比18.04%；对越南、马来西亚和菲律宾的直接投资流量累计值占比均在9%—10%；而对其余4国（文莱、老挝、缅甸、柬埔寨）的投资总额占比不足1%，故此4国的数据未在表5-11中列出。在这一时期，日本对印度尼西亚的直接投资金额低于泰国和新加坡，这是因为亚洲金融危机后印度尼西亚国内投资环境严重恶化，日本企业持续6年大撤资，之后几年小幅度波动，直至2011年，日本才再次加大对印度尼西亚的直接投资。而日本对东盟新成员国中的越南直接投资表现良好，这一时期的直接投资流量累计值已超过东盟老成员国中的马来西亚，从流量来看，2007年以前，日本虽已经逐步加大对越南的直接投资，但进展缓慢，各年投资金额不足5亿美元，2008年国际金融危机之后，日本加大对越南的直接投资表现才开始显著，至2013年，直接投资金额已达到32.66亿美元，可见日本企业对越南廉价劳动力和巨大市场规模的向往。

表 5-11　1995—2021 日本对东盟国家直接投资流量

（单位：亿美元；%）

年份	泰国	印度尼西亚	马来西亚	菲律宾	越南	新加坡	东盟
1995	9.35	9.46	3.71	10.61	0.00	6.76	39.87
1996	13.37	14.94	5.22	4.83	2.94	11.19	52.38
1997	20.44	15.70	9.92	3.49	2.65	25.59	77.80
1998	16.68	9.16	4.45	5.21	1.69	7.21	44.54
1999	-1.19	1.99	-3.32	5.91	0.87	5.95	10.32
2000	5.93	5.85	-0.04	5.10	0.39	-15.21	2.07
2001	15.94	4.81	5.70	2.75	1.39	9.51	40.13
2002	5.28	3.07	2.57	10.74	2.03	18.84	42.56
2003	6.78	4.84	-5.04	1.14	2.30	-4.57	4.32
2004	18.67	4.98	1.63	0.06	1.28	1.38	28.00
2005	21.25	11.85	5.24	4.42	1.54	5.57	50.02
2006	19.84	7.44	29.41	3.69	4.67	3.75	69.23
2007	26.08	10.30	3.25	10.45	4.75	22.33	77.90
2008	20.16	7.31	5.91	7.05	10.98	10.89	63.09
2009	16.32	4.83	6.16	8.09	5.63	28.81	70.02
2010	22.48	4.90	10.58	5.14	7.48	38.45	89.30
2011	71.33	36.11	14.41	10.19	18.59	44.92	196.45
2012	5.47	38.10	13.08	7.31	25.70	15.66	106.75
2013	101.74	39.07	12.65	12.42	32.66	35.45	236.19
1995—2013	415.91	234.72	125.51	118.60	127.52	272.47	1300.94
占比	31.97	18.04	9.65	9.12	9.80	20.94	100.00
2014	55.68	48.35	12.93	9.01	16.52	81.44	228.19
2015	40.57	32.13	29.18	15.31	14.46	70.10	209.20
2016	46.91	31.35	12.69	23.43	16.66	-185.94	-52.18
2017	49.35	35.20	10.73	11.20	20.29	95.98	225.69
2018	68.17	34.47	12.62	11.33	19.93	167.91	319.50
2019	43.63	88.79	5.90	16.89	26.48	137.43	325.82
2020	36.83	16.59	14.32	10.07	23.64	76.87	181.18
2021	29.51	13.63	21.18	7.88	37.48	180.11	292.38
2014—2021	370.64	300.50	119.54	105.12	175.46	623.90	1729.78
占比	21.43	17.37	6.91	6.08	10.14	36.07	100.00

注：由于国际收支统计标准变更，2013 年以前和 2014 年以后的数据不具有连续性。东盟自 1998 年起包括老挝、缅甸，自 1999 年起包括柬埔寨。
资料来源：日本贸易振兴机构：《直接投资统计》，https://www.jetro.go.jp/world/japan/stats/fdi.html。

三、2014—2021 年,日本稳步扩大对越南投资

这一时期,日本除对新加坡直接投资一直稳居高位且波动幅度较大外,对其他主要东盟国家的直接投资规模相对前一个时期较为平稳。具体而言,由图 5-6 可知,日本对新加坡直接投资除 2016 年大规模撤资外一直处于首位;对泰国的直接投资在东盟各国中排名略有下降,居第二位;对印度尼西亚直接投资仍排第三位,但历年金额相较前一时期有大幅增加。从表 5-11 中这一时期投资流量累计值来看,日本对新加坡直接投资流量总计为 623.90 亿美元,占日本对东盟直接投资总额的 36.07%;对泰国直接投资 370.64 亿美元,占比 21.43%;对印度尼西亚的直接投资金额 300.50 亿美元,占比 17.37%;对越南直接投资流量总计为 175.46 亿美元,占比为 10.14%;对马来西亚和菲律宾的直接投资流量累计值占比均在 6%—7%,而对其余 4 国(文莱、老挝、缅甸、柬埔寨)的投资总额占比仅约为 2%,故此 4 国的数据未在表 5-11 中列出。

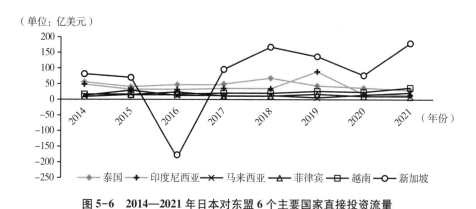

图 5-6   2014—2021 年日本对东盟 6 个主要国家直接投资流量

资料来源:日本贸易振兴机构:《直接投资统计》,https://www.jetro.go.jp/world/japan/stats/fdi.html。

近年来,日本稳步扩大对越南的直接投资规模。2021 年,越南成为仅次于新加坡的日本在东盟的第二大直接投资接受国(见表 5-11)。越南是日本重要的投资目的地,拥有巨大的市场规模和发展潜力,加之政治、社会稳定和廉价劳动力等优势,大部分日本企业仍希望进一步扩大在越南的经营投资活

动。尽管当前新冠疫情对其各行各业造成了负面影响,但凭借巨大的市场规模和发展潜力,大部分在越南的日本企业希望进一步扩大对越南的投资。据日本贸易振兴机构(Jetro)发布的《2021年境外日企投资现状考察报告》,新冠疫情之下,在越南的日本企业当中,盈利企业占54.3%,亏损企业占28.6%。盈利企业中约57.5%为制造业企业。日本贸易振兴机构驻河内代表处首席代表中岛武雄(Takeo Nakajima)表示,有超过55%的日本企业仍希望在未来1—2年扩大在越南的生产经营活动,这一比例在东盟各国中排名第一,42.5%的日本企业计划扩大现有投资规模,仅有1.9%的企业想缩小投资规模,不到0.3%的企业打算将业务转到其他国家;对2022年的经营进行展望,与2021年相比,认为经营状况将"改善"的企业占56.2%,认为"衰退"的企业占9.6%。可以看出,日本企业对2022年经营寄予厚望。特别是越南、日本两国刚签署了价值数十亿美元的多项合作协议,这是日本在越南开展新投资项目的重要基础。此外,已有39家日本企业获得日本政府支持,将生产线转移到越南,以使供应链多样化。

第四节　日本对东盟国家的直接投资方式

一、合资经营一直是主要的投资方式

日本对外直接投资在不同时期针对不同类型国家采取了不同的进入模式和股权参与方式,逐步从绿地投资为主转变为跨国并购为主。在20世纪80年代中期以前,日本对外直接投资主要采取新建方式,即所谓的绿地投资,但日本对东盟的直接投资方式与其他发达国家截然不同,对发展中国家以合资经营为主,对发达国家投资多采用独资形式,对发展中国家的投资多采取的是由综合商社牵头的"3人4脚型"的合作投资模式,即日本的综合商社、制造商与第三国的企业共同出资建立合资企业。日本对东盟国家直接投资以合资方

式为主,其主要原因在于:一是东盟国家对跨国公司分支机构的控股比例有严格限制;二是东盟国家的政治风险相对较高,知识产权保护方面的法治化程度还不高,因此合资方式投资可以回避风险;三是为适应东盟国家的流通网络、劳动市场以及融合当地文化、习惯并有效地利用当地政策与人际关系条件,合资也是比较理想的方式。

表5-12　1981年、2000年、2019年日本跨国公司在东盟4国投资的参股比例

(单位:%)

日资比例 ＼ 年份	1981	2000	2019
日资比例<25%	5.40	4.50	1.46
25%≤日资比例<50%	46.80	25.80	18.80
日资比例等于50%		1.80	1.60
50%<日资比例<75%	26.90	17.0	10.03
75%≤日资比例<100%		18.30	18.60
日资比例等于100%	21.00	32.60	48.89
日资比例不明	—	—	0.62

注:东盟4国指泰国、印度尼西亚、马来西亚、菲律宾。
资料来源:日本经济产业省:《海外商业活动的基本调查》1982年、2001年、2020年。

由表5-12可以看出,日本跨国公司对东盟直接投资以合资方式为主。1981年,合资方式占比高达78.10%,而仅有21.00%以独资方式进入;在日本跨国公司对东盟直接投资中,日资比例在25%—50%的占比为46.80%,拥有控股权的(日资比例在51%—99%)占比为26.90%,日资比例低于25%的占比仅为5.40%。由此可以得出,日本跨国公司对东盟直接投资以合资方式为主,且以拥有控股权为主;在部分国家部分行业对跨国公司分支机构的控股比例有严格限制的情况下,日本跨国公司在东盟仍有相当比例的股权。

二、独资企业不断增加

20世纪50年代到70年代,日本企业对东盟投资多是与当地合作伙伴的

合资企业,目的是了解海外市场,并满足对外国投资的限制。随着日本企业对东盟投资的增加,日本跨国公司更喜欢拥有更高水平的所有权和控制权,除非东道国监管机构要求它们成立少数股权合资企业。因此,日本企业在东盟建立的全资拥有或多数股权的海外业务的日资公司占比不断提升,2019年日本在东盟的独资企业占比达到48.89%。

三、并购成为重要的投资方式

随着日元升值,在20世纪80年代末期和2000年前后日本企业海外并购出现两次高潮,2006年以后日本企业海外并购势头再次强劲,但受2008年国际金融危机爆发的影响,2009年日本企业海外并购曾一度减少,不过从2010年开始,日本企业海外并购又急剧增加,掀起了新一轮海外并购浪潮。根据路孚特(Refinitiv)数据库统计,2019年日本企业海外并购额创下1488亿美元的历史高点,日本企业旨在通过海外并购来强化全球化战略。2020年受新冠疫情全球蔓延的影响,日本企业海外并购金额和数量大幅下滑。2021年,日本企业海外并购金额为859亿美元,与2020年相比增长39.2%;若以件数为基准,2021年仅为564件,比2020年的580件微降。自2013年以来,日本企业海外并购数量呈现持续扩张态势,2014—2019连续5年保持在600件以上,但2020年和2021年连续两年远低于该水平。2021年,世界整体的跨境并购金额和数量都显示出强劲的复苏,而日本企业的海外并购显示出依然持续停滞的趋势。但是,2021年日本企业面向东盟的并购达到150亿美元,创下历史新高,并购金额大幅增长很大程度上归功于日本涂料行业在新加坡和印度尼西亚的大型投资项目;从并购数量上看,日本企业面向东盟的并购从2020年的98件增加至102件,仍低于新冠疫情暴发前的2014—2019年各年的数量。图5-7为2005—2022年日本企业对外直接投资中的并购金额和件数的变化。

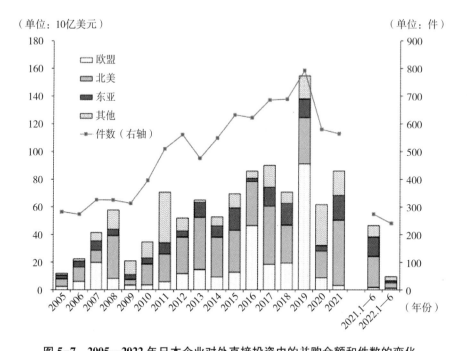

图5-7　2005—2022年日本企业对外直接投资中的并购金额和件数的变化

资料来源:日本贸易振兴机构:《JETRO 世界贸易和投资报告(2022 年)》,https://www.jetro.go.jp/ext_
　　images/world/gtir/2022/2_s3.pdf。

第六章　日本对东盟经济援助与贸易投资协同发展实践

日本对东盟的经济援助始终与日本的贸易和投资相联系,日本政府官方发展援助服务于贸易和投资,或者说官方发展援助就是日本对东盟等发展中国家贸易、投资的延长和重要组成部分。从前文分析可知,在 20 世纪五六十年代日本对东盟官方发展援助主要是政府贷款,而当时的政府贷款是束缚性资金,即东盟受援国必须用这些政府贷款来购买日本企业生产的物品和服务。当时正是日本的束缚性政府贷款援助使国际竞争力尚弱的日本机电等产品进入了东盟国家,换言之,日本的官方发展援助变成了政府向企业发放的出口订单,起到了出口补贴或出口信贷的作用,直接促进了日本企业对东盟受援国的出口贸易。石油危机爆发后的 20 世纪 70 年代和 80 年代,日本政府增加官方发展援助,积极参加东盟国家能源的开发和利用,重点是为了促进对东盟国家资源开发型直接投资,以保证能源供给,稳定日本经济发展。1985 年以后,日本对东盟援助的政策重点则是支持日本的制造业企业在东盟地区的直接投资事业。随着日元的急剧升值,大量的日本制造业企业特别是那些出口型产业的企业,迫于国内劳动力成本上升,纷纷把生产工序的某些部分外迁到发展中国家进行。同时,日本通过官方发展援助等形式,实行"资金回流",缓和因巨额贸易顺差而带来的国际压力,同时也有助于发展中国家减轻债务,平衡国际收支。进入 21 世纪以来,日本对东盟国家援助重点是支持日本企业深入当地生产网络,优化日本在东盟地区的供应链布局。

本章分析日本对东盟援助与贸易投资协同发展实践,首先,从 20 世纪 70 年代日本对印度尼西亚的大型援助项目阿萨汉制铝工程谈起,分析日本对东盟经济援助与贸易投资协同发展的几个典型案例;其次,论述日本援助资金与民间资金投资部门的战略性分工协作;再次,讨论日本对外援助的束缚性问题;最后,分析日本对东盟经济援助与贸易投资协同发展的最新动向。

第一节　日本对东盟经济援助与贸易 投资协同发展的典型案例

一、日本援助印度尼西亚阿萨汉制铝工程

印度尼西亚阿萨汉制铝工程是 1973 年石油危机之后日本与印度尼西亚政府合作开发的一项巨大的工程。由于此项目具有巨大风险,需要巨额资金,因而在 20 世纪 70 年代中期,日本政府决定通过其海外经济协力基金的直接大量参股来鼓励日本企业参与此项目投资。图 6-1 显示了该工程资金来源。

该工程的形成经纬大体如下①。1974 年,5 家日本冶炼企业与印度尼西亚政府签订了阿萨汉制铝工程协定。1975 年 4 月,又有 7 家日本商社加入这一事业,结成了一个由 12 家私人企业组成的日本投资集团,12 家私人企业由住友化学公司牵头,它拥有 33% 的股份。该投资集团和日本海外经济协力基金于 1975 年联合建立日本阿萨汉制铝股份有限公司,各占 50% 的股份。日本阿萨汉制铝股份有限公司实际上是一家投资公司。为了实施阿萨汉制铝工程,1976 年 1 月,印度尼西亚政府和日本阿萨汉制铝股份有限公司在雅加达

---

① 张光:《日本对外援助政策研究》,天津人民出版社 1996 年版,第 76—79 页。

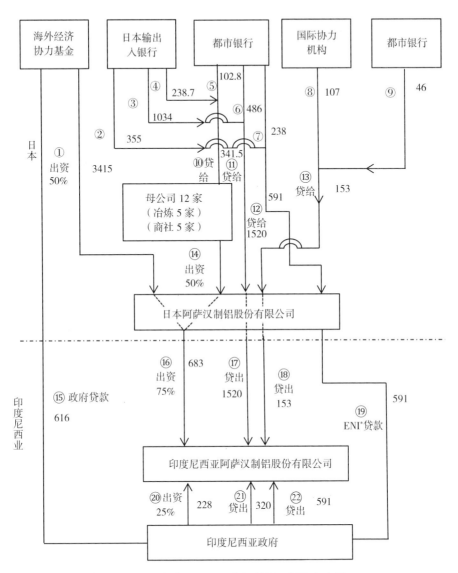

图 6-1　印度尼西亚阿萨汉制铝工程资金来源

注:图中" * "ENI 贷款=出口贷款-进口贷款。

资料来源:樱井雅夫:《国际開発協力の仕組みと法》,三省堂 1985 年版,第 2 页。

成立了一家由双方共同参股的合资企业印度尼西亚阿萨汉制铝股份有限公司,该公司的资金来源是印度尼西亚政府出资 25%,日本阿萨汉制铝股份有限公司出资 75%,后者的资金来源是日本海外经济协力基金和 12 家私人企业各出资50%,而12家私人企业的资金又来自日本输出入银行和都市银行的贷款。另外,日本阿萨汉制铝股份有限公司还把它从日本输出入银行和国际协力机构借到的贷款转贷给印度尼西亚阿萨汉制铝股份有限公司,把它从输出入银行和都市银行借到的贷款转贷给印度尼西亚政府,印度尼西亚政府再把这些贷款转贷给印度尼西亚阿萨汉制铝股份有限公司。最后,印度尼西亚政府把从日本海外经济协力基金借到的616亿日元项目援助贷款中,拿出228亿日元作为对印度尼西亚阿萨汉制铝股份有限公司的出资,又拿出320亿日元作为印度尼西亚政府的贷款贷给该公司。至1982年,印度尼西亚阿萨汉制铝股份有限公司的资本金达到3.508亿美元,项目总投资达到4110亿日元。

图6-1显示了当初阿萨汉制铝工程建设的全部资金来源,从中可以清楚地看到,阿萨汉制铝工程的全部资金的原资均来自日本,印度尼西亚府对印度尼西亚阿萨汉制铝股份有限公司的出资和贷款的原资,来自日本的海外经济协力基金和都市银行。该工程的资金来源有3类:一是由海外经济协力基金和国际协力机构提供的资金,共计1064.5亿日元,图中的(1)、(8)和(15)属于官方发展援助的范畴。二是由日本输出入银行提供的资金,共计为1627.7亿日元,它们是图中的(2)、(3)和(4),属于其他政府资金(OOF)的范畴。三是由都市银行提供的资金,共计872.8亿日元,它们是(5)、(6)、(7)和(9)属于民间资金(PF)的范畴。图中的(16)、(17)、(18)、(19)系转贷。这3类资金总和为3565亿日元,所占比重的情况是官方发展援助30%、其他政府资金46%、民间资金24%,其中政府资金占总资金的76%。

印度尼西亚阿萨汉制铝工程是日本对东盟国家经济合作大型项目的典型代表。从该项目的融资结构中,我们清楚地看到,通过政府资金和民间资金混合融资,日本的对外援助与民间企业的对外直接投资直接结合在一起。此外,该工程项目同日本对印度尼西亚的机械设备等产品出口和铝锭等原材料的进口贸易联结在一起。如上所述,在参与印度尼西亚阿萨汉制铝工程的12家日本企业中,有7家是从事贸易的综合商社,该工程所需资材设备就是由这些商社来置办的。由日本阿萨汉制铝股份有限公司支配的包括由海外经济协力基金提供的援助性贷款在内的资金,自然是由日本的参与企业决定购买对象的;即便是由海外经济协力基金直接向印度尼西亚政府提供的 616 亿日元贷款,按照双方政府协议,这些贷款均为发展中国家(Less Developed Countries,LDC)束缚性贷款,即它们只能用于购买日本或发展中国家的物品和服务,而把其他的发达国家排除在外。这就决定获得这些贷款订单的或者是日本的企业,或者是作为当地法人的印度尼西亚阿萨汉制铝股份有限公司,而印度尼西亚阿萨汉制铝股份有限公司事实上不过是上述 12 家日本公司在印度尼西亚的子公司而已。根据日本与印度尼西亚双方签订的协议,在该工程竣工投产后的头 10 年,日本阿萨汉制铝股份有限公司拥有 90% 的股份、印度尼西亚政府拥有 10% 的股份,然后印度尼西亚政府拥有股份逐渐上升到 25%,30 年后,印度尼西亚阿萨汉制铝股份有限公司完全归印度尼西亚政府所有。阿萨汉制铝工程为日本的铝锭原材料进口作出了重要的贡献。

二、亚洲工业开发新计划

1985 年广场协议后日元大幅度升值,日本国内劳动力成本上升,大量的日本制造业企业特别是出口型产业企业加快了对外产业转移的步伐,纷纷把生产工序的某些部分外迁到发展中国家进行。东南亚地区因为同日本在经济上关系密切,地理上、文化上比较接近,成为日本制造业投资外移的主要对象。为了支持企业向东盟国家转移,日本政府尤其是通产省特别倡导把日本的经济援助同对东盟国家的直接投资和贸易结合一体的战略。按照当时通产省的设想,日本对发展中国家的援助应当具有某种"引水"的作用。如同抽水机在工作之前灌入少许引水,机器开动后抽引出大量的水一样,对发展中国家投入经济援助的目的是引来更多的民间资本进入。为此,日本决定实施亚洲工业开发新计划,以加强与东盟和中国的经贸联系。1987 年 1 月,时任日本通产省大臣田村访问东盟,在泰国曼谷发表了"走向 21 世纪的东盟各国与日本"

的演讲,在该演讲中首次公布了"亚洲工业开发新计划"。该计划的宗旨是"在日本和那些有着密切贸易关系的亚洲各国之间,形成一种创造性的国际分工关系而进行的全面合作计划"。亚洲工业开发新计划的实施对象,最初为老东盟6国和中国,1990年以后,陆续扩大到南亚的巴基斯坦、斯里兰卡和中南半岛的越南等。该计划的具体实施程序见图6-2。政府贷款、技术援助和无偿资金援助在日本制造业这一大规模对外产业转移过程中承担着产业基础设施调查和建设的任务。

日本实施"亚洲工业开发新计划",目的是将援助、贸易、投资作为外交政策的手段加以综合运用,更好地协同政府和民间,以及贸易、投资和对外援助3者的关系,顺应日本经济结构的改革,更好地为日本的对外经济战略和政治战略服务。1994年度的日本经济合作白皮书,集中论述了亚洲经济发展原动力的问题,并指出"为了使亚洲继续保持增长的动力,日本必须努力把援助、贸易和直接投资更加紧密、有机地结合起来,进行卓有成效的经济合作"。

事实上,在日本提出"亚洲工业开发新计划"的1987年,日本对东盟及缅甸(1997年缅甸加入东盟)的政府贷款从1986年的926亿日元激增至3233亿日元,在日本政府贷款总额中的比重也从21.7%增至45.9%①。此后,在1988年和1989年,日本对东盟国家的援助达到高峰。日本的经济援助在一定程度上缓解了东南亚国家经济基础设施紧张的问题。此外,日本对东盟国家大规模的经济援助,使日本政府能够通过与东盟受援国政府之间的政策对话,为日本民间企业的进入营造良好的政策环境。

在"亚洲工业开发新计划"中,日本政府非常重视政府援助与民间企业的直接投资、贸易的协同效应,其中,日本援助泰国的"东部临海开发计划"和越南的"河内—海防走廊"是"援助—贸易—投资"协同发展的成功典例。

20世纪80年代初至90年代初,泰国推行了"东部临海开发计划"。该计

---

① 日本外务省:《我国的官方发展援助》,日本国际协力推进协会1988年版。

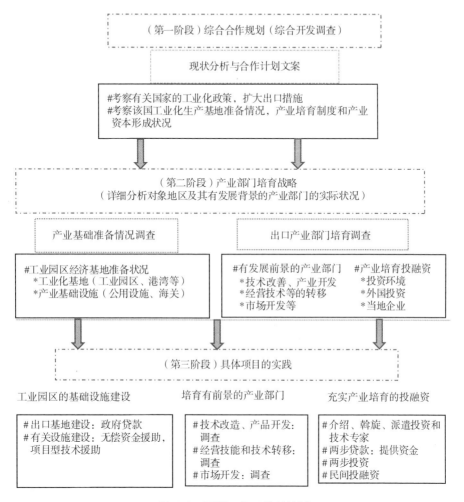

图 6-2　亚洲工业开发新计划

注：在实际实施过程中，不拘泥于依照图中 3 个阶段的顺序进行。
资料来源：日本通商产业省：《亚洲工业开发新计划》1987 年。

划以暹罗湾开发利用天然气的重化工业和位于新建国际集装箱港周围的出口导向型工业两个为核心，推进位于曼谷东南的东部临海地区的开发，旨在缓解产业向曼谷首都圈的单极集中，进而在泰国建立新的产业基础。从 80 年代到 90 年代初，日本政府是泰国东部临海地带的主要支援者，投入了超过 1300 亿日元的官方发展援助,援助的重点放在了马普塔普特和勒姆查班的工业开发上,主要是港口、工业园区、铁路、公路、工业用水等基础设施建设。随着基础设施条件的改善,大量外国直接投资涌入该地区,截至 2007 年,已形成 14 个工业园区和 1300 多家工厂的集聚,为 36 万工人创造了就业机会。该地区的锚定企业是汽车产业和电器电子产业,特别是汽车方面,日本的五十铃、丰田、日产、本田、三菱以及美国的福特、通用等车企纷纷在此投资建厂,2008 年汽车出口达到 76 万辆(泰国国内销售 60 多万辆)。此外,日本在对泰国东部临海地区经济援助之前或与之并行,日本还对泰国的多种农村开发事业提供了援助,代表性业务包括小型灌溉、农村电气化、农村公路、"新农村发展计划"、支持农民银行等。

越南河内—海防走廊连接越南北部首都河内和最大港口海防,从 20 世纪 90 年代中期开始,在日本援助下集中进行了交通基础设施建设。随着海防港、国道 5 号线、桥梁群等的扩充和现代化带来的运输成本大幅下降,国际资本和越南本地资本纷纷进入河内和海防走廊建设工业园区,海外制造业企业的直接投资急剧增加。在越南河内—海防走廊锚定的日本企业有佳能(打印机)、本田(两轮车)等。

三、基础设施系统出口战略

为了更好地支持基础设施系统出口,2015 年 5 月,日本政府公布了"高质量基础设施合作伙伴关系",其中规定,为了更好地实施日本基础设施系统出口,在为相关项目提供政府贷款时,要简化审批手续,提高效率;并提出在今后的 5 年内日本政府与亚洲开发银行(Asian Development Bank,ADB)合作,将对亚洲地区高质量基础设施建设提供 1100 亿美元的建设资金投资。2015 年 11 月,日本正式公布了"高质量基础设施合作伙伴关系计划"的实施细则,主要包括:通过日本国际协力机构,推进亚洲基础设施建设援助工作,如加强政府贷款的吸引力、鼓励私人投资、引入"特别风险准备金"等;通过日本国际协力银行等机构,增加对高风险项目的援助,如对能达到预期收益目标,但具有高风险的海外基础设施建设项目提供资金支持;深化与亚洲开发银行的合作,如通过官民合作等模式,支持私人资本参与基建项目、国际协力机构将与亚洲开发银行提供联合贷款;积极参与国际规则的制定,将日本的先进技术向全球推广,促进日本基础设施技术标准的国际化。

2020年7月9日,日本政府颁布的《基础设施系统出口战略》中,倡导基础设施建设出口、经济合作与资源共享确保三位一体的推进机制,并进一步强调:"在支持新兴经济体国家的基础设施建设开发时,要最大限度地活用官方发展援助及公立金融机构的支援""有必要加强经济合作与基础设施建设出口间的紧密合作""有效地活用技术援助及无偿资金、有偿资金援助等政府支援机制的同时,根据对象国的发展情况、技术及市场环境等迅速且有效地实施业务,以战略性地获得市场"。①

2021年修订版日本"基础设施体系海外发展战略2025"指出,东盟拥有12000家日本公司(办事处数量),形成了供应链,当地有相当程度的产业集中,日本在贸易、投资以及基础设施海外发展方面东盟是"绝对丢不掉、输不起的市场",要全面推进,不仅要扩大所有领域的基础设施出口,还要通过加强供应链来促进"更广泛"行业的扩张来支持日本企业。为了进一步强化政府援助对日本企业海外扩展的支持,日本政府提出战略性利用对外援助的3项举措:一是以多种形式对官方发展援助进行扩充,如支持制订发展计划,利用技术援助支持人才培养和支持制度建设等。二是战略性地利用政府贷款和海外投融资,通过向新兴国家和发展中国家提供优秀的技术和专有技术,帮助受援国经济增长,从而促进日本经济增长。同时,根据日本企业持续参与的重要性、日本企业的竞争力、受援国的需求和债务负担能力,将技术援助和无偿资金援助有机结合。三是在最大限度地发挥官方发展援助综合能力的同时,

---

① 日本首相官邸:《基础设施系统出口战略(2020年度修订版)》,https://www.kantei.go.jp/jp/singi/keikyou/dai47/siryou3.pdf。

通过结合日本企业的技术能力和资金能力,以及国际协力结构和公共金融机构等的功能,提出更具吸引力的"一揽子"方案。具体而言,在基础设施建设、基础设施运营和维护管理、总体规划制定、法律制度建设、人力资源培养等方面,将政府贷款、海外投融资贷款、无偿资金援助和技术援助等各种援助形式与国际协议、市场惯例和民间金融机构相结合。此外,将对外援助与民间企业主导的项目进行战略结合。①

下面以日本企业获泰国曼谷城市铁路订单和日本支持水务事业的海外扩展为例加以说明。

(一)日本企业在泰国曼谷的铁路建设订单

2015 年 7 月,由住友商事、三菱重工业和日立制作所 3 家日本企业组成的联盟获得了曼谷城市铁路新线路的建设订单,订单额为 324 亿泰铢(约合 9 亿美元),这是日本企业获得的最大一笔亚洲城市铁路建设订单。2015 年 7 月 29 日《日本经济新闻》报道,日本政府的资金援助、技术实力以及脚踏实地削减成本的努力这"3 支箭"的相互配合取得了成果。该项目从招标到获得优先谈判权历时 3 年半时间。3 家日本企业组成的联盟之所以获得了这笔大单,源于充分的准备,其中最重要的原因是 3 家日本企业从日本政府获得了年利率仅为 0.4% 的低息政府贷款,泰国等发展中国家获得政府贷款的利率通常在 1.5% 左右。由于缓解交通拥堵状况将减轻大气污染,所以日本政府将此项目定位为可获得低息贷款的"环境事例"。

(二)日本支持水务事业的海外扩展

日本积极推进海外基础设施项目,从项目初期阶段到项目实施阶段,根据各个阶段综合实施各种支援措施。近年来,国际协力机构依据日本政府的要

---

① 日本首相官邸:《基础设施体系海外发展战略 2025》(2021 年 6 月修订版),https://www.kantei.go.jp/jp/singi/keikyou/pdf/infra2025.pdf。

求,在面向发展中国家的投资金额中新追加了水领域事项,积极为日本企业在海外的水务项目进行融资,发挥着以政府投融资促进民间企业对外投资的重要功能。以 X 国水供给事业为例,利用 Y 河流的表面流水,建设民间运营的净水厂和铺设输水管道,其流程见图 6-3。

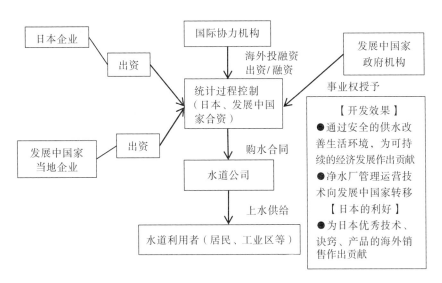

图 6-3　日本国际协力机构海外投融资支持供水维护业务

资料来源:日本国土交通厅:《各省和相关机构的举措》,https://www.mlit.go.jp/common/000135513.pdf。

为了支持日本水务事业的海外展开,国际协力机构实施以提供政府贷款为前提的基础设施项目的可行性研究(Feasibility Study,简称 F/S)的补充,国际协力机构开展了名为"官民合作基础设施事业合作准备调查"的项目。满足以下 4 方面条件即可获得国际协力机构的合作调查支持:一是旨在促进发展中国家的经济社会开发、复兴或经济稳定;二是遵照日本政府(新成长战略等)、国际协力机构的方针者;三是预计可以利用政府的贷款者;四是日本企业(若为企业共同体则至少有一家为日本企业)已计划参与包括建设及运营等的官民合作基础设施事业者。该调查项目以官民事业体作为调查范围,就其作为官民合作基础设施项目有无实现的可行性调查。国际协力机构支付对象的调查费用标准原则上是 1 件不超过 1.5 亿日元。图 6-4 为日本水道事业中官民合作基础设施项目案例。

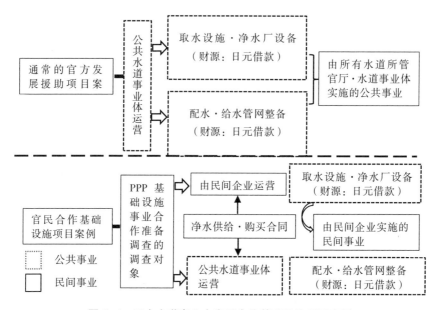

图6-4 日本水道事业中官民合作基础设施项目案例

资料来源：日本国土交通厅：《各省和相关机构的举措》，https://www.mlit.go.jp/common/000135513.pdf。

第二节 日本对东盟经济援助与
民间企业投资分工协作

一、政府援助资金支持民间企业投资东盟地区

日本对东盟国家的经济援助与民间企业直接投资之间存在一种分工协作关系。大体来说，日本对外援助中的无偿资金援助和技术援助主要被用于经济收益性很低的社会基础（如上下水道）建设、项目的可行性研究、前期设计咨询等；长期低息政府贷款主要用于收益较低的经济生产基础建设，如发电、铁道港口道路等交通运输和通信；由输出入银行提供的接近市场水平的政府贷款则主要用于收益性较高的能源和资源的开发；而经济收益率最高的制造

业、加工业和服务业留给民间企业。例如,在上述印度尼西亚阿萨汉制铝工程中,日本海外经济协力基金和国际协力机构提供的资金用于建设发电站、港口、公路等基础设施;日本输出入银行提供的资金被用于建造精炼铝工厂。总的来说,日本政府和经济界处理官方发展援助等政府资金与民间企业投资两者关系的原则是:一是政府资金不与民间企业争利,把收益率高的制造业、商业服务业等部门留给民间企业。二是政府资金辅助支持民间企业进入发展中国家。最常见的形式是政府资金集中投资于经济基础设施,如工业园区的道路水电港口建设,为民间企业的进入铺平道路。在这种意义上,日本政府把援助等政府资金称作"呼来之水",意为援助资金应如抽水机工作前灌入的"引水"一样,以少量政府资金的投入,引来大量民间资金的投入。三是政府资金与民间资金混合融资,从而起到降低民间投资的成本和风险的作用。20 世纪80 年代中叶以前,混合融资主要形式是如上文所谈到的阿萨汉制铝工程那样巨型的单个项目,此后,日本在东南亚等地进行的工业园区项目开发和投资,一般均有政府贷款的加入,可以视为广义上的混合融资。

原日本国际协力银行从宗旨到运营都充分体现了日本政府贷款与日本企业对外直接投资的关系。首先,日本国际协力银行当初成立的宗旨是:"通过提供贷款和其他金融手段支持日本经济和国际经济的发展,促进日本的进出口业务和日本的海外经济活动;稳定国际金融;促进发展中国家的社会发展和经济稳定;不与商业金融机构竞争。"可见,原国际协力银行从事政府贷款业务的一个重要目的是致力于促进日本的出口和对外投资。其次,在实际运营中,国际协力银行早期在负责政府贷款业务的同时,也承担日本企业海外扩张期间的出口融资活动,国际协力银行分账管理不同性质业务,国际金融合作账户项下主要管理出口信贷与海外投资业务,海外经济协力账户项下主要管理政府贷款业务。把出口信贷与海外投资和政府贷款统筹在一个机构下,充分体现了政府贷款以"本国企业利益优先"的功利性。虽然后期日元贷款的业务被剥离出来,但国际协力银行仍然对海外扩张的企业给予资金支持,参与政府贷款援助各环节的讨论,建言献策。总的来说,日本国际协力银行及其前身(日本输出入银行和日本海外经济协力基金)以及之后的国际协力机构和新国际协力机构都充分体现了"政策性银行"的特色。在成立之初,这些机构的资金来源以财政资金为主,随着日本经济逐步由贸易立国转向投资立国,为船舶、车辆、成套设备等出口项目提供长期信贷,促进日本设备的出口。后来日本政府随之采用了官方发展援助与出口信贷相协调的方式,为日本企业培植海外市场。

二、国际协力机构与经济产业省密切配合支持日本企业海外扩张

日本经济产业省和国际协力机构推动对外援助和民间企业对外投资相互合作,为企业对外直接投资活动牵线搭桥。外务省、国际协力机构、日本贸易振兴机构和日本企业之间具有相对完善的沟通渠道,日本政府和企业之间的协调相对高效。从图6-5日本的官方发展援助支持企业海外扩张流程可以看出,从日本企业开展对外投资活动的意向阶段,到通过对外援助项目最终实现海外扩张,每一个流程都受到政府各部门的协同支持。首先,经济产业省将有海外投资需求的日本优秀企业介绍给国际协力机构。经济产业省下属的地方经济产业局每年组织"中小型企业海外发展援助会议",邀请当地有意向受援国扩张的中小企业参加,日本贸易振兴机构提供有关受援国的商业情报。其次,国际协力机构把贷款援助项目的情报提供给经济产业省,为日本企业提供参与机会,同时利用自己的资源优势和信息优势为企业服务。国际协力机构具有丰富的资源优势。截至2023年3月31日,国际协力机构在海外设立98处据点,其中亚洲23处、大洋洲9处、拉丁美洲24处、非洲28处、中东10处、欧洲4处;在国内设立21处据点以及遍布全日本各地区的国际协力机构国际合作推进会员。国际协力机构通过对外援助,在发展中国家培养了广泛的人际网络和互相信赖关系,对发展中国家的26000多名官员进行了培训。

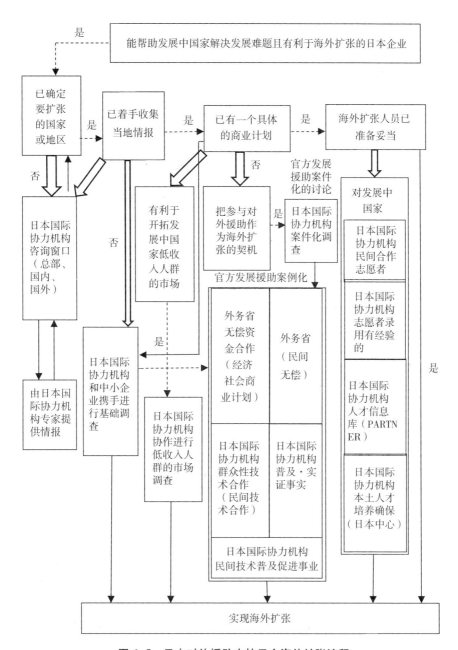

图6-5　日本对外援助支持日企海外扩张流程

资料来源：日本外务省官网，https://www.mofa.go.jp/mofaj/gaiko/oda/seisaku/kanmin/chusho_shien_menu.html。

国际协力机构发布的《日本国际协力机构年度报告 2022》显示,1954—2021
年度累计接收研修人员 676079 人,1955—2021 年度累计海外派遣专家
199925 人,1957—2021 年度累计派出调查团 303942 人,1965—2021 年度累计
派出青年海外协力队和海外协力队成员 46493 人,1999—2021 年度累计派出
其他海外协力队成员(包括高级海外协力队、日裔社会高级海外协力队、联合
国志愿者、日裔社会青年海外协力队)7998 人。仅 2020 年度就为东南亚地区
培养 17900 名产业人才①。而且国际协力机构还有综合情报网站伙伴网
(PARTNER)供企业访问登录。这些信息资源日本国内企业收集情报、扩张
海外投资渠道发挥了至关重要的作用。

第三节　日本对东盟经济援助的束缚性问题

一、对外援助初期以高束缚率促进资金回流

　　束缚性援助指根据两国政府间协议,援助国对受援国的受援资金的使用
条件进行限制,即对受援国选择采购物资、设备、技术以及服务的对象国范围
进行限制。援助资金的束缚率是束缚性援助资金占援助资金总额的比率,它
是衡量援助国对外援助资金质量高低的一个重要指标。如果援助资金只能用
于购买援助国企业提供的产品或者技术服务,则这笔援助被称为束缚性援助
(Tied Aid);如果援助国没有对受援国使用资金的条件进行限制,受援国可以
根据实际情况自由购买商品和以自由竞争的投标方式采用中标企业的服务,
则该笔援助被称为非束缚性援助(Untied Aid)。诚然,非束缚性援助对受援
国来说更有利,其可以利用国际市场竞争机制,争取到最低价格的商品和服
务。而束缚性援助则对援助国来说更有利,这通常变成援助国促进本国商品

①　日本国际协力机构:《国际协力机构年度报告(2021)》,https://www.jica.go.jp/about/
report/2022/glkrjk00000099zm-att/J_28.pdf。

出口的渠道,成为变相出口补贴的一种手段;同时束缚性援助还能提高援助国企业在大型基础设施建设援助项目中的中标率,促进援助国对受援国的投资。

关于援助束缚性与非束缚性问题,摩根索指出存在"束缚性困境",非束缚性援助不能改变受援国政治现状,就如同向统治集团行贿,加强了政治和经济现状,援助的经济发展目标无法取得成功;而束缚性援助要求受援国国内作出政治体制改革,会激起受援国国内既得利益集团和民族主义者的反感。①

束缚性援助会阻碍受援国在国际援助市场上获得更好的商品和服务的权利,降低援助的有效性。有研究表明,束缚性资金将会使受援国花费 15%—30%的价格购买相关商品以及服务。② 因此,经济合作与发展组织发展援助委员会更鼓励其成员提供非束缚性援助,减少甚至取消束缚性条款,降低束缚率或者说提高援助资金的非束缚率,以提高援助的质量。③

日本的官方发展援助经常被认为是"日本的援助只不过是为日本企业谋求利益"。日本于 1954 年加入科伦坡计划后,开始对一些国家实施技术援助。当时第二次世界大战后的日本急于恢复国内经济,赚取更多的外汇,因此日本对外援助被直接用作促进出口的工具,基本上都是束缚性援助。日本的援助与出口贸易实现了有效的捆绑,援助资金通过日本企业在援助项目中标,进而实现对外援助资金的回流。例如,1966—1972 年,日本向印度尼西亚提供的所有政府贷款都是束缚性援助。

二、20 世纪 70 年代后期大幅降低援助资金束缚率

20 世纪 70 年代后期迫于国际压力,日本开始逐渐提高援助资金的非束

① Hans Morgenthau, "*A Political Theory of Foreign Aid*", *The American Political Science Review*, Vol.56, No.2, June 1962, pp.301-309.

② OECD, "*Thematic Study, The Developmental Effectiveness of Untied Aid: Evaluation of the Implementation of the Paris Declaration and of the* 2001 *DAC Recommendation on Untying ODA to The LDCs*", Phase One Report, p.1, http://www.oecd.org/development/evaluation/dcndep/41537529.pdf.

③ OECD, "*Untied Aid*", http://www.oecd.org/dac/financing-sustainable-development/development-finance-standards/untied-aid.htm.

缚率,特别是政府贷款的非束缚性提高得很快。从 1973 年开始,政府贷款或者是一般非束缚性援助,或者是部分非束缚性援助。1978 年日本宣布政府贷款要大幅度实现非束缚化,至此,第二次世界大战后日本对外援助服务其扩大出口的色彩开始得以淡化。80 年代后半叶以来,日本的对外援助非束缚率在经合组织成员中一直名列前茅,日本援助资金的束缚率很低(见表 6-1 和图6-6)。如 1995 年日本对外援助的束缚率只有 0.15%,1996—1998 年束缚率更是达到零。

表 6-1　1979—2021 年日本与其他经济合作与发展组织
发展援助委员会国家的对外援助束缚率　　(单位:%)

年份	其他国家	日本	年份	其他国家	日本	年份	其他国家	日本
1979	51.36	46.02	1994	30.00	17.30	2009	15.36	5.20
1980	51.68	52.41	1995	26.98	0.15	2010	16.82	2.88
1981	49.79	44.21	1996	25.43	0.00	2011	16.76	4.80
1982	48.16	26.49	1997	13.79	0.00	2012	16.44	14.00
1983	42.72	21.58	1998	12.08	0.00	2013	15.33	9.99
1984	45.44	14.45	1999	10.83	0.71	2014	14.39	5.00
1985	45.30	16.79	2000	16.90	13.12	2015	19.53	17.68
1986	42.35	14.29	2001	18.02	16.81	2016	15.18	13.79
1987	35.24	15.16	2002	12.02	9.13	2017	13.60	5.02
1988	40.88	12.83	2003	7.13	3.40	2018	18.07	25.02
1989	45.84	18.04	2004	9.17	4.63	2019	17.47	25.63
1990	32.28	14.76	2005	6.75	4.37	2020	10.13	7.69
1991	33.47	13.05	2006	11.48	4.41	2021	18.82	2.30
1992	39.89	15.72	2007	15.83	4.92	—	—	—
1993	35.40	13.94	2008	13.25	3.51	—	—	—

资料来源:根据经济合作与发展组织数据库(https://stats.oecd.org/index.aspx? lang=en)计算整理所得。

（单位：%）

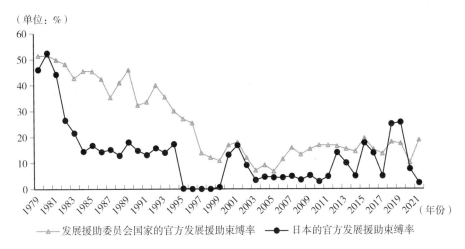

图 6-6 1979—2021 年日本和其他经济合作与发展组织
发展援助委员会对外援助的束缚率

资料来源：根据经济合作与发展组织数据库（https://stats.oecd.org/index.aspx? lang=en）计算整理所得。

三、近年提高援助资金束缚率以促进官民合作

在日本对外援助资金束缚率不断下降的过程中，伴随而来的是日本企业在援助项目中的中标率下降，因而引起日本国内企业和财团的不满；日本企业也由于越来越无利可图而逐渐退出日本政府的援助项目，对外援助资金无法通过日本企业而回流到日本国内。日本政府在维持其庞大的对外援助支出以及越来越少的国内企业支持的情况下，援助成本与财政压力也逐渐升高。

2012 年安倍就任首相后，日本大幅度提高了援助资金的束缚率，从 2011 年的 4.80% 提高到 2012 年的 14.00%。提高援助资金束缚率目的在于大力推进官民合作项目，通过提高日本企业在援助项目的中标率，在对外援助项目实施的过程中推动日本企业对受援国的出口以及投资，实现援助资金的回流以及促进日本经济的发展。2015 年和 2016 年日本对外援助资金的束缚率分别为 17.68% 和 13.79%，远远高出 1990—2011 年的束缚率水平；2017 年虽然下降到 5.02%，但也高于 1990—2011 年的平均水平；2018 年和 2019 年又分别提升至 25.02% 和 25.63% 的高水平束缚率；2020 年和 2021 年两年又连续下

降,分别为 7. 69% 和 2. 30%。日本对外援助资金的束缚率大幅度提升,很大程度上是由于其对东南亚地区援助资金的束缚率的大幅度提升。经济合作与发展组织的研究报告指出,近年来日本不断降低其援助资金的非束缚率,主要与其目前推进的官民合作项目有关,为了吸引更多日本企业特别是中小企业参与政府的对外援助政策,增加本国的经济利益所致。同时,为了通过援助官民合作项目来增加日本的出口与投资,除了降低援助资金的非束缚率外,日本政府更加强调根据政策目标和日本优势选择对外援助项目,并有效刺激企业的对外投资,通过官民合作形成对外援助的协同效应,不断扩大并深化官民合作伙伴关系,使援助政策中的官民合作执行体系更加规范化。2018 年,日本政府修改了"政府贷款中活用本国技术条件"(Special Terms for Economic Partnership,STEP),进一步扩大了在政府贷款项目执行中可以使用日本企业技术与设备的范围,为日本企业进入受援国市场提供帮助。①

第四节　日本对东盟经济援助与贸易投资协同发展的新动向

一、加大基础设施项目援助,拉动日本企业的出口与投资

日本加大对东盟经济基础设施项目援助拉动本国的出口与投资,主要表现在以下 3 个方面:

一是通过大量交通基础设施项目援助,开发高质量的基础设施(如港口、机场、铁路和公路)来增强"物理连接性",推动东盟地区的一体化进程。通过区域内交通联结的优化,促进日本产业向生产成本更低的湄公河流域北部国家转移。20 世纪末至 21 世纪初,日本将劳动密集型产业大量转移到泰国和

---

① 日本外务省:《关于我国技术活用条件(STEP)的制度改善》,https://www.mofa.go.jp/mofaj/gaiko/oda/files/000430547.pdf。

越南,2014 年以来日本稳步扩大对越南投资,2021 年,日本流入越南的直接投资在东盟国家中仅次于新加坡,越南近年来成为日本产品的"代工厂"。但是随着泰国经济的发展,其国内租金上升、人手不足和劳动力价格上涨等问题凸显,一些日本企业被迫撤离。因此,日本政府认为需要通过推进东盟区域内的一体化建设特别是交通基础设施的建设,优化区域内原料以及产品流通的便利性,将劳动密集型产业转移到租金和劳动力更为廉价的缅甸、柬埔寨和老挝3 国,帮助日本企业降低生产成本以增加其对东盟地区的投资。因此,日本正在将劳动密集型的产业向经济发展较为落后的湄公河流域的越南、缅甸、柬埔寨和老挝 4 国转移。

二是加强对湄公河流域国家的经济产业园区基建项目援助,如完善水电设备的援助项目、增加完善法律法规的技术援助项目,为进一步加强日本与东盟国家的贸易与投资合作进而推进日本产业结构调整奠定基础。

三是引入与公共基础设施项目建设和运营权相对应的无偿资金援助。2014 年以来,日本政府一直在为私营企业参与的公共设施项目提供无偿资金援助,从公共基础设施建设到运营、维护全面提供无偿资金援助,旨在促进日本企业获得东盟国家公共设施项目建设权和运营与维护权,并将日本的优秀技术和专有技术用于东盟国家的经济发展。2022 年度,日本签署了关于柬埔寨普姆普雷克(Phum Prek)自来水厂扩建计划的交换文件。2022 年,日本与柬埔寨签署了关于柬埔寨潘普雷克供水系统扩建项目的交换公文,日本赠款援助最高资金额为 33.61 亿日元。日本外务省基于《政策评价法》对该援助项目的初步评价报告指出,该项目旨在通过扩大金边普姆普雷克水处理厂的供水设施来增加供水量,该厂供需紧张,从而通过改善金边居民的生活环境,为改善柬埔寨的生活质量作出贡献;同时,它符合日本的"基础设施系统出口战略",有望利用业务和管理权类型引入日本企业等,适当和高效地运营和维护技术①。

---

① 日本外务省:《基于 ODA(政府开发援助)政策评价法的事前评价报告》,https://www.mofa.go.jp/mofaj/gaiko/oda/press/shiryo/page23_001353.html。

二、加强法律制度和经济制度援助,改善东盟国家的营商环境

日本政府对东盟国家援助的经济动机之一是促进东盟国家的经济体制改革。20世纪90年代后期以来,日本致力于利用对外援助支持东盟国家特别是湄公河流域的越南、缅甸、柬埔寨、老挝4国完善市场经济体制。日本认为,在第二次世界大战后很长一段时间内,越南、缅甸、柬埔寨和老挝4国都处于计划经济体制下而导致国内市场封闭,缺乏国际竞争力;过于强力的中央政府指令导致国家财政、金融与企业处于低效率、不健全的生产活动与资金循环之中,进而导致国家经济落后、人民生活贫困,因此需要清除该4国的"旧社会主义体制留下的负面遗产"即计划经济体制,建立与完善自由的市场经济体制。[①] 当然,日本对东盟受援国经济体制改革的援助动机是希望在促进受援国经济发展的过程中增加日本的经济收益。日本对东盟国家经济体制改革援助属于向受援国的制度输出,东盟各国进一步开放国内市场,能够使更多的日本企业、资本和产品进入东盟市场;同时促进东盟国家的法律制度和经济制度不断完善,改善日本企业在东盟国家开展经贸活动的营商环境,进一步促进双方经贸合作,进而促进日本本国的经济发展。日本对外援助致力于支持湄公河流域4国的市场经济体制改革,主要采取了以下4项措施[②]。

一是援助支持受援国财政体系、金融体制的改革与市场经济法制体制的构建。日本政府认为,国家计划经济体制会导致金融与财政难以分离,不健全的金融体制导致市场资本与投资难以进行,还会使财政赤字问题频发、不良债务问题凸显、国家经济抗压能力脆弱。财政政策通过重新配置国民经济的资源(资金),体现发展政策,决定经济、产业和社会发展的方向。然而,许多发展中国家的财政基础薄弱,通过加强公共财政管理来执行财政政策,理顺资

① 日本政策投資銀行 メコン経済研究会:《メコン流域国の経済発展戦略 市場経済化の可能性と限界》,日本評論社2005年版,第14—15页。
② 赵师苇:《安倍政府的东南亚援助政策研究》,吉林大学2018年博士学位论文。

金分配或分配资金执行是一个重要问题。此外,适当的货币政策和健全的金融体系对经济社会稳定和可持续增长至关重要。1997 年亚洲金融危机期间,一些东盟国家的许多人失去了财产和工作,遭受了巨大的经济损失。危机的原因之一是各国金融体系的脆弱性。随后的 2008 年国际金融危机再次确认了加强金融体系的必要性。因此,作为支持所有经济活动的重要基础,改善和加强金融体系至关重要。对发展中国家的各种援助只有在财政金融体系运行良好、经济稳定的情况下才会更加有效,但发展中国家的经济基础薄弱,经济管理可能不稳定。日本政府对湄公河流域东盟 4 国财政金融相关改革援助项目有:对柬埔寨的税务总局的能力强化项目、对缅甸中央银行业务的改革援助项目、资金与证券结算系统的现代化改革项目,对越南的国家银行改革支援项目、国家货币发行机能强化项目、税务行政改革支援项目等。作为支持法律制度建设的一部分,日本为印度尼西亚、柬埔寨、东帝汶、越南和老挝等东盟国家提供法律和司法制度改革、法律和法规起草、提高国家和地方政府官员管理和执行法律制度的能力、加强内部审计能力和制度建设等援助支持。此外,自2007 年以来,日本每年举办一次"东南亚国家良好治理区域研讨会",目的是支持东南亚国家的治理工作,助力刑事司法和反腐败领域的人才发展;自2022 年 4 月起,日本开始定期举办"亚太房地产法制研究会",作为对印度尼西亚、柬埔寨、菲律宾和老挝房地产法制进行比较研究的平台。

　　二是援助支持受援国的产业结构调整、国有企业改革以及中小企业发展。日本认为市场经济体制可以良好运行的基础在于产业结构的改革,活用民间企业以及资本是增加市场经济活力的重要措施,因此需要对受援国计划经济体制下的旧产业结构以及国有企业进行改革,提升民间企业特别是广大中小企业的地位,提高市场与资金运行的效率以及收益。日本政府的相关援助措施包括对缅甸的中小企业金融制度强化项目、产业振兴机能强化项目;对越南的国有企业改革、企业金融管理能力提高项目;对柬埔寨的中小企业支援体制的战略强化项目、农业协会的市场化构建项目;对老挝的有机农业产业促进项目等。

三是援助支持受援国培养市场经济人才。日本认为,对受援国市场经济体制的改造不能仅仅局限在国家金融体制、财政体系以及产业结构调整上,还要培养市场经济人才,方能使受援国的自由市场经济体制得以良好运作。例如,日本政府对柬埔寨的商业人才培养项目、产业界的职业培训提高项目,对老挝的日本中心、民间开发能力提高的人才培养项目,对缅甸的特别经济行政区的人才管理能力提高项目等。①

四是援助支持受援国开放国内市场、参与国际竞争。日本认为,促进受援国国内外市场统合的政策与手续改进,重点内容是商品通关的海关手续与相关能力的提高,这是受援国开放国内市场参与国际市场竞争的基础性改革。日本政府对湄公河流域东盟4国都有关于通关系统现代化改进、相关手续与执行能力提高的援助项目,用于促进受援国参与国际经济活动,增加市场经济活力,同时便于日本的企业和产品进入受援国市场。例如,日本政府对越南的"提高越南货物自动清关系统"海关管理现代化项目和海关管理培训系统强化项目,对缅甸的海关数字化建设国家单一窗口和海关现代化能力建设项目,对泰国的有效海关程序的原产地规则能力建设项目、关税分类和关税评价中的透明度和可预测性改进项目,对马来西亚的海关关务风险管理项目及事后调查项目等。②

三、灵活利用经济援助,促进日本中小企业海外发展

日本历来重视中小企业的海外发展,2013年制定的"日本复兴战略"更是将"中小企业海外展开定位为增长战略的支柱之一"。该战略认为,420万家中小企业以其遍布各地的人员、商品和社区等资源支撑着日本制造业的复兴,

---

① 日本国际协力机构:《发展中国家经济分析基础》,https://www.jica.go.jp/activities/issues/economic/ku57pq00002cy648-att/guideline_economic.pdf。

② 日本国际协力机构,https://www.jica.go.jp/project/subject/economy/index.html。

是高附加值服务业的源泉,是振兴地区经济、提升日本国际竞争力并走向世界的基础。企业海外发展并非易事。中小企业在海外发展中很难获得成功,主要困难是中小企业由于规模较小导致资金不足、人才缺乏、信息缺失、管理薄弱。日本外务省决定,为了支持中小企业开拓以东盟为中心的海外市场,积极扩充对外援助项目。

(一)利用援助的技术合作支持日本企业进入东盟市场

为支持日本企业进入东盟市场,利用经济援助的技术合作为日本企业提供协助,主要实施了以下项目:一是资助日本企业在日本进行验收培训,并向当地派遣专家,在海外高等教育机构开设捐赠课程,为发展中国家从事管理、制造、运营等的管理人员和工程师提供支持,培养负责日本企业海外扩张目的地业务活动的当地人力资源。二是为了促进使用高水平的外国人才提高日本企业的国际竞争力,为海外学生提供实习机会,培养具有在海外日资企业工作技能的外国人才。三是为解决当地社会问题的产品和服务开发提供补贴,支持日本企业与当地的大学、研究机构、非政府组织、企业等合作,共同解决发展中国家的问题。

(二)将日本中小企业的产品援助东盟国家,支持中小企业海外扩张

日本政府根据东盟国家政府的要求和发展需求,将日本中小企业的产品援助给东盟国家,支持中小企业海外扩张。具体而言,基于东盟国家需求,将欲赴海外发展的中小企业的产品清单按医疗、农业、职业训练等领域以包装的形式提供给发展中国家,日本政府根据发展中国家的产品要求内容,购买欲赴海外发展的日本中小企业生产的相应产品,然后无偿援助给对象国家的政府机构。这不仅支持了东盟国家的发展,也提高了东盟国家对日本中小企业产品的认识。若产品能得到对方的好评,日本中小企业便有望扩大在该国的销

路,从而促进其海外事业发展。2021 年和 2022 年日本向包括东盟发展中国家在内的受援国提供利用中小企业产品的援助预算分别为 1632 亿日元和1633 亿日元。

(三)国际协力机构海外合作队的活用与回国队员的匹配

日本国际协力机构根据日本各企业的需求,将日本企业员工作为国际协力机构海外合作队队员派遣到发展中国家,培养能够在全球社会中大显身手的全球通人才。同时,为回国的国际协力机构海外合作队队员(以下简称回国合作队员)开拓工作匹配支援,通过国际运营商综合信息网站向回国合作队员提供希望录用熟悉特定发展中国家的回国合作队员的企业信息,以及这些企业和回国合作队员可以直接对话的交流会和回国报告会等。国际协力机构创建了国际协力机构场所(JICA PLACE),目标是创造一个日本企业和国际协力机构海外合作队员共同解决当地课题的场所,通过连接日本企业和回国合作队员之间的意见交换会等交流,协助在发展中国家的日资企业收集当地信息等,提高回国合作队员助力日资企业解决当地问题的可能性。

(四)国际协力机构利用"中小企业和可持续发展目标业务支持项目"支持中小企业海外发展

2010 年日本国际协力机构设立了"中小企业(Small and Medium Enterprises,SME)和可持续发展目标(Sustainable Development Goals,SDGs)业务支持项目"("SME/SDGs 企业支持项目"),目的是利用日本中小企业拥有的先进技术、产品和理念,解决发展中国家面临的问题,促进日本中小企业向海外拓展,振兴日本的地方经济。作为与各个项目阶段相对应的支持菜单,国际协力机构通过"基础调查""可行性研究""传播、示范和商业化项目",支持发展中国家的发展需求与日本中小企业的产品和技术相匹配。2021 年和2022 年"SME/SDGs 企业支持项目"的财政预算分别为 1507 亿日元和 1501

亿日元,用于根据发展中国家政府的要求和发展需要提供日本中小企业的产品、技术,并提高国际上对日本中小企业产品、技术的认可度。2010—2022 年国际协力机构的"SME/SDGs 企业支持项目"中小企业支援项目总数为 1117 个。① 2022 年为了提高"SME/SDGs 企业支持项目"系统的便利性,进一步促进商业化,国际协力机构对"SME/SDGs 企业支持项目"试验系统进行了重组,除了传播、示范和商业化项目外,还新征集了"需求确认调查""商业化示范项目"。"传播、示范和商业化项目"指对包括技术、产品、诀窍等的示范活动在内的商业模式的验证,以及通过促进对拟议产品等的理解来制订业务计划。"需求确认调查"指收集发展中国家的基本信息,在验证发展中国家的需求与产品或服务的一致性的基础上,制订初始业务计划。"商业化示范项目"是在确认客户接受产品和服务后,通过建立提供产品和服务的系统来提高业务计划准确性的项目,以开展有助于解决发展中国家问题的业务。

---

① 日本国际协力机构,https://www.jica.go.jp/press/2022/20230220_41.html。

第七章　日本对东盟经济援助对双边贸易关系的影响

第一节　日本对东盟经济援助促进双边贸易的机制

一、日本对东盟经济援助直接促进双边贸易的机制

（一）日本对外援助促进对东盟国家的出口

对外援助能够直接促进援助国向受援国的出口,这种直接作用主要体现在援助的形式上。首先,实物援助是对外援助的主要组成部分,向受援国提供商品援助直接促进了援助国的出口。其次,以优惠贷款方式的援助提升了受援国的进口能力,使之从援助国可以进口更多的资本品和成套设备;而且优惠贷款援助往往包含优先采购条件,在援助合同中规定受援国利用优惠贷款采购时优先选择援助国的产品或者规定产品应占的比例,这就直接带动了援助国的出口。日本起初对东盟的政府贷款援助基本上都是捆绑性援助,附加着"束缚性"条件。日本在提供援助尤其是工程援助过程中,通常采用自身的技术标准,后续工程建设以及日常维护均需要引进援助国的配套设备以及零部件,东盟各国因此形成对日本的技术依赖,并在一定程度上形成排他性,带动日本向东盟国家相关产品的出口。

（二）对外援助促进日本从东盟国家的进口

援助国除了为扩大本国向受援国出口之外,从受援国获取相应利益也是其援助的主要目的。因此,援助也能够直接促进援助国从受援国的进口,即受援国对援助国的出口。首先,援助国通过给予受援国优惠贸易条件,尤其是针对援助国缺乏比较优势产品的优惠条件,逐渐扩大商品零关税的优惠范围,促进受援国对援助国的出口。其次,将援助与资源开发相结合,主要是日本通过提供优惠政府贷款以及无偿技术帮助东盟国家进行资源开发,并通过向日本出口资源作为优惠贷款的偿还,这种"资源换贷款"的援助形式既帮助了东盟国家的资源开发与利用,也满足了日本的资源需求。此外,对外援助与产业转移相结合,通过将日本逐步丧失比较优势的边际产业转移至东盟国家,帮助东盟国家建设和完善工业体系,一方面解决东盟国家的就业、生产等问题,另一方面日本能够充分利用东盟各国的劳动力、资源等优势,实现资源的优化配置,并将东盟生产的所需产品进口至日本,直接扩大了日本从东盟的进口。

（三）日本对外援助影响与东盟双边贸易结构

研究日本对东盟援助的贸易促进效应不能仅仅考虑贸易规模效应,更应关注贸易结构效应。处于不同经济发展水平的国家能够生产和供应的产品不同。日本与东盟国家分属不同发展水平的国家,且双方商品需求结构也有所不同,其贸易结构会存在很大的差异,而日本对东盟的援助会在促进双边贸易规模的同时影响双边贸易的产品结构。本部分提及的贸易结构是广义的贸易结构概念,不仅是双边贸易中资源密集型、资本与技术密集型和劳动密集型产品贸易规模的差异,还包括贸易产品多样化和以各类贸易产品价值为基准计算的贸易产品技术复杂度。

第一,日本对东盟的援助促进双边贸易规模存在产品类别的异质性,即援助的贸易结构效应明显。东盟国家的受援国处于发展中国家行列,出口结构相对单一,出口产品密集度较高,主要集中在少数几种资源密集型产品;日本作为资源匮乏的岛国对外部自然资源需求极大,这就导致日本从东盟国家进口产品主要以资源密集型产品为主且产品技术复杂度较低。日本对东盟实物援助主要以初级产品为主,从而也在一定程度上促进了日本对东盟资源密集型产品的出口。而日本对东盟的援助与边际产业转移相结合促进了东盟工业体系的发展,进而促进了日本向东盟转移的边际产业产品的进口和其他相关联的劳动密集型产品的进口;技术援助可以促进资本与技术密集型产品的进出口,改善受援国的产品质量,增加新产品的种类,从而提高受援国的贸易多样化水平,进而在一定程度上改变日本从东盟进口商品的结构和产品技术复杂度。

第二,日本对东盟援助的出口多样化结构效应明显。日本对东盟出口产品主要是出口技术复杂度较低的部分资本与技术密集型产品,出口产品密集度较高。而日本对东盟实物援助、"束缚性"政府贷款援助、隐含技术标准的工程援助等援助形式的多样性直接促进了日本对东盟出口产品的多样性,同时也促进了技术复杂度较高的资本与技术密集型产品的出口。

二、日本对东盟经济援助间接促进双边贸易的机制

对外经济援助间接促进双边贸易的机制更为多样化,主要体现在针对不同领域的援助产生的贸易效应。

(一)提高基础设施质量降低贸易成本效应

经济基础设施领域的援助能够有效提高受援国基础设施质量并降低贸易成本。经济基础设施援助主要用于改善受援国与国际贸易相关的基础设施,从而削减贸易成本。通过对铁路、公路、港口、机场等运输系统,电视、无线电、电子信息网络等通信系统以及仓储、能源、银行和金融服务、商业和其他服务等领域的援助,改善受援国与国际贸易相关的硬件设施,提高受援国的运输能

力、通信能力、仓储能力和融资、保险等商业服务能力,为受援国参与国际贸易提供完善的配套设施,能够增强运输的便利,缩短运输时间,提高通信效率,减少仓储损耗,提高服务质量,从而有效降低贸易成本(Francois 和 Manchin,2013[1];Cali 和 Velde,2011[2]);出口成本的降低将扩大企业的出口盈利空间,创造新的盈利机会,从而吸引更多不同生产率水平的厂商进入出口行业,最终提高一国的贸易总额和多样化水平(Antràs 和 Helpman,2007)[3],提高受援国在国际贸易市场中的竞争力。维吉尔等(Vijil 等,2012)[4]研究发现,对基础设施承诺的援助每增加 10%,受援国的出口占国内生产总值比率平均增加2.34%,因此经济援助应更多地流向基础设施领域以改善受援国贸易状况。

本书第三章分析表明,日本对东盟的援助以基础设施建设援助占比最大。本书认为,日本对东盟的援助能够提高基础设施质量,降低贸易成本,促进日本与东盟国家的双边贸易发展。

(二) 促进贸易便利化效应

已有研究表明,援助国对受援国的贸易政策和贸易管理的援助,可以推进受援国的国际贸易便利化(Novy,2006)[5],从而促进受援国企业开展对外贸易,进而提高受援国的贸易多样化水平和贸易规模(Feenstra 和 Kee,2007)[6]。

---

① Francois, Joseph, and Miriam Manchin, "Institutions, Infrastructure, and Trade", *World Development*, Vol.46, 2013, pp.165−175.

② Cali, Massimiliano, and Dirk Willem Te Velde, "Does Aid for Trade Really Improve Trade Performance?", *World Development*, Vol.39, No.5, 2011, pp.725−740.

③ Antràs, Pol, and E. Helpman, "Contractual Frictions and Global Sourcing" *SSRN Electronic Journal*, 321307000000000810, 2007.

④ Vijil, Mariana, and Laurent Wagner, "Does Did for Trade Enhance Export Performance? Investigating the Infrastructure Cannel", *The World Economy*, Vol.35, No.7, 2012, pp.838−868.

⑤ Novy, Dennis, "Is Iceberg Melting Less Quickly? International Trade Costs after World War II", *Warwick Economic Research Paper*, No.764, 2006

⑥ Feenstra, Robert C., and Hiau Looi Kee, "Trade Liberalisation and Export Variety: A Comparison of Mexico and China", *World Economy*, Vol.30, No.1, 2007, pp.5−21.

赫布尔等(Helble等,2012)①通过实证研究发现,能够提高贸易便利化的援助对双边贸易有积极的促进作用,对贸易便利化的援助每增加1%,可使贸易增加约4.15亿美元。日本非常重视对东盟国家的贸易政策和管理援助,其目的是帮助东盟受援国制定合理的贸易政策,提高受援国管理国际贸易的水平和参与全球贸易议程的能力,推进受援国的贸易自由化和便利化水平,优化受援国的营商环境。具体而言,日本对东盟受援国贸易政策和管理的援助一方面帮助东盟受援国加强贸易教育培训与管理,提高相关工作人员素质,建立产品标准委员会和测试设施,提高工作效率,简化海关出入境程序,推进其国际贸易的电子化、便利化;另一方面鼓励和帮助受援国加入自由贸易协定,逐步削减关税和非关税壁垒以及放松市场进入条件。这些都能够有力地促进日本与东盟国家的贸易合作。

(三)促进贸易部门生产能力效应

日本对东盟国家的生产部门援助和多部门援助主要是为东盟受援国的农业、工业等生产部门发展提供技术援助,主要是以无偿技术援助方式,包括联合研发、发展政策指导、人员培训、专家派遣指导、技术授予等。日本对东盟国家生产部门和多部门的技术援助由于存在技术外溢效应从而对促进双边贸易具有两方面的效果:一方面,提高东盟受援国的生产和出口能力,增加其出口总额从而扩大双边贸易规模;另一方面,技术援助可以改善东盟受援国的产品质量,从而提高受援国出口产品技术复杂度,并可能增加新产品种类,从而提高受援国的贸易多样化水平,进而刺激日本的进口需求,增加受援国对日本的出口贸易规模。

---

① Helble, Matthias, Catherine L. Mann, and John S. Wilson, "Aid-for-trade Facilitation", *Review of World Economics*, Vol.148, 2012, pp.357-376.

（四）提升人力资本效应

日本对东盟受援国的社会基础设施与服务援助能够提升双边贸易的人力资本。通过对教育、医疗、卫生等方面的援助有效开发了东盟受援国的人力资源，为东盟国家参与国际贸易提供了高素质人才；通过向东盟受援国派遣专家、高层次技术人员等，帮助受援国制定发展规划、传播高新技术，不仅有效改善了受援国的软环境，也为日本在东盟受援国开展贸易提供了人脉资源。

（五）增强政治互信效应

日本对外经济援助涉及援助国与受援国双方的资金、技术和人员交流，通过援助工作的进行会拉近日本与东盟的政治关系，这有利于促进双边的政治互信，从而为开展双边贸易提供良好的环境。同时，日本的对外援助能发挥品牌效应。日本通过向东盟国家提供产品援助和先进技术援助，提高日本产品在东盟援助国的知名度和认可度，促进日本企业进一步扩大出口。此外，日本的对外援助能够提高东盟受援国的消费需求。经济援助为东盟受援国注入了资本，弥补了经济发展中的资金缺口，提高了东盟受援国的经济发展水平，增加了受援国的政府公共支出，从而能够提高受援国国民的可支配收入，在更高的收入水平下会引致更高的消费需求，增强消费者的购买力，扩大来自日本商品的进口。

（六）文化融合效应

国家间的文化差异会抑制国际贸易的顺利进行。从企业的角度来说，文化距离的缩小意味着人与人信任度的上升，这会降低交易成本，增加企业进行国际贸易的积极性和安全感。从消费者的角度来说，文化距离的缩小反映出国家间居民需求偏好的差异，根据相似需求理论，这也会对双边贸易产生促进作用。日本以语言和文化为主要内容的援助能够提升东盟各国公民的日语能力以及对日本公民的包容性和理解力;同时,日本通过利用援助资金对东盟国家开展市场调查以及贸易的可行性研究,熟悉东盟国家的市场需求、相关法律法规、技术标准、宗教信仰等,充分掌握东盟国家的国情信息,从而缩小日本与东盟国家的文化距离,为日本企业开拓东盟国家的贸易市场奠定基础。

综上,将日本对东盟经济援助影响双边贸易关系的作用机制归纳为图 7-1。

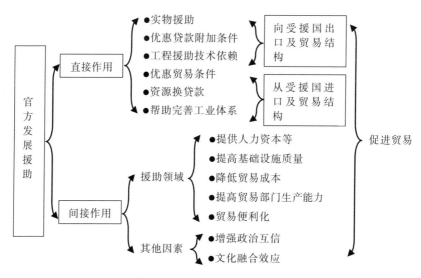

图 7-1　对外援助影响双边贸易的作用机制

第二节　日本对东盟经济援助与
双边贸易关系初探

在正式开始实证研究设计前,评价日本对东盟援助的贸易促进效应需要深入了解日本对东盟援助与双边贸易整体规模之间的相关关系,这种相关关系不应局限于国家内部,还应充分考虑东盟国家间及不同年份间的相关关系,以期为后续分析提供强有力的证据。

一、日本对东盟援助与双边贸易关系的国别差异初探

图 7-2 直接比较了日本对东盟国家内部和国家间的援助与贸易规模因果关系的估计数。每个实心圆表示一个国家接收日本援助总额和与日本的贸易总额,圆圈位置表示每个东盟国家接收日本援助与双边贸易总额的差异,每个圆拟合的箭头的斜率表示该国家内估计的接收援助与贸易总额的斜率。整体来看,箭头的斜率在不同国家之间存在相似性,但也存在明显的组别差异;部分国家非常接近东盟国家之间的援助与贸易总额梯度(粗线斜率)。这对于后续将东盟各国看作一个整体而不考虑控制国家间个体效应做了铺垫,并对我们后续考虑国家异质性、分析异质性来源具有很大启发。

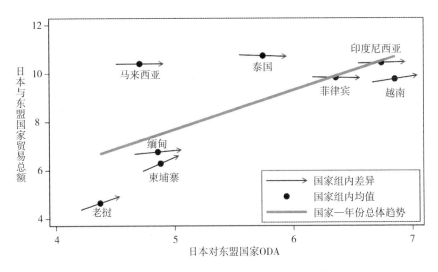

图 7-2　日本对东盟援助与双边贸易关系的国家差异

二、日本对东盟援助与双边贸易关系的年份差异初探

图 7-3 直接比较了日本对东盟各个年份和整个时间序列的援助与贸易规模因果关系的估计数。每个实心圆表示每一年份东盟接收日本援助与日本贸易总额,圆圈位置表示每个年份东盟国家的接受援助与贸易总额的差异,每

个圆拟合的箭头的斜率表示该年份东盟接受援助对贸易总额的促进作用。箭头的斜率不仅在不同年份之间非常相似,它们通常也非常接近整体时间序列东盟的援助与双边贸易规模梯度(粗线斜率)。这对后续考虑控制年份固定效应(以剔除不同年份宏观经济波动等因素)对援助与贸易总额间关系的影响奠定了基础。

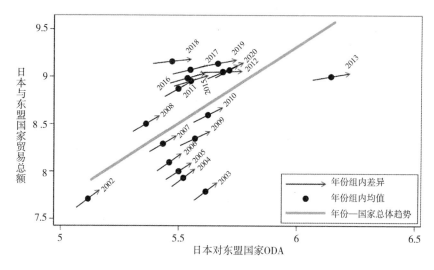

图 7-3　日本对东盟援助与双边贸易关系的年份差异

第三节　日本对东盟援助的双边
贸易效应实证检验

根据上文中日本对东盟援助与双边贸易发展现状分析可以看出,日本向东盟国家提供经济援助一方面有助于促进受援国发展对外贸易,另一方面也巩固了自身与东盟国家的贸易伙伴关系。因此,本节首先综合考虑影响双边贸易的主要因素,构建双边模型,运用实证分析方法从贸易规模、贸易结构、贸易商品密集度及复杂度等角度分析日本对东盟援助与双边贸易的关系,进而全方位探讨日本对外援助的贸易促进效应。其次,对应日本对东盟援助现状分析部分,将日本对东盟经济援助按照领域和援助方式分为不同类型,分别分析其贸易规模效应的差别,以期从不同维度详细探究日本对外援助的贸易促进效应。再次,考虑到核心解释变量的内生性,采用其滞后一期作为新的核心解释变量和工具变量对模型进行稳健性检验。复次,考虑日本对外援助贸易促进效应的国家异质性,将作为研究对象的 8 个东盟国家(不包括新加坡和文莱)按加入东盟先后顺序划分为东盟新 4 国和老 4 国分组回归,并进一步根据世界银行按不同收入水平划分为中低、中高收入国家组分组回归,通过组间横向和纵向对比找出日本对外援助的贸易促进效应国家异质性的来源。最后,进一步对本章第一节中日本对外援助影响双边贸易的部分机制进行检验,以期明确传导渠道中介效应的实际效果。

一、变量选取、指标计算与变量的描述性统计

(一)变量选取与数据来源

考虑到数据的可得性,本节将选用日本 2002—2020 年向 8 个东盟国家提供经济援助和其双边贸易往来的面板数据进行实证分析。

1.被解释变量

被解释变量主要是与日本对东盟进口、出口贸易总额相关的变量,除贸易产品多样化和贸易产品技术复杂度两个指标外,其余变量单位均为现价百万美元。

从贸易规模角度而言,选取日本对东盟各国贸易总额、日本对东盟各国出口总额和日本从东盟各国进口总额作为贸易规模的代理变量,该类数据来源于联合国商品贸易数据库。

从贸易结构角度而言,选取日本对东盟各国资源密集型产品、劳动密集型产品和资本与技术密集型产品的进口、出口总额作为贸易结构的代理变量,该数据是根据联合国商品贸易数据库第三版国际贸易标准分类标准的一分位贸

易数据(第0—4类初级产品划分为资源密集型产品,第6类和第8类工业制成品划分为劳动密集型产品,第5类和第7类工业制成品划分为资本与技术密集型产品)整理计算得出。

从贸易产品多样化角度而言,计算日本对东盟各国进口、出口产品的赫芬达尔—赫希曼指数(Herfindahl-Hirschman Index,HHI)作为贸易产品多样化的代理变量,该数据同样根据联合国商品贸易数据库第三版国际贸易标准分类标准从一分位贸易数据计算得出。

从贸易产品技术复杂度角度而言,计算日本对东盟各国进口、出口商品的技术复杂度指数作为其代理变量,该数据根据法国国际信息及前景研究中心(CEPII)的国际贸易分析基础(BACI)数据库HS1992版本贸易数据整理计算得出。

2.核心解释变量

本节的核心解释变量为日本对东盟的官方发展援助,数据均来自经济合作与发展组织发展援助委员会的债权人报告制度(Creditor Reporting System, CRS)数据库。该数据库中援助活动数据库收集了有关个别项目和方案的数据,重点是财务数据,其目标是提供一套现成的基础数据,以便为所有发展委员会成员分析援助的去向、服务目的和旨在实施的政策。由于官方发展援助的实际支出总额(Gross Disbursements)比承诺金额(Commitments)更具有实际意义,本部分全部选择单位为现价百万美元的支出总额作为经济援助的代理变量。

从援助方式而言,本节选取援助总额(ODA)、赠予(ODA Grants)和政府贷款(ODA Loans)作为各类援助方式的代理变量。由于官方发展援助方式中的海外投融资(Equity Investment)所占份额极小且数据缺失严重,本节没有单独考察其对贸易的影响。至于各类援助方式的划分和内涵,前文中日本对东盟经济援助的方式分析中有详细阐述,此处不再过多介绍。

从援助领域而言,本节选取社会基础设施与服务援助、经济基础设施与服务援助、生产部门援助和多部门援助作为各领域援助的代理变量。由于贸易政策和管理援助是包含在生产部门援助下面的子类别,且数据缺失严重,本节不再单独考察其对贸易的影响。领域分类还包括一些不能按类别分配的类别,如一般预算支出援助、债务减免、人道主义援助、紧急援助、食品援助、支持非政府组织和行政的费用等,本节同样不再考察其影响。对各类援助领域的划分和内涵,在日本对东盟援助的领域分析中已有详细阐述,此处不再赘述。

3.控制变量

经济发展水平,选取东盟各国 2015 年美元不变价的人均国内生产总值作为其代理变量,数据来自世界银行世界发展指数(World Development Index,WDI)数据库。一般来讲,一国的经济发展水平越高,向全球市场所能提供的市场规模越大,对不同层次商品的需求越多样化,从而为该国与贸易伙伴国的双边贸易提供市场基础。而国民收入水平是决定一国购买力和需求结构调整的前提条件,人均国内生产总值越高,人均国民收入相应也越高,国民购买力越强,对商品需求的数量以及质量的要求越高,通过刺激消费者多元化的消费需求来提高该国的对外贸易水平。同时该变量也将人口因素考虑在内,人口因素除了影响国际贸易规模之外还能影响贸易结构,因此选取此代理变量较为合适。

汇率变动情况,本节参照卡利和维尔德(Cali 和 Velde,2011)[1]的做法,选取东盟各国消费价格指数(Consumer Price Index,CPI)作为汇率变动的代理变量,以 2010 年的消费价格指数为 100 作为基准。根据国际金融学的相关理论,无论名义汇率(直接标价法)上升(本币贬值)还是实际汇率上升(包括名义汇率上升;外国商品涨价或外国通货膨胀;本国商品降价或本国通货紧缩)都有改善贸易条件、促进出口、抑制进口、促进贸易顺差的效果。这一效果不仅体现在贸易规模上,还体现在贸易结构上,进而还会影响贸易产品多样化和

---

① Cali,Massimiliano,and Dirk Willem Te Velde,"Does Aid for Trade Really Improve Trade Performance?",*World Development*,Vol.39,No.5,2011,pp.725-740.

贸易产品技术复杂度。同时消费价格指数越高,表明一国的通货膨胀率越高,经济风险和经济形势也相对不乐观,此时贸易成本也会随之上升,从而影响本国贸易状况。

地理距离,本节选取迈耶等(Mayer 等,2011)①文章中的两个国家中最大城市之间的距离(distences)指标作为两国之间地理距离的代理变量,数据来自法国国际信息及前景研究中心(CEPII)的地理距离(GeoDist)数据库。根据经典的贸易引力模型设定可知,距离因素处于分母位置,即距离作为贸易障碍因素会妨碍双边贸易。迈耶和齐尼亚戈(Mayer 和 Zignago,2005)②使用城市级数据计算这些距离以评价每个国家的人口地理分布。基本想法是:根据这两个国家最大城市之间的双边距离计算两国之间的距离,这些城市间的距离由城市在国家总人口中的比例加权。而本节所选取的两国地理距离指标是通过计算两个国家最大城市之间的双边距离计算两国之间的距离,并将这些城市间的距离由城市在国家总人口中的比例加权所得,对获得地理距离对贸易障碍的正确估计至关重要。

贸易便利性,本节选取东盟各国的贸易自由度指数作为其代理变量,数据来自《华尔街日报》(The Wall Street Journal)全球经济自由度指数的子项目。一国进行国际贸易的便利程度也是影响贸易的重要因素,贸易自由度越高,商品流动的障碍越小,商品越能够以较低的成本实现跨国交易,从而促进对外贸易。作为全球经济自由度指数的重要组成部分,贸易自由度指数主要从进出口贸易的关税和非关税壁垒角度来衡量一国进出口贸易便利性,具有较强的代表性,该指数取值范围为0—100,数值越高表示贸易自由度水平越高。

---

① Mayer,Thierry,and Soledad Zignago,"Notes on CEPII's Distances Measures:The GeoDist Database",*CEPII Working Paper*,No.2011-25.

② Mayer,Thierry,and Soledad Zignago,"Market Access in Gobal and Regional Trade",*CEPII Working Papers*,No.2005-02.

贸易开放度,本节选取东盟各国商品贸易占国内生产总值的比重作为贸易开放度的代理变量,数据来自世界银行的世界发展指数(WB-WDI)数据库。一国的贸易开放度指该国在制度和政策上允许商品进入该国国内经济的广度与深度,用于衡量该国参与国际经济活动的程度,贸易开放度水平越高,该国在国际市场的贸易参与度也越高,就越有利于扩大贸易规模和改变贸易结构。贸易开放度又称为对外贸易依存度,是衡量一国对国际市场依赖程度的重要指标,通常用一国进出口总额占国内生产总值或国内生产总值的比重来衡量。

政府治理水平,本节选取东盟各国腐败控制(Control of Corruption)、政府有效性(Government Effectiveness)、政治稳定与无暴力/恐怖主义程度(Political Stability and Absence of Violence/Terrorism)、监管质量(Regulatory Quality)、法治水平(Rule of Law)和话语权与问责制(Voice and Accountability)6个变量估计值的均值作为政府治理水平的代理变量,数据来自世界银行的世界治理指数(World Governance Index,WGI)数据库。诺斯(North,1981)[1]提出,良好的制度设计和执行效率可以维持高效的司法体系,从而解决或尽量避免契约签订和执行上的纠纷,促进社会分工和交易。因此,高水平的政府治理能力能提高外贸部门的生产效率和贸易效率,从而提升其出口竞争力。多伊奇等(Doidge等,2004)[2]对企业行为与"信号理论"的相关研究表明,良好的政府治理水平能够为出口企业的能力进行"背书"。诺维(Novy,2006)[3]、弗朗索瓦和曼钦(Francois和Manchin,2013)[4]认为,制度因素会在很大程度上

---

① North,Douglass Cecil,*Structure and Change in Eonomic History*,Norton,1981,The GeoDist Database,2011.

② Doidge,Craig,G.Andrew Karolyi,and René M.Stulz,"Why are Freign Frms listed in the US Worth Me?",*Journal of Financial Economics*,Vol.71,No.2,2004,pp.205-238.

③ Novy,Dennis,"Is The Iceberg Melting Less Quickly? International Trade Costs After World War II",*Warwick Economic Research Paper*,Vol.764,2006.

④ Francois,Joseph,and Miriam Manchin,"Institutions,Infrastructure,and Trade",*World Development*,Vol.46,2013,pp.165-175.

影响贸易成本特别是交易成本,是比较优势和贸易模式的重要决定因素。此外,政府治理水平的高低还决定一国利用经济援助的效率,因此将其纳入控制变量是很有必要的。

自然资源禀赋,本节参照穆尼欧(Munemo,2011)[①]的研究选取可耕地面积占比衡量资源禀赋,并根据实际情况选取自然资源租金占国内生产总值的比重(Total Natural Resources Rents)作为另一个自然资源禀赋代理变量,数据均来自世界银行世界发展指数数据库。自然资源禀赋对贸易的影响具有异质性,对人均收入较高的国家,为了避免稀缺的特别是不可再生的自然资源消耗殆尽,它们往往会采取措施降低其出口以期将更多的本国资源储备起来而大量进口国外资源密集型产品。相反,对于收入水平较低的国家,自然资源往往是其主要的出口产品和收入来源,因此它们会采取各种优惠措施加大其出口量,但也可能会出现"荷兰病"现象,从而使其他类产品的出口降低。因此,总体而言,自然资源禀赋对贸易的影响具有不确定性。

基础设施质量,本节选取东盟各国每百人固定电话订阅数、每百人固定宽带订阅数、每百人移动手机订阅数的均值和使用互联网人口占比作为基础设施质量的代理变量,数据均来自世界银行世界发展指数数据库。一国的基础设施质量直接关系贸易成本问题,是国与国之间开展贸易需要考虑的重要因素。同时受援国基础设施是援助国开展对外援助需要考虑的关键因素,也是对外援助的重要领域。除本节选取的这些变量外,其他表示基础设施质量的指标还有道路(公路、铁路、航路等)里程、港口建设等,但由于东盟各国数据缺失严重,本节并没有选用。

4. 工具变量

婴儿死亡率,本节选取每千名活产新生婴儿的死亡率作为援助支出总额的工具变量,数据来自世界银行世界发展指数数据库。此外,本节还选取官方

---

① Munemo, Jonathan, "Foreign Aid and Export Diversification in Developing Countries", *The Journal of International Trade & Economic Development*, Vol.20, No.3, 2011, pp.339-355.

发展援助的滞后期作为其当期的工具变量,此处不再一一列出。

(二) 指标计算

1. 贸易产品多样化指数

本节分别计算国家层面上日本对东盟各国出口和日本从东盟进口的赫芬达尔指数作为出口产品多样化指数和进口产品多样化指数。赫芬达尔指数计算公式如下:

$$HHI\_export_{it} = \sum_{j}^{n} \left(\frac{x_{ijt}}{\sum_{j}^{n} x_{ijt}} \right)^{2} \tag{7-1}$$

$$HHI\_import_{it} = \sum_{j}^{n} \left(\frac{m_{ijt}}{\sum_{j}^{n} m_{ijt}} \right)^{2} \tag{7-2}$$

式中,i 表示东盟各国,j 表示一分位商品种类,t 表示年份,n 表示 i 国所有出口商品的种类。x_{ijt} 和 m_{ijt} 分别表示第 t 年日本对 i 国出口、进口 j 种商品的总额,HHI_import_{it} 和 HHI_export_{it} 分别表示第 t 年日本对 i 国出口、进口的多样化指数。联合国贸发会议(1995)指出,指数是一种表示一个国家出口产品集中度的指标,取值在 0—1 之间,数值越接近 1 表示产品多样化水平越低,说明贸易结构越集中,特别地,当 $HHI = 1$ 时表明该国仅出口或进口一种商品,随着出口或进口商品数目的增多,HHI 会逐步下降。一般情况下,$HHI <$ 0.05 为进口或出口高度多样化;$0.05 \leq HHI \leq 0.1$ 为出口或进口轻度多样化;$0.1 < HHI < 0.4$,为出口或进口轻度集中;$HHI \geq 0.4$ 为出口或进口高度集中(Hessen,2009)[①]。

---

① Hessen,Heiko,"Export Diversification and Economic Growth",*Breaking into New Markets*: *Emerging Lessons for Export Diversification*,2009,pp.55-80.

2. 贸易产品技术复杂度指数

本书参照贾罗和庞塞特(Jarreau 和 Poncet,2012)[①]的做法,根据法国国际信息及前景研究中心(CEPII)的国际贸易分析基础(BACI)数据库HS1992 标准贸易数据分别计算日本对东盟各国出口和进口商品的技术复杂度指数。

首先,参照豪斯曼等(Hausmann 等,2007)[②]提出的出口复杂度衡量指标对"一个国家出口篮子的生产力"进行衡量,该方法从观察到的世界贸易流动中推断出一个国家出口的平均生产率水平,这是通过与具有类似出口结构的国家的收入水平进行比较而获得的。这种测算方式假设一个国家可能生产和出口的每种商品都有与其紧密相关的内在生产力水平,$Prody_k$ 是该种商品 k 的出口国的收入加权平均,权重对应每个国家在商品 k 上的比较优势。$Prody_{kt}$ 计算公式见式(7-3):

$$Prody_{kt} = \sum_j \frac{x_{jkt}/X_{jt}}{\sum_j (x_{jkt}/X_{jt})} Y_{jt} \tag{7-3}$$

式(7-3)中,x_{jkt} 为第 t 年 j 国 k 类商品的出口总额,X_{jt} 为 j 国第 t 年的出口总额,Y_{jt} 是第 t 年 j 国以购买力平价计算的实际人均收入。前提假设为该类商品 k 在富裕国家的出口中所占的份额越大,它就会越复杂。本节直接选用法国国际信息及前景研究中心的国际贸易分析基础数据库 HS1992 标准下1997 年的各类商品对应的技术复杂度指数作为基准,以此计算 2000—2020年日本对东盟出口、进口的技术复杂度。

$$EXPY_{jt} = \sum_k \frac{x_{jkt}}{X_{jt}} Prody_{k,1997} \tag{7-4}$$

---

① Jarreau,Joachim,and Sandra Poncet,"Export Sophistication and Economic Growth:Evidence from China",*Journal of Development Economics*,Vol.97,No.2,2012,pp.281-292.

② Hausmann,Ricardo,Jason Hwang,and Dani Rodrik,"What You Export Matters",*Journal of Economic Growth*,Vol.12,No.1,2007,pp.1-25.

$$IMPY_{jt} = \sum_k \frac{m_{jkt}}{M_{jt}} Prody_{k,1997} \qquad (7\text{-}5)$$

式（7-4）和式（7-5）中，X_{jt} 和 M_{jt} 分别表示第 t 年日本对 i 国出口、进口 j 类商品总额，其余变量同前文。$EXPY_{jt}$ 和 $IMPY_{jt}$ 表明与一个国家 j 的出口和进口相关的产品复杂度水平是其出口、进口篮子的整体生产力水平。它是与每个出口和进口商品 k 对应的技术复杂度指数 $Prody_{k,1997}$ 的加权和，权重是 k 类商品出口、进口额在国家出口、进口总额中所占的份额。

这种测算方式的目的不是直接确定某种产品复杂的内在特征，例如嵌入的技术、生产产品所需的专业技能水平、研发投资等。而是从观察到的贸易模式中推断出该类产品需要高水平的发展才能生产和进出口。拉尔（Lall 等，2006）[1]指出，这种测算方法抓住了高收入国家的贸易竞争力的各种来源，包括产品或工艺创新和有效处理技术、价值链组织、基础设施（例如信息通信技术）所需的能力等广义上的技术；还反映了高收入国家的出口的其他特征，如分化、低碎片、特定自然资源的可用性、贸易扭曲造成的壁垒和补贴等，因此这种贸易复杂度测量方式是多种因素的混合体，超过了以一种特定技术或技能强度为标准的测算方式。

（三）变量的描述性统计

参照伍德里奇（Wooldridge，2018）[2]对数据取对数的经验法则，如与市场价值相关、以年度衡量的变量、比例变量（百分比除外）、变量为正数等，将本节中部分变量做对数化处理。由于核心解释变量援助数据和被解释变量贸易数值存在部分零值，故在对数变换时在原值基础上加 1 再取对数。这样做一方面可以消除变量绝对值量纲的影响，凸显经济学中弹性的概念，如随着核心

---

① Lall,Sanjaya,John Weiss,and Jinkang Zhang,"The'Sophistication'of Exports:A New Trade Measure",*World Development*,Vol.34,No.2,2006,pp.222—237.

② ［美］伍德里奇：《计量经济学导论：现代观点》，经济科学译丛，中国人民大学出版社2018 年版，第 152—153 页。

解释变量援助变动1%,被解释变量贸易变量变动的百分比,以便更好地理解援助的贸易促进效应;另一方面在计量分析中可以减少变量极端值和非正态分布假设对回归结果的影响,还能实现将非线性关系转变为线性关系,同时减少多重共线性、缓解异方差和面板单位根的影响。此外,东盟各国的自然资源禀赋和基础设施质量代理变量中部分年份存在缺失值,为保证数据的真实性且不损失观测值,均选用缺失值所在年份的上一年数字进行填充,但若研究时间区间第一年数据缺失,则选用缺失值所在年份后一年数字进行填充。

表7-1归纳了上述变量类别、名称、符号及数据来源等信息。表7-2为变量的部分简单统计量,反映了变量的统计特征。从表7-2对本节使用的变量进行描述性统计中可以看出,文中所选取的各变量不存在异常值和缺失值且各变量的观察值之间都具有较大的变差,这为下文的计量估计提供了可能。

表7-1　变量类别、名称、符号及数据来源

变量类别		代理变量(对数化)	符号	数据来源
被解释变量	贸易规模	贸易总额	ln*Trade_total*	UN Comtrade
		出口总额	ln*Export_total*	
		进口总额	ln*Import_total*	
	贸易结构	资源密集型产品出口总额	ln*Export_Res*	
		资本与技术密集型产品出口总额	ln*Export_ct*	
		劳动密集型产品出口总额	ln*Export_lab*	
		资源密集型产品进口总额	ln*Import_Res*	
		资本与技术密集型产品进口总额	ln*Import_ct*	
		劳动密集型产品进口总额	ln*Import_lab*	
	贸易产品多样化	出口赫芬达尔——赫希曼指数	*hhi_export*	UN Comtrade 和笔者计算
		进口赫芬达尔——赫希曼指数	*hhi_import*	
	贸易产品技术复杂度	出口产品技术复杂度	ln*expy*	CEPII-BACI 和笔者计算
		进口产品技术复杂度	ln*impy*	

续表

变量类别		代理变量（对数化）	符号	数据来源
核心解释变量	官方发展援助	援助支出总额	ln*oda_gross*	OECD/DAC-CRS
	不同援助方式	援助赠予	ln*oda_grant*	
		政府贷款	ln*oda_loan*	
	不同领域的援助	社会基础设施与服务领域援助	ln*oda_sis*	
		经济基础设施与服务领域援助	ln*oda_eis*	
		生产部门领域援助	ln*oda_prod*	
		多部门领域援助	ln*oda_mc*	
控制变量	经济发展水平	2015 美元不变价人均 GDP	ln*gdpper*2015	WB-WDI
	汇率变动	2010 基准的消费价格指数	*cpi*	
	地理距离	人口加权的地理距离	ln*dist*	CEPII-GeoDis
	贸易便利性	贸易自由度指数	*Trade_free*	《华尔街日报》
	贸易开放度	商品贸易占 GDP 比重	*Openness*	WB-WDI
	政府治理水平	世界治理指数均值	*wgi*	WB-WGI
	自然资源禀赋	自然资源租金占 GDP 比重	*resource_rent*	WB-WDI
		可耕地面积占比	*resource_land*	
	基础设施质量	每百人固定宽带、固定电话、移动手机订阅均值	*infra*	
		互联网人口占比	*infra_internet*	
工具变量	婴儿死亡率	每千名活体婴儿死亡率	*mortal*	

表 7-2　变量的描述性统计

标量	样本数量	均值	标准差	中位数	最小值	最大值
ln*Trade_total*	152	8.610	2.285	9.834	3.046	11.118
ln*Export_total*	152	7.805	2.277	9.113	2.612	10.685
ln*Import_total*	152	7.964	2.343	9.103	1.905	10.437
hhi_export	152	0.438	0.135	0.385	0.277	0.820
hhi_import	152	0.394	0.231	0.287	0.157	0.982

续表

标量	样本数量	均值	标准差	中位数	最小值	最大值
ln*Export_Res*	152	4.242	2.478	5.301	−3.204	7.457
ln*Export_ct*	152	7.405	2.211	8.710	2.035	10.249
ln*Export_lab*	152	6.284	2.584	7.707	0.082	9.436
ln*Import_Res*	152	6.339	3.165	7.731	−3.096	10.146
ln*Import_ct*	152	5.703	3.906	8.070	−5.614	9.524
ln*Import_lab*	152	6.843	1.966	7.618	0.421	9.337
ln*expy*	152	9.665	0.069	9.695	9.423	9.804
ln*impy*	152	9.286	0.398	9.368	8.477	10.005
ln*oda_gross*	152	5.563	1.189	5.644	2.287	8.581
ln*oda_grant*	152	4.240	0.892	4.363	−0.245	8.098
ln*oda_loan*	152	4.565	2.319	5.333	−4.321	7.623
ln*oda_sis*	152	3.876	0.848	3.885	1.416	5.762
ln*oda_eis*	152	4.106	2.037	4.418	−2.057	7.436
ln*oda_prod*	152	2.700	1.438	2.836	−1.940	5.548
ln*oda_mc*	152	2.303	1.717	1.963	−2.508	6.181
ln*gdpper*2015①	152	−6.075	0.792	−6.108	−7.872	−4.473
cpi	152	1.026	0.285	1.048	0.285	1.688
ln*dist*	152	8.341	0.176	8.366	7.977	8.602
Trade_free	152	71.965	8.612	74.200	47.600	87.400
Openness	152	90.299	45.333	90.399	28.810	201.166
wgi	152	−0.535	0.522	−0.529	−1.752	0.476
resource_rent	152	5.843	4.098	4.786	0.481	15.264
resource_land	152	16.271	8.634	16.959	2.443	32.903
infra	152	30.444	19.479	31.476	0.273	69.485
infra_internet	152	26.053	24.202	20.065	0.000	89.555
mortal	152	28.352	17.029	24.350	6.800	71.300

---

① 人均国内生产总值与贸易额和援助额单位相同,均为百万美元,因此其在对数化后为负值。

二、面板单位根检验、组间异方差、组内自相关和组间同期相关 检验与模型设定

本节以选定的 8 个东盟国家为研究对象,利用东盟国家 2002—2020 年接受日本的援助和与日本贸易往来的数据,分析日本对东盟援助的贸易促进效应,面板数据结构为长面板,因此需按长面板计量分析规则对面板数据进行各类检验以确保后续模型设定的正确和回归方法选用的稳健性。

(一)面板单位根检验

经济数据中很容易出现单位根,存在单位根可能会使自回归系数估计量不服从渐进正态分布, t 检验失效;几个相互独立的单位根可能出现伪相关或者伪回归等严重后果。因此,在建模前都需要对每个变量进行单位根检验,消除不平稳,保证每个变量的平稳性以使模型回归有效。单位根检验的势较低,面板数据在不同截面上都有时间序列可以增加其检验的势。

本节选用样本数据是长面板数据,时间维度(20 年)远大于横截面维度(8 个国家),使用横截面固定、时间趋于无穷的渐进理论,因此选择崔仁(Choi, 2001)[①]提出的费雪式面板单位根检验方法。该方法提出 4 种综合 p 值的"费雪式"(Fisher type)统计量,分别为逆卡方变换(inverse chi-squared transformation)、逆正态变换(inverse normal transformation)、逆逻辑变换(inverse logit transformation)和修正卡方变换(modified inverse chi-squared transformation),中间两个统计量为单边左侧检验,另外两个为单边右侧检验。原假设为变量存在面板单位根,备择假设为至少一个截面是平稳的。费雪式检验过程中,根据增广迪基—福勒检验(Augmented Dickey-Fuller test, ADF)获得 p 值,并根据赤池信息准则(Akaike Information Criterion, AIC)选取滞后阶数为 3 阶(根据选

---

① Choi, In., "Unit Root Tests for Panel Data", *Journal of International Money and Finance*, Vol.20, No.2, 2001, pp.249–272.

择的平均滞后阶数确定),假设模型存在漂移项,使用面板数据减去截面均值缓解可能存在的截面相关问题。

表7-3为本节各变量面板单位根检验结果,从表中可以看出,所有变量的4个统计量均强烈拒绝面板单位根的原假设,除个别变量的 p 值小于 0.05 外,其余各变量的 p 值均小于 0.01。须特别指出的是,距离变量因国家而异,不随时间变化,因此无须检验。

表 7-3　变量面板单位根检验结果

变量	逆卡方变换	逆正态变换	逆逻辑变换	修正卡方变换
ln$Trade\_total$	32.610 ***	-2.738 ***	-2.739 ***	2.936 ***
ln$Export\_total$	30.926 **	-2.362 ***	-2.352 **	2.639 ***
ln$Import\_total$	33.105 ***	-2.522 ***	-2.615 ***	3.024 ***
hhi_export	56.041 ***	-4.927 ***	-5.318 ***	7.078 ***
hhi_import	35.039 ***	-2.967 ***	-3.020 ***	3.366 ***
ln$expy$	32.203 ***	-2.764 ***	-2.689 ***	2.864 ***
ln$impy$	30.115 **	-2.034 **	-2.156 **	2.495 ***
ln$Export\_Res$	42.900 ***	-3.490 ***	-3.772 ***	4.755 ***
ln$Export\_ct$	36.898 ***	-3.277 ***	-3.291 ***	3.694 ***
ln$Export\_lab$	27.820 **	-1.909 **	-1.954 **	2.089 **
ln$Import\_Res$	35.507 ***	-3.304 ***	-3.209 ***	3.448 ***
ln$Import\_ct$	29.835 **	-2.635 ***	-2.535 ***	2.446 ***
ln$Import\_lab$	38.960 ***	-3.316 ***	-3.409 ***	4.059 ***
lnoda_gross	48.877 ***	-3.674 ***	-4.118 ***	5.812 ***
lnoda_grant	36.108 ***	-3.222 ***	-3.238 ***	3.555 ***
lnoda_loan	39.895 ***	-2.775 ***	-2.961 ***	4.224 ***
lnoda_sis	43.896 ***	-3.945 ***	-4.068 ***	4.931 ***
lnoda_eis	41.320 ***	-3.625 ***	-3.785 ***	4.476 ***
lnoda_prod	33.408 ***	-3.242 ***	-3.072 ***	3.077 ***
lnoda_mc	47.661 ***	-4.358 ***	-4.529 ***	5.597 ***
ln$gdpper2015$	28.893 **	-2.096 **	-1.944 **	2.279 **
cpi	37.563 ***	-2.926 ***	-2.946 ***	3.812 ***

续表

变量	逆卡方变换	逆正态变换	逆逻辑变换	修正卡方变换
ln*dist*①	—	—	—	—
Trade_free	55. 579***	−4. 885***	−5. 277***	6. 997***
wgi	54. 818***	−4. 578***	−5. 047***	6. 862***
resource_rent	41. 973***	−3. 576***	−3. 789***	4. 591***
resource_land	50. 320***	−4. 776***	−4. 868***	6. 067***
infra	45. 263***	−4. 064***	−4. 195***	5. 173***
infra_internet	32. 437***	−1. 831**	−1. 979**	2. 906***
mortal	63. 382***	−5. 537***	−6. 117***	8. 376***

注：$* p<0.1$、$** p<0.05$、$*** p<0.01$。

（二）组间异方差、组内自相关和组间同期相关检验

模型设定之前为保证模型设定的科学性和回归结果的稳健性需要考虑干扰项异方差情景，相对于截面数据的异方差情景，面板数据需要考虑干扰项组间异方差和组间同期相关，相对于短面板数据无法探究扰动项是否存在自相关等情况，长面板由于时间跨度较大、信息量较大，需要考虑干扰项组内自相关情景。因此针对本节的研究样本而言，需要在模型选定前综合检验模型是否存在组间异方差、组内自相关和组间同期相关。

格林（Greene，2000）②提供了对组间异方差的沃尔德检验（Wald'test），原假设为不同个体的扰动项方差均相等。伍德里奇（2001）③提供了对组内自相关的沃尔德检验，原假设为不存在组内自相关。格林（2000）提供了对组间同期相关的 Breusch-Pagan LM 检验，弗里德曼（Friedman，1937）④、弗里斯

---

① 地理距离变量不随时间变化，因此检验结果为空。

② Greene，W.H.，*Econometric Analysis*，Prentice-Hall，2000.

③ Wooldridge，Jeffrey M.，*Econometric Analysis of Cross Section and Panel Data*，The MIT Press，2001.

④ Friedman，Milton，"The Use of Ranks to Avoid the Assumption of Normality Implicit in the Analysis of Variance"，*Journal of the American statistical association*，Vol.32，No.200，1937，pp.675-701.

（Frees，1995、2004）[1]和佩萨兰（Pesaran，2004）[2]也提出了对组间同期相关的检验方法，这几种组间同期相关检验的原假设均为不存在组间同期相关。

考虑到面板组间异方差、组内自相关和组间同期相关检验均是在特定模型回归之后执行，而本节试图多维度探究日本对东盟援助的贸易促进效应，核心解释变量和被解释变量的数量较多，具体模型个数较多，因此以全样本下包含被解释变量 lntrade_total 和核心解释变量 lnoda_gross 的具体模型为例，检验是否存在面板组间异方差、组内自相关和组间同期相关，为后续模型设定提供实证依据。表 7-4 为此 3 类检验结果，结果显示均在 1% 的显著性水平上拒绝原假设，因此认为存在组间异方差、组内自相关和组间同期相关。

表 7-4　面板组间异方差、组内自相关、组间同期相关检验结果

相关性	组间异方差	组内自相关	组间同期相关
方法	Modified Wald test	Wooldridge test	Breusch-Pagan LM test
统计量	28346. 530	33. 589	135. 374
p 值	0. 0000	0. 0007	0. 0000

（三）模型设定

伊萨德和派克（Isard 和 Peck，1954）[3]和贝克尔曼（Beckerman，1956）[4]发现，地理位置上越相近的国家之间贸易流动规模越大的规律。丁伯根

---

①　Frees, Edward W., " Assessing Cross-Sectional Correlation in Panel Data ", *Journal of Econometrics*, Vol. 69, No. 2, 1995, pp. 393 – 414; Frees, Edward W., *Longitudinal and Panel Data: Analysis and Applications in Thesocial Sciences*, Cambridge University Press, 2004.

②　Pesaran, M. H., " General Diagnostic Tests for Cross Section Dependence in Panels ", *Cambridge Working Papers in Economics*, Vol.69, No.7, 2004, p.1240.

③　Isard, Walter, and Merton J.Peck, "Location Theory and International and Interregional Trade Theory", *The Quarterly Journal of Economics*, Vol.68, No.1, 1954, pp.97–114.

④　Beckerman, Wilfred, "Distance and the Pattern of Intra – European Trade", *The Review of Economics and Statistics*, 1956, pp.31–40.

（Tinbergen，1962）[1]和波鸿能（Pöyhönen，1963）[2]分别最早将引力模型独立用于研究国际贸易问题，得出了两国双边贸易规模与其经济总量成正比，与两国之间的距离成反比的相似结论。林内曼（Linnemann，1966）[3]在引力模型中加入了人口变量，伯格斯特兰（Bergstrand，1989）[4]则用人均收入替代了人口数量指标。之后，由于引力模型所需数据可获得性强、可信度高等特点，研究者可以根据自己的研究重点设置不同的解释变量和控制变量，来分析其对国际贸易的影响，因此该模型逐步成为研究双边贸易问题的重要方法，并在之后的研究中不断完善和拓展，成为分析国际贸易问题的经典模型，备受国内外诸多学者所青睐。

贸易引力模型的基本形式为式（7-6），由于经济分析常用线性模型且经济变量经常需对数化处理以反映经济学中弹性的概念，因此对方程两边同时取对数得到式（7-7）。此方程为国际贸易问题分析中的常见模型，之后根据研究者研究重点的不同加入不同的解释变量和控制变量，该模型转变为式（7-8）。

$$X_{ijt} = A\ Y_{it}^{\alpha_1}\ Y_{jt}^{\alpha_2}\ D_{ij}^{\beta}\ \varepsilon_{ijt}^{\gamma} \tag{7-6}$$

$$\ln X_{ijt} = \alpha_0 + \alpha_1 \ln Y_{it} + \alpha_2 \ln Y_{jt} + \beta \ln D_{ij} + \gamma \ln \varepsilon_{ijt} \tag{7-7}$$

$$\ln X_{ijt} = \alpha_0 + \alpha_1 \ln Y_{it} + \alpha_2 \ln Y_{jt} + \beta \ln D_{ij} + \sum_k \gamma_k\ controls_{ijt} + \delta_{ijt} \tag{7-8}$$

式中，X_{ijt}表示t年i国与j国的贸易额，Y_{it}、Y_{jt}分别表示第t年i、j两国的国内生产总值，D_{ij}表示的i、j两国的空间距离，α_1、α_2和β、γ分别表示各

[1]　Tinbergen，Jan，*Shaping the World Economy：Suggestions for an International Economic Policy*，Twentieth Century Fund，1962.

[2]　Pöyhönen，Pentti，"A Tentative Model for the Volume of Trade Between Countries"，*Weltwirtschaftliches Archiv*，1963，pp.93-100.

[3]　Linnemann，Hans，*An Econometric Study of International Trade Flows*，Holland Publishing，Amsterdam，1966.

[4]　Bergstrand，Jeffrey H.，"The Generalized Gravity Equation，Monopolistic Competition，and the Factor-Proportions Theory in International Trade"，*The Review of Economics and Statistics*，Vol.71，No.1，1989，pp.143-153.

自变量对因变量的影响程度(弹性概念),最后一项均为误差项。

考虑到本节主旨是研究日本对东盟援助的贸易促进效应,被解释变量为前文选取的与贸易效应相关的变量,核心解释变量为与援助相关的各种变量,再加之结合学术界以往研究选取的各类控制变量,并借鉴马丁内斯·扎尔佐索等(2014)的做法,本节的实证模型初步设定如下:

$$\ln trade_{it} = \alpha \ln ODA_{it} + \sum_k \beta_k C_{it} + \gamma_0 + \gamma_i + \gamma_t + \varepsilon_{it} \tag{7-9}$$

式中,$\ln trade_{it}$ 为所有与贸易相关的被解释变量,$\ln ODA_{it}$ 表示所有与援助相关的解释变量,C_{it} 为本节中所有提及的控制变量,γ_0 为常数项,γ_i 为个体固定效应,γ_t 为时间固定效应,ε_{it} 为误差项。本部分先以全样本下包含被解释变量 lntrade_total 和核心解释变量 lnoda_gross 的具体模型为例,并考虑到前文检验中干扰项存在组间异方差、组内自相关或组间同期相关,运用各种回归方法分析日本对东盟援助的贸易效应和所选取的影响双边贸易的各控制变量的效应,并通过各种估计方法对比分析选定最终的模型和估计方法。

表7-5为各模型和估计方法的回归结果。考虑到上文检验出的干扰项存在组间异方差、组内自相关和组间同期相关,本节选取了表中所列的7种模型和回归方法。模型(1)是假设误差项服从独立同分布的混合数据普通最小二乘(Ordinary Least Squares,OLS)回归,此处仅作为对照基准。模型(2)是假设误差项具有一般序列相关形式(3阶序列相关)且各国间相关的标准误差的混合普通最小二乘回归,该方法是通过运用德里斯科尔和克雷(Driscoll 和 Kraay,1988)①的方法获得纽维—韦斯特(Newey-West)标准误差,此标准误差考虑了一般形式的误差自相关,也假设了不同面板间存在误差相关(通常称为空间相关)。模型(3)是假设误差项截面相关和序列相关(3阶)的固定效应模型②。模型(4)是假设误差项具有一阶自回归(Auto-Regression,AR)形式

---

① Driscoll,John C.,and Aart C.Kraay,"Consistent Covariance Matrix Estimation with Spatially Dependent Panel Data",*Review of Economics and Statistics*,Vol.80,No.4,1998,pp.549-560.

② 获得标准误差的方法同模型(2)。

且考虑到组内异方差和组间同期相关面板校正标准误差的面板可使用广义最小二乘(Panel Feasible Generalized Least Squares,PFGLS)回归。模型(5)是假设误差项具有一阶自相关形式且在东盟各国之间存在相关性的全面广义最小二乘回归。模型(6)是在模型(5)的基础上,考虑截面间误差项自回归系数不同的全面广义最小二乘回归。模型(7)是在模型(6)基础上,结合前文日本对东盟援助与双边贸易初探中得出的需进一步考虑时间固定效应的结论的全面广义最小二乘回归。

从表7-5中横向来看,日本对东盟援助的促进贸易规模效应显著,除固定效应模型(3)中援助变量系数在5%水平上正向显著外,其余各回归系数均在1%的水平上显著为正,说明日本对东盟的经济援助能够明显提高日本与东盟的贸易总额。人均国内生产总值对贸易规模的影响是显著为正的,这表明东盟国家经济发展水平越高,市场规模越大,日本与其贸易的规模也越大。东盟国家消费价格指数对贸易规模的影响仅在模型(1)和模型(2)回归结果中显著为负,从一定程度上可以表明东盟国家汇率越高(国内通货膨胀越严重)就越会抑制双边贸易规模,但在后续模型中此变量均不显著,可能是由于东盟各国国内消费价格指数较为相似。以人口加权的地理距离对双边贸易规模的影响在前5列回归结果中均显著为正,表明东盟国家距离日本越远越能促进双边贸易,这与经济学直觉相反,这可能是由于东盟各国与日本的距离间差异并不大,而与日本贸易额较高的国家反而距离日本较远,加之东盟国家人口差异等因素,从而显示出了这种负向的相关关系,但这并不影响将其作为控制变量纳入计量模型中。东盟国家贸易自由度对双边贸易的影响在前4列回归结果中显著为正,在一定程度上表明东盟国家贸易自由度越高,日本与其的贸易规模越大。东盟国家贸易开放度系数在模型(3)和模型(5)中为正,且在1%的显著性水平上通过了检验,一定程度上说明对外开放度水平越高,越能促进双边贸易。东盟国家政府治理水平对贸易规模的影响在多数回归结果中显著为正(其余回归结果均不显著),表明日本更倾向于同政府治理水平较高的东盟国家开展贸易。东盟自然资源禀赋对日本与其贸易规模的影响显著为正,且两个代理变量的系数在1%的显著性水平上通过检验,这表明收入水平普遍较低的东盟国家与日本开展贸易主要依赖于其自然资源禀赋。东盟基础设施质量对双边贸易规模存在正向促进作用但普遍不显著,表明东盟各国基础设施质量普遍较低且水平较为接近,在模型中加入各类其他控制因素后使结果不显著,因此在后文机制检验中考虑不加入控制变量检验基础设施的中介效应。

从表7-5中纵向来看,模型(2)相较模型(1)而言,虽然结果的显著性依旧存在但是并未体现在系数的变化中,仅是使用了自相关和异方差调整后的标准误差,未体现出面板数据在一定程度上解决遗漏变量(个体、时点等异质性)等的特征。模型(3)同模型(2)类似使用了稳健的标准误差,同时考虑到面板数据的特征,使用个体固定效应模型,在一定程度上缓解了国家层面遗漏变量的问题,但与上一节中援助与双边贸易关系初探中所发现的将东盟作为整体分析而不考虑国家个体效应的初衷不符,模型中援助变量系数仍显著为正,但系数值较普通最小二乘回归的结果下降很多,且无法进一步考虑年份固定效应的影响。模型(4)、模型(5)、模型(6)、模型(7)均为广义最小二乘模型,其核心解释变量的估计系数介于相对高估的混合普通最小二乘回归和低估的固定效应回归结果之间,回归结果更为有效和稳健。模型(4)使用了面板校正的标准误差同时解决了组内自相关问题,核心解释变量官方发展援助的系数相较普通最小二乘回归的结果不足其一半,并未解决组间异方差和组间同期相关问题。模型(5)在模型(4)的基础上,同时解决了组间异方差和组间同期相关问题,估计其协方差矩阵,使估计结果更为有效,核心解释变量官方发展援助的系数下降不足模型(4)的一半。模型(6)进一步考虑了截面间自回归系数异质的问题,使核心解释变量系数进一步下降。模型(7)在模型(6)的基础上遵循日本对东盟援助与双边贸易关系初探中找出的规律,进一步加入年份固定效应,使估计结果有效性进一步增强,核心解释变量的系数相对于上个模型略有下降。

表 7-5　日本对东盟援助的贸易规模效应各模型回归结果比较

变量	（1）OLS_iid	（2）OLS_DK	（3）FE_DK	（4）AR1_cor	（5）FCAR	（6）FPSAR	（7）FPSARFE
lnoda_gross	0.702 *** (10.145)	0.702 *** (7.108)	0.078 ** (2.996)	0.338 *** (4.838)	0.150 *** (4.280)	0.140 *** (5.054)	0.136 *** (3.582)
lngdpper2015	0.797 *** (3.402)	0.797 ** (2.647)	2.812 *** (14.101)	1.346 *** (5.334)	1.850 *** (13.952)	1.992 *** (19.346)	2.016 *** (14.261)
cpi	−1.312 *** (−3.432)	−1.312 ** (−2.893)	−0.428 (−1.332)	−0.438 (−1.296)	0.029 (0.143)	−0.029 (−0.181)	0.137 (0.548)
lndist	1.065 *** (2.671)	1.065 *** (4.039)	2.943 *** (19.381)	0.840 *** (3.225)	0.802 *** (4.346)	0.113 (0.554)	−0.089 (−0.362)
Trade_free	0.080 *** (7.652)	0.080 *** (8.376)	0.010 * (2.138)	0.023 ** (2.245)	−0.000 (−0.065)	0.003 (0.896)	0.005 (1.045)
Openness	−0.003 (−1.382)	−0.003 (−1.094)	0.008 *** (5.003)	−0.000 (−0.189)	0.003 *** (2.584)	0.001 (1.196)	0.001 (0.669)
wgi	1.393 *** (3.543)	1.393 * (2.120)	−0.138 (−0.531)	1.068 *** (2.848)	0.415 ** (2.280)	0.236 * (1.868)	−0.084 (−0.427)
resource_rent	0.076 *** (3.024)	0.076 *** (3.947)	0.051 *** (3.987)	0.065 *** (2.985)	0.048 *** (4.394)	0.063 *** (6.353)	0.014 (1.044)
resource_land	0.086 *** (6.904)	0.086 *** (6.548)	−0.036 (−1.734)	0.094 *** (9.048)	0.096 *** (11.837)	0.092 *** (11.874)	0.074 *** (9.665)
infra	−0.007 (−0.956)	−0.007 (−0.898)	0.000 (0.019)	0.002 (0.289)	0.005 * (1.658)	0.001 (0.355)	0.001 (0.134)
infra_internet	0.016 *** (2.751)	0.016 *** (5.058)	−0.004 (−1.795)	0.005 (1.099)	−0.003 (−1.173)	0.002 (0.947)	0.005 (1.397)
常数	−4.730 (−1.255)	−4.730 (−1.817)	—	5.171 * (1.672)	10.333 *** (5.344)	16.718 *** (8.489)	19.055 *** (7.503)
年份固定效应	否	否	否	否	否	否	是
国家固定效应	否	否	是	否	否	否	否
调整后的 R^2	0.896	0.896	—	0.837	—	—	—
样本量	152	152	152	152	152	152	152

注：括号中为 t 统计量；* $p<0.1$、** $p<0.05$、*** $p<0.01$。

基于上述分析,并借鉴诺瓦克·雷曼等(Nowak-Lehmann 等,2013)的研究,本节估计时采用全面广义最小二乘处理干扰项的组间异方差、组内自相关或组间同期相关问题,并在研究日本对东盟援助的双边规模效应时加入年份固定效应,在研究日本对外援助的其余具体效应时根据情况确定是否在模型中加入年份固定效应。

三、日本对东盟援助的双边贸易效应回归结果分析

本部分采用全面广义最小二乘估计方法分析日本对东盟援助的双边贸易规模效应、贸易结构效应、贸易多样性和贸易技术复杂度效应,并进一步分析日本各领域和采用不同援助方式的官方发展援助对双边贸易总体规模的异质性影响,从不同维度详细展示日本对外援助的贸易促进效应回归结果。

(一)贸易规模效应

日本对东盟援助的贸易规模效应主要从援助的总体规模效应、出口规模效应和进口规模效应角度考察,基准模型设定如下:

$$\ln trade_{it} = \alpha \ln ODA_{it} + \sum_{k} \beta_k C_{it} + \gamma_0 + \gamma_t + \varepsilon_{it} \tag{7-10}$$

表7-6为贸易规模效应回归结果,模型(1)、模型(2)、模型(3)分别对应被解释变量为 $\ln Trade\_total$ 、$\ln Export\_total$ 和 $\ln Import\_total$ 。总体而言,在控制时点固定效应和各变量的条件下,日本对东盟援助,对贸易总体规模、出口规模和进口规模的影响显著为正,且均在1%的显著性水平上通过检验;日本对东盟援助对日本对东盟出口的促进作用高于对进口的促进作用。具体而言,日本对东盟官方发展援助每增加1%,日本与东盟贸易总额增加0.136%,日本对东盟出口总额增加0.142%、从东盟进口总额增加0.118%。这说明日本对东盟实物援助、"束缚性"援助和工程项目援助等具体援助都促进了日本对东盟受援国的出口,而促进进口的因素如优惠贸易条件、"资源换贷款"、边

际产业产品回流等所起到的作用相对有限。

表7-6　日本对东盟援助的贸易规模效应回归结果

变量	（1） ln*Trade_total*	（2） ln*Export_total*	（3） ln*Import_total*
ln*oda_gross*	0.136 *** （3.582）	0.142 *** （3.652）	0.118 *** （3.042）
ln*gdpper*2015	2.016 *** （14.261）	2.124 *** （15.202）	1.876 *** （12.000）
cpi	0.137 （0.548）	0.023 （0.091）	0.259 （0.995）
ln*dist*	−0.089 （−0.362）	−0.463 （−1.572）	0.055 （0.246）
Trade_free	0.005 （1.045）	0.003 （0.682）	0.007 （1.473）
Openness	0.001 （0.669）	0.001 （0.739）	0.001 （0.462）
wgi	−0.084 （−0.427）	−0.001 （−0.006）	−0.066 （−0.312）
resource_rent	0.014 （1.044）	0.016 （1.117）	0.016 （1.219）
resource_land	0.074 *** （9.665）	0.088 *** （11.060）	0.067 *** （8.834）
infra	0.001 （0.134）	−0.003 （−0.723）	0.004 （0.941）
infra_internet	0.005 （1.397）	0.003 （0.691）	0.006 * （1.760）
常数	19.055 *** （7.503）	22.128 *** （7.426）	16.220 *** （6.860）
年份固定效应	是	是	是
样本量	152	152	152

注:括号中为 t 统计量; $* p<0.1$、$** p<0.05$、$*** p<0.01$。

此外,控制变量中人均国内生产总值和可耕地面积占比对贸易规模的影响显著为正,且均在1%的显著性水平上通过检验,尤其是人均国内生产总值对贸易的促进作用很大,人均国内生产总值每增加 1 个百分点,贸易总额、出口总额和进口总额分别增加 2.016 个、2.124 个和 1.876 个百分点。

（二）贸易结构效应

日本对东盟援助的贸易结构效应主要体现在日本对外援助对资源密集型产品、资本与技术密集型产品和劳动密集型产品的出口规模和进口规模效应的异质性。具体模型设定如下：

$$\ln trade_{it} = \alpha \ln ODA_{it} + \sum_k \beta_k C_{it} + \gamma_0 + \gamma_t + \varepsilon_{it} \qquad (7-11)$$

表7-7为贸易结构效应回归结果,模型(1)、模型(2)、模型(3)为出口结构效应,后3个模型为进口结构效应。从出口结构效应回归结果来看,援助变量的系数均为正,且援助对资源密集型产品出口的影响在10%的显著性水平上通过检验,对资本与技术密集型产品和劳动密集型产品出口的影响均在1%的显著性水平上通过检验。具体而言,日本对东盟官方发展援助每增加1个百分点,日本对东盟出口的资源密集型产品、资本与技术密集型产品和劳动密集型产品分别增加0.114个、0.152个和0.113个百分点,说明日本援助对日本资源与技术密集型产品的出口促进效果更为明显。从模型(4)、模型(5)、模型(6)进口结构效应回归结果来看,官方发展援助的系数同样均为正,援助对资源密集型产品进口的影响在10%的显著性水平上通过检验,对资本与技术密集型产品的影响在5%的显著性水平上通过检验,对劳动密集型产品进口的影响在1%的显著性水平上通过检验。具体而言,日本对东盟官方发展援助每增加1个百分点,日本从东盟进口的资源密集型产品、资本与技术密集型产品和劳动密集型产品分别增加0.071个、0.162个和0.153个百分点,说明日本援助对资源与技术密集型产品和劳动密集型产品进口促进效果较为明显。从日本官方发展援助对3类产品进出口促进效应回归结果对比来看,援助对资源密集型产品的出口促进效应明显高于进口效应,对劳动密集型产品的进口促进效应明显高于出口效应,对资本与技术密集型产品的进口促进效应略高于出口效应。

日本援助影响双边贸易规模存在产品类别的异质性,体现为援助的贸易结构效应。首先,援助促进资本与技术密集型产品的出口、进口效应最为明显,主要是因为日本援助促进双边进出口的因素与资本与技术密集型产品最为相关,如工程援助、优惠贸易条件等因素都能促进资本与技术密集型产品的进出口。其次,援助对资源密集型产品的出口促进效应明显高于进口效应,是由于日本对东盟实物援助主要以初级产品为主,且"束缚性"援助、工程援助等均包含部分资源密集型产品,而日本历年对东盟此类产品的出口均不足7%,但从东盟进口此类产品却在30%左右,因此回归结果出现出口效应强于进口效应。最后,援助对劳动密集型产品的进口促进效应明显高于出口效应,可能的原因是日本对外援助与边际产业转移相关,边际产业产品回流主要以劳动密集型产品为主。

表 7-7　日本对东盟援助的贸易结构效应回归结果

变量	(1) ln*Export_Res*	(2) ln*Export_ct*	(3) ln*Export_lab*	(4) ln*Import_Res*	(5) ln*Import_ct*	(6) ln*Import_lab*
ln*oda_gross*	0.114 * (1.778)	0.152 *** (3.814)	0.113 *** (2.897)	0.071 * (1.704)	0.162 ** (2.544)	0.153 *** (4.027)
ln*gdpper*2015	1.458 *** (5.536)	2.046 *** (13.491)	2.324 *** (15.389)	3.303 *** (13.384)	2.850 *** (7.923)	0.994 *** (6.503)
cpi	−0.111 (−0.245)	0.055 (0.207)	−0.055 (−0.207)	0.298 (1.066)	0.329 (0.745)	0.432 (1.626)
ln*dist*	0.040 (0.102)	−0.185 (−0.568)	−0.765 *** (−2.898)	−1.753 *** (−4.959)	−1.444 *** (−3.075)	1.476 *** (5.788)
Trade_free	0.030 *** (3.655)	0.006 (0.972)	0.007 (1.477)	0.013 * (1.816)	0.014 (1.383)	0.008 * (1.825)
Openness	0.010 *** (4.047)	0.001 (0.429)	0.002 (1.448)	−0.008 *** (−3.775)	0.006 ** (2.307)	0.003 * (1.949)
wgi	0.651 * (1.682)	0.075 (0.348)	0.026 (0.126)	−0.602 ** (−2.030)	0.884 ** (2.025)	0.091 (0.464)
resource_rent	−0.062 ** (−2.090)	0.024 (1.541)	−0.000 (−0.007)	0.128 *** (6.198)	−0.034 (−1.121)	0.013 (1.112)

续表

变量	(1) lnExport_Res	(2) lnExport_ct	(3) lnExport_lab	(4) lnImport_Res	(5) lnImport_ct	(6) lnImport_lab
resource_land	0.071 *** (3.301)	0.094 *** (11.770)	0.094 *** (12.600)	0.057 *** (4.774)	0.151 *** (8.593)	0.085 *** (10.739)
infra	0.022 *** (2.955)	−0.006 (−1.276)	0.003 (0.739)	0.006 (1.091)	0.014 * (1.751)	−0.000 (−0.003)
infra_internet	0.011 * (1.858)	0.004 (0.924)	−0.001 (−0.168)	0.005 (1.119)	0.011 (1.573)	0.009 ** (2.294)
常数	8.219 ** (2.123)	18.653 *** (5.710)	24.187 *** (8.642)	38.981 *** (9.743)	30.277 *** (5.581)	−3.264 (−1.268)
年份固定效应	是	是	是	是	是	是
样本量	152	152	152	152	152	152

注:括号中为 t 统计量; $* p<0.1$、$** p<0.05$、$*** p<0.01$。

(三)贸易多样性和贸易技术复杂度效应

日本对东盟援助的贸易多样性效应表现在日本对外援助对日本对东盟出口、进口商品的赫芬达尔指数的影响。日本对东盟援助的贸易技术复杂度效应主要表现在日本对外援助对日本对东盟出口、进口的 HS1992 分类标准六分位商品的技术复杂度指数的影响。贸易多样性模型同基准模型,贸易技术复杂度模型见式(7-12):

$$\text{lntrade}_{it} = \alpha \ln ODA_{it} + \sum_k \beta_k C_{it} + \gamma_0 + (r_t) + \varepsilon_{it} \qquad (7-12)$$

表 7-8 为贸易多样性和技术复杂度效应的回归结果,模型(1)和模型(2)分别为日本援助的出口、进口多样性效应,模型(3)和模型(4)分别为日本援助的出口、进口技术复杂度效应。从贸易多样性回归结果来看,模型(1)中援助的系数为负,且在 5% 的显著性水平上通过检验,说明日本对外援助能促进日本对东盟出口多样性水平。模型(2)中日本对外援助对进口多样性影响为正,但未通过 10% 的显著性水平检验,说明日本援助对日本从东盟受援国的进口多样化没有显著影响。这是因为,日本对东盟援助中的"束缚性"援助使

日本对东盟出口的产品种类更加多样,而日本从东盟国家进口的产品仍主要集中于资本与技术密集型产品,援助并未对进口产品多样化产生显著影响。

从贸易技术复杂度回归结果来看,援助对出口、进口技术复杂度的影响显著为正,且对出口技术复杂度的影响在1%的显著性水平上通过检验,对进口技术复杂度的影响在10%的显著性水平上通过检验。具体而言,日本对东盟援助每增加1%,日本对东盟出口产品技术复杂度提高0.007%,日本从东盟进口产品技术复杂度提高0.013%,影响效果明显高于前者。究其原因主要在于,日本对东盟援助与边际产业转移密切相关,日本对外援助有助于改善东盟国家的工业体系,因此促进了东盟各国对技术含量较高产品的出口和日本转移劳动密集型产业的产品回流,同时"束缚性"援助又会增加日本对东盟技术含量较高产品的出口。

表7-8　日本对东盟援助的贸易多样性和技术复杂度效应回归结果

变量	(1) *hhi_export*	(2) *hhi_import*	(3) ln*expy*	(4) ln*impy*
ln*oda_gross*	−0.008 ** (−2.133)	0.003 (0.950)	0.007 *** (3.398)	0.013 * (1.928)
ln*gdpper*2015	−0.013 (−0.460)	−0.225 *** (−9.164)	0.045 *** (5.116)	0.294 *** (12.127)
cpi	−0.006 (−0.146)	−0.022 (−0.706)	−0.024 * (−1.710)	−0.189 *** (−4.709)
ln*dist*	−0.101 *** (−2.815)	0.205 *** (3.608)	−0.021 (−1.056)	0.290 *** (3.338)
Trade_free	−0.001 * (−1.853)	−0.001 (−1.600)	0.002 *** (5.055)	0.003 *** (4.837)
Openness	−0.000 (−0.623)	0.001 *** (5.487)	0.000 (1.507)	0.001 *** (6.224)
wgi	−0.027 (−0.973)	0.003 (0.110)	0.016 (1.457)	0.174 *** (5.683)
resource_rent	0.010 *** (4.505)	−0.007 *** (−3.333)	−0.001 (−1.010)	−0.002 (−0.814)

续表

变量	（1） hhi_export	（2） hhi_import	（3） lnexpy	（4） lnimpy
resource_land	0.000 （0.076）	−0.001 （−0.563）	0.002*** （3.998）	0.004*** （3.928）
infra	−0.002*** （−2.962）	0.001 （1.297）	−0.001*** （−4.363）	−0.001 （−1.589）
infra_internet	−0.000 （−0.554）	0.001 （1.435）	0.000 （1.521）	−0.000 （−0.222）
常数	1.323*** （3.553）	−2.674*** （−4.922）	9.930*** （49.714）	8.449*** （10.460）
年份固定效应	是	是	否	否
样本量	152	152	152	152

注:括号中为 t 统计量; $* p<0.1$、$** p<0.05$、$*** p<0.01$。

四、日本对东盟异质性援助的双边贸易规模效应

本部分将日本对东盟官方发展援助按照援助方式和援助领域的不同分为不同类型,分别探究其对日本与东盟国家双边贸易总额效应的影响,进而实现从不同维度详细探究异质性援助的贸易促进效应。

（一）不同方式援助的贸易规模效应

根据援助方式的不同,日本官方发展援助可以分为赠予和政府贷款,赠予又包含技术援助和无偿资金援助,政府贷款包括政府贷款和海外投融资,而日本对东盟海外融资形式援助份额很小且数据缺失严重,此处不予考虑。不同方式援助的贸易规模效应主要体现在日本赠予类援助和政府贷款援助对日本与东盟国家贸易规模的影响。模型同基准模型式(7-10)。

表7-9为不同方式援助的贸易规模效应的回归结果,模型(1)、模型(2)和模型(3)分别表示日本总体援助、赠予类援助和政府贷款的双边贸易规模效应。从回归结果来看,不同方式援助变量系数为正,且均在1%的显著性水

平上通过检验,日本总体援助的贸易促进效应明显高于赠予类援助和政府贷款。具体而言,总体援助额每增加 1 个百分点,双边贸易总额增加 0.136 个百分点;赠予类援助每增加 1 个百分点,双边贸易总额增加 0.075 个百分点;政府贷款每增加 1 个百分点,双边贸易总额增加 0.058 个百分点。总体援助的贸易促进效应高于两种不同类型援助的贸易促进效应,一方面可能是因为未考虑的海外股权投资类型援助的贸易促进效应很高,但由于数据缺失问题我们无法验证这一点;另一方面是总体援助规模较大,因此贸易对其弹性相对较高。赠予类援助对双边贸易规模的影响高于政府贷款,一方面是由于日本对东盟援助主要以政府贷款为主,政府贷款占比极高致使双边贸易对其的弹性相对较低;另一方面是赠予类援助无须考虑逐年累计的贷款偿付问题,且其包含的技术援助对资本与技术密集型和劳动密集型等产品的贸易促进作用显著,因此最终表现为其贸易促进效应较高。

表 7-9　不同方式援助的贸易规模效应回归结果

变量	（1） ln*Trade_total*	（2） ln*Trade_total*	（3） ln*Trade_total*
ln*oda_gross*	0.136 *** （3.582）		
ln*oda_grant*		0.075 *** （2.848）	
ln*oda_loan*			0.058 *** （2.900）
ln*gdpper*2015	2.016 *** （14.261）	2.932 *** （19.849）	2.041 *** （15.015）
cpi	0.137 （0.548）	0.042 （0.265）	0.077 （0.341）
ln*dist*	−0.089 （−0.362）	1.577 *** （6.207）	0.797 *** （2.993）
Trade_free	0.005 （1.045）	0.005 （1.401）	0.008 （1.582）

续表

变量	（1） ln*Trade_total*	（2） ln*Trade_total*	（3） ln*Trade_total*
Openness	0.001 （0.669）	-0.000 （-0.252）	0.002 （1.291）
wgi	-0.084 （-0.427）	-0.451*** （-2.712）	-0.195 （-0.977）
resource_rent	0.014 （1.044）	0.034*** （3.237）	0.014 （1.079）
resource_land	0.074*** （9.665）	0.183*** （16.929）	0.088*** （11.749）
infra	0.001 （0.134）	0.006 （1.632）	-0.001 （-0.324）
infra_internet	0.005 （1.397）	0.008*** （3.304）	0.006* （1.652）
常数	19.055*** （7.503）	9.892*** （4.446）	11.657*** （4.501）
年份固定效应	是	是	是
样本量	152	152	152

注：括号中为 t 统计量；* $p<0.1$、** $p<0.05$、*** $p<0.01$。

（二）不同领域援助的贸易规模效应

根据援助领域的不同,援助可以分为社会基础设施与服务领域援助、经济基础设施与服务领域援助、生产部门和多部门领域援助等。考虑到日本对东盟国家部分领域援助数据严重缺失,本部分不同领域援助的贸易规模效应主要探究日本对东盟社会、经济基础设施与服务领域援助和生产部门、多部门领域援助对双边贸易规模的影响。模型同基准模型式（7-10）。

表7-10为不同领域援助贸易规模效应回归结果,模型（1）、模型（2）、模型（3）和模型（4）分别表示社会、经济基础设施与服务、生产部门、多部门领域援助的贸易规模效应。从回归结果整体来看,不同援助领域援助的系数均为正,且均在1%的显著性水平上通过了检验,说明不同领域援助均能显著促进

双边贸易规模,生产部门领域援助的贸易促进效应明显高于其余 3 个领域援助的贸易促进效应,而经济基础设施与服务领域援助的贸易促进效应最低。具体而言,社会基础设施与服务领域援助每增加 1 个百分点,双边贸易总额增加 0.108 个百分点;经济基础设施与服务领域援助每增加 1 个百分点,双边贸易总额增加 0.050 个百分点;生产部门领域援助每增加 1 个百分点,双边贸易总额增加 0.154 个百分点;多部门领域援助每增加 1 个百分点,双边贸易总额增加 0.094 个百分点。

生产部门领域援助对双边贸易规模的促进作用最大,一方面,可以从日本对东盟援助间接促进双边贸易机制分析中找出原因,生产部门援助(CRS 代码 300)中包含贸易政策和管理援助(CRS 代码 331),可以显著促进受援国贸易便利化水平从而扩大双边贸易规模;另一方面,日本对东盟援助中生产部门援助占比相对较低,因此贸易规模对其弹性相对也较高。经济基础设施与服务领域援助的贸易促进效应最低,这说明日本对东盟援助间接促进双边贸易机制中的提高基础设施质量、降低贸易成本效应也较低,可能的原因是基础设施质量代理变量的中介效应在模型(2)中相对较高,致使经济基础设施与服务领域援助的系数被明显低估,也可能是与日本贸易规模较小的基础设施质量较差的东盟国家接受了该领域较多的援助,还可能是日本对东盟援助中经济基础设施与服务领域援助占比很高,因此贸易规模对其的弹性相对较低。

表 7-10　不同领域援助的贸易规模效应回归结果

变量	(1) ln*Trade_total*	(2) ln*Trade_total*	(3) ln*Trade_total*	(4) ln*Trade_total*
ln*oda_sis*	0.108*** (2.645)			
ln*oda_eis*		0.050*** (2.971)		

变量	（1） ln*Trade_total*	（2） ln*Trade_total*	（3） ln*Trade_total*	（4） ln*Trade_total*
ln*oda_prod*			0.154*** （4.041）	
ln*oda_mc*				0.094*** （3.138）
ln*gdpper*2015	2.067*** （16.528）	1.759*** （14.475）	1.886*** （12.110）	1.899*** （11.555）
cpi	−0.042 （−0.290）	0.109 （0.858）	−0.152 （−0.613）	0.209 （0.854）
ln*dist*	−1.476*** （−6.589）	2.131*** （9.026）	2.218*** （5.952）	1.841*** （5.735）
Trade_free	0.009** （2.359）	0.008** （1.988）	0.013** （2.483）	0.002 （0.326）
Openness	0.003*** （2.841）	−0.002 （−1.263）	0.003* （1.744）	0.002 （1.089）
wgi	0.448** （2.556）	0.500*** （3.170）	0.693*** （2.850）	0.222 （0.936）
resource_rent	0.001 （0.113）	−0.007 （−0.655）	0.007 （0.435）	0.002 （0.119）
resource_land	0.100*** （15.297）	0.076*** （13.181）	0.123*** （16.926）	0.110*** （15.511）
infra	0.003 （0.765）	0.003 （0.880）	0.005 （0.976）	0.011** （2.042）
infra_internet	0.010*** （3.068）	0.007** （2.355）	0.011*** （3.370）	0.006 （1.475）
常数	30.623*** （13.883）	−0.330 （−0.166）	−1.548 （−0.545）	2.498 （0.848）
年份固定效应	是	是	是	是
样本量	152	152	152	152

注：括号中为 t 统计量；* $p<0.1$、** $p<0.05$、*** $p<0.01$。

五、日本对东盟援助促进双边贸易效应的进一步分析

前文详细探究了日本对东盟援助的贸易规模、贸易结构、贸易多样性和技

术复杂度效应,并进一步分析了异质性援助的贸易规模效应,本部分在此基础上进一步探讨核心解释变量的内生性以保证实证结果的稳健性,日本对东盟援助促进双边贸易的国家异质性以探究其可能的来源,以及日本对东盟援助促进双边贸易的间接机制中基础设施质量的中介效应以明确对外援助促进双边贸易的渠道作用。

(一)内生性讨论和稳健性分析

在上述模型中,首先,我们通过控制年份固定效应以及尽可能多的控制变量(实际人均国内生产总值、汇率、人口加权的地理距离、贸易自由度、政府治理水平、自然资源禀赋和基础设施质量),在一定程度上减少了遗漏变量等原因可能带来的内生性问题。其次,从理论分析角度,援助和贸易之间可能存在的双向因果关系也可能使上述实证过程存在内生性问题,诺瓦克·雷曼等(Nowak-Lehmann,2013)①指出,为了激励受援国有效地利用援助资源,援助国往往倾向于给出口表现较好的受援国提供更多的对外援助,因而援助和贸易之间可能存在双向因果关系。最后,从统计检验角度无法判定援助变量是否是内生性变量,我们利用异方差条件下的杜宾—吴德明—豪斯曼(Durbin-Wu-Hausman,DWH)方法检验核心解释变量的内生性。结果显示,在日本对东盟援助支出总额对双边贸易总额的模型中,在1%的显著性水平上拒绝"所有解释变量均为外生"的原假设,但在戴维森—麦金农检验(Davidson-MacKinnon test)、内生性检验(Endogeneity test)中均无法拒绝援助变量是外生的,只能说明核心解释变量可能存在内生性。鉴于上述模型中援助变量内生性理论分析和统计检验存在不一致,核心解释变量的内生性问题可能导致结果的不稳健,本节在此部分以缓解其内生性的实证处理方法作为稳健性检验的一部分。

---

① Nowak-Lehmann, Felicitas, et al., "Does Foreign Aid Promote Recipient Exports to Donor Countries?", *Review of World Economics*, Vol.149, 2013, pp.505–535.

　　一方面,为缓解核心解释变量可能的内生性,同时考虑到援助对贸易影响可能存在的滞后性,选取援助变量滞后一期替代当期值进行回归作为稳健性分析。张原(2018)①研究发现,援助在传导至经济增长时可能存在滞后性,援助的作用一般具有滞后二期性,因此将援助变量的滞后二期也纳入稳健性分析中。对外援助对贸易影响可能存在滞后性的原因是日本对东盟的援助主要集中在经济基础设施与服务领域以及社会基础设施与服务领域,而对生产部门的援助相对较少,在经济基础设施与服务和社会基础设施与服务领域的援助并不是直接与贸易相关,因此不能在很短的时间内作用于双边贸易,而是通过改善东盟的硬件设施与软件环境,为开展双边贸易提供便利条件,促进日本与东盟之间的进出口贸易,但是从开始援助基础设施建设到基础设施的改善可能需要一定时间,从而出现了援助对贸易作用的滞后效应。

　　另一方面,选取合适的工具变量进行回归,合适的工具变量必须同时满足外生性和相关性,即工具变量对被解释变量没有直接影响,但与核心解释变量高度相关,能够通过影响内生变量间接作用于被解释变量。贝勒马尔等(Bellemare 等,2017)②指出,当模型存在不可观测的因素时,如果能同时满足以下两个条件:(1)不可观测因素不存在序列相关;(2)内生变量是平稳的自回归过程,则可以用内生变量的滞后项作为内生变量的工具变量。第一个条件我们可以假定其能够得到满足,一是可能的内生性问题主要是由反向因果造成的,而遗漏的、无法观测的因素相对影响较少;二是该因素不可观测,我们无法检验其是否满足不存在序列相关的假设,虽然上文中根据伍德里奇(Wooldridge,2001)③方法检查了模型中存在组内自相关问题,但序列相关并

---

① 张原:《中国对"一带一路"援助及投资的减贫效应——"授人以鱼"还是"授人以渔"》,《财贸经济》2018 年第 12 期。

② Bellemare,Marc F.,Takaaki Masaki,and Thomas B.Pepinsky,"Lagged Explanatory Variables and the Estimation of Causal Effect",*The Journal of Politics*,Vol.79,No.3,2017,pp.949-963.

③ Wooldridge,Jeffrey M.,*Econometric Analysis of Cross Section and Panel Data*,The MIT Press,2001.

不强烈。第二个条件在上文面板单位根检验过程中已经得到满足,核心解释变量不存在面板单位根,是平稳的自回归过程。因此本节首先选取援助变量的滞后一阶作为其工具变量之一。其次,受援国婴儿死亡率与对外援助高度相关,这也符合经济合作与发展组织发展援助委员会实施对外援助的意图。一方面,日本可能因为东盟国家婴儿死亡率过高而增加对其的援助金额;另一方面,日本在社会基础设施与服务等领域的援助增加可能会改善医疗卫生条件,从而使东盟各国婴儿死亡率降低,东盟受援国婴儿死亡率短期内不会对该国贸易规模等造成直接影响。因此,我们使用受援国婴儿死亡率作为援助变量的又一工具变量,但注意到经济合作与发展组织发展援助委员会开展对外援助时对婴儿死亡率的考虑仅为其中一个方面,与援助的相关性较弱,其作为工具变量可能存在弱工具变量问题,需要进一步检验和调整估计方式。

最终,本部分一方面使用援助变量的滞后项作为核心解释变量进行回归以缓解内生性问题;另一方面选择了合适的工具变量进行回归,以验证前文基准回归结论的稳健性。

表7-11为日本对东盟援助的双边贸易规模效应稳健性回归结果,模型(1)和模型(2)分别为以援助变量的滞后一期和滞后二期替代当期值作为核心解释变量的全面广义最小二乘;模型(3)为以援助变量的滞后一期作为核心解释变量的工具变量的两阶段最小二乘(Two Stage Least Squares,2SLS)回归;模型(4)为以援助变量的滞后一、二期和三期作为其工具变量的广义矩估计(Generalized Method of Moments,GMM);模型(5)为考虑模型中存在不随时间变化的变量,假设所有解释变量与误差项不相关,且部分解释变量与国家个体效应不相关的扩展的豪斯曼—泰勒(Hausman-Taylor)模型,即阿米米亚—麦柯迪(Amemiya-MaCurdy)估计模型;模型(6)为以受援国婴儿死亡率作为援助变量的工具变量的混合效应有限信息最大似然法(Limited Information Maximum Likelihood,LIML)。从回归结果整体来看,援助的系数均为正,模型

(3)和模型(5)的援助变量在5%的显著性水平上通过检验,其余模型中援助变量均在1%的显著性水平上通过了检验,说明基准回归中日本对东盟援助显著促进双边贸易规模的结论相当稳健。所有工具变量均通过识别不足、弱工具变量检验;模型(4)工具变量通过了过度识别约束检验,汉森·J统计量(Hansen J statistic)为0.500,对应p值为0.779;模型(4)和模型(6)通过了解释变量内生性检验,而模型(5)未通过该检验,但其杜宾—吴德明—豪斯曼检验中在1%的显著性水平上拒绝"所有解释变量均为外生"的原假设,也可以说明援助变量可能是内生的。

具体而言,模型(1)和模型(2)相对于其余模型而言,核心解释变量援助的系数与基准回归中援助变量的系数差异不大,证明基准模型是稳健的,且在缓解内生性后,援助促进双边贸易规模的作用更大了,其余模型援助的系数均高于基准回归系数。模型(3)中核心解释变量援助变量的系数与基准回归中最为接近,说明在采用援助变量的滞后一期作为工具变量缓解内生性后,对外援助的贸易促进效应略大,也能很好地证明基准模型的稳健性。模型(4)中援助变量系数进一步增大,其选用援助变量的滞后一、二、三期作为工具变量且采用广义矩估计方法,结果相对更加有效,因此说明在解决内生性后,对外援助的贸易促进效应更加显现。模型(5)中援助变量的系数相对基准回归变小了,可能的原因是我们的原假设中部分解释变量与国家个体效应存在相关问题且采用了固定效应的回归方式,从而造成回归结果的差异,可能存在对援助贸易促进效应的低估。模型(6)以婴儿死亡率作为工具变量,从理论分析中存在严重的弱工具变量问题,虽然选用有限信息最大似然法调整,但仍与基准回归系数差异较大,且采用了混合效应的回归方式,可能高估了援助的贸易促进效应。需要指出的是,上述模型采用的估计方法与基准回归模型存在差异,这也可能是核心解释变量、控制变量等的系数存在差异的部分原因,但整体而言基准回归的结论稳健。

表 7-11　日本对东盟援助的贸易规模效应稳健性检验回归结果

变量	（1）lagFGLS	（2）lag2FGLS	（3）ivlag1	（4）ivlag3	（5）htaylor	（6）iv2
ln*oda_gross*			0.141 ** (2.238)	0.207 *** (3.539)	0.084 ** (2.336)	1.873 *** (6.203)
L. ln*oda_gross*	0.182 *** (3.745)					
L2. ln*oda_gross*		0.170 *** (4.345)				
ln*gdpper*2015	2.150 *** (11.635)	2.410 *** (11.493)	2.919 *** (6.493)	3.072 *** (5.358)	2.711 *** (10.738)	1.971 *** (4.103)
cpi	0.077 (0.229)	0.090 (0.345)	−0.327 (−0.670)	−0.130 (−0.268)	−0.406 * (−1.720)	−3.230 *** (−3.514)
ln*dist*①	1.314 *** (4.540)	2.519 *** (8.951)			−0.989 (−0.268)	2.016 *** (3.028)
Trade_free	0.015 ** (2.480)	0.014 ** (2.367)	0.009 * (1.708)	0.007 (1.175)	0.010 ** (2.065)	0.035 ** (2.024)
Openness	−0.001 (−0.526)	−0.003 ** (−1.975)	0.007 *** (4.164)	0.006 *** (3.327)	0.008 *** (5.266)	0.006 (1.562)
wgi	−0.009 (−0.036)	0.199 (0.827)	−0.376 * (−1.773)	−0.766 *** (−3.324)	−0.135 (−0.737)	−1.806 * (−1.650)
resource_rent	0.004 (0.284)	0.022 (1.468)	0.056 *** (3.648)	0.051 *** (2.831)	0.049 *** (4.290)	−0.060 (−1.140)
resource_land	0.116 *** (12.066)	0.178 *** (14.370)	−0.051 (−1.512)	−0.082 ** (−2.018)	−0.003 (−0.091)	−0.005 (−0.192)
infra	0.003 (0.488)	0.003 (0.637)	−0.000 (−0.070)	0.000 (0.003)	0.000 (0.013)	−0.002 (−0.123)
infra_internet	0.007 (1.596)	0.007 * (1.862)	−0.003 (−1.112)	−0.003 (−1.024)	−0.004 * (−1.883)	0.036 *** (3.202)
常数	6.939 ** (2.443)	−1.933 (−0.755)	—	—	31.615 (1.019)	−7.767 (−1.412)
识别不足检验	—	—	34.839 [0.000]	28.187 [0.000]	—	14.510 [0.000]
弱工具变量检验	—	—	53.490 {16.38}	18.816 {9.08}	—	23.467 {16.38}

————————

①　模型（3）和模型（4）采用的回归方式会忽略不随时间变动的变量。

续表

变量	(1) lagFGLS	(2) lag2FGLS	(3) ivlag1	(4) ivlag3	(5) htaylor	(6) iv2
内生性检验	—	—	1.132 [0.287]	4.802 [0.028]	—	23.596 [0.000]
年份固定效应	是	是	否	否	否	否
样本量	144	136	144	128	152	152

注:括号中为 t 统计量;* $p<0.1$、** $p<0.05$、*** $p<0.01$。识别不足检验的统计量为 Kleibergen-Paaprk LM 统计量,弱工具变量检验的统计量为 Cragg-Donald Wald F 统计量,中括号内为统计量对应的 p 值,大括号内为 Stock-Yogo weak ID test critical value 在10%的置信水平下的临界值。

(二)考虑国家异质性的分样本回归分析

考虑日本对外援助贸易促进效应的国家异质性,首先,将选定的东盟样本国家按加入东盟先后顺序划分为东盟老4国(包括印度尼西亚、菲律宾、马来西亚和泰国)和新4国(包括越南、柬埔寨、老挝和缅甸)两个子样本进行分组回归和对比分析。

表7-12为东盟老4国和新4国两组样本间各变量的均值差异 t 检验,从表中可以看出,两个子样本观测数相同,双边贸易规模代理变量和核心解释变量均值在1%的显著性水平上存在差异,因此按照此维度划分样本具有合理性。

表7-12　东盟老4国和新4国的组间变异差异

变量	东盟老4国		东盟新4国		组间差异	
	样本数	均值	样本数	均值	均值差值	t 值
ln*Trade_total*	76	10.351	76	6.870	3.481***	14.512
ln*Export_total*	76	9.569	76	6.041	3.528***	15.125
ln*Import_total*	76	9.698	76	6.229	3.469***	13.584
ln*oda_gross*	76	5.886	76	5.240	0.646***	3.471
ln*gdpper*2015	76	−5.459	76	−6.691	1.232***	15.298
cpi	76	1.027	76	1.025	0.001	0.028

续表

变量	东盟老4国		东盟新4国		组间差异	
	样本数	均值	样本数	均值	均值差值	t 值
ln*dist*	76	8.366	76	8.315	0.051*	1.804
Trade_free	76	76.757	76	67.174	9.583***	8.239
Openness	76	88.680	76	91.919	−3.239	−0.439
wgi	76	−0.171	76	−0.899	0.728***	12.005
resource_rent	76	4.836	76	6.850	−2.014***	−3.116
resource_land	76	16.279	76	16.264	0.015	0.011
infra	76	37.730	76	23.157	14.574***	4.959
infra_internet	76	34.314	76	17.793	16.521***	4.464

注：* $p<0.1$、** $p<0.05$、*** $p<0.01$。

表 7-13 为东盟老 4 国和新 4 国分组回归结果。模型(1)、模型(2)和模型(3)分别代表日本对东盟老 4 国援助双边贸易总体规模效应、出口规模效应和进口规模效应；模型(4)、模型(5)和模型(6)分别代表日本对东盟新 4 国双边贸易总体规模效应、出口规模效应和进口规模效应。总体而言，日本对东盟新 4 国援助的贸易促进效应显著，援助变量系数均为正且均在 5% 的显著性水平上通过检验；而日本对东盟新 4 国援助影响双边贸易总体、出口和进口规模均不显著；这与日本对东盟援助与双边贸易关系初探中东盟整体国家间两者的相关关系比较一致。具体而言，从日本对东盟老 4 国援助的贸易促进效应回归结果来看，日本对外援助每增加 1 个百分点，双边贸易总额、出口总额和进口总额分别增加 0.114 个、0.178 个和 0.076 个百分点。造成两组回归结果核心解释变量援助变量系数显著性差异的原因，即国家异质性的来源可能是两组子样本国家经济发展水平的差异，表 7-12 中两组人均国内生产总值均值差异可以在一定程度上印证这一点，东盟新 4 国均是经济发展水平较低的国家，而日本对这些国家的经济援助更能促进双边贸易。

表 7-13　日本对东盟老 4 国和新 4 国援助的贸易促进效应分组回归结果

变量	东盟老 4 国			东盟新 4 国		
	（1）贸易总额	（2）出口总额	（3）进口总额	（4）贸易总额	（5）出口总额	（6）进口总额
lnoda_gross	−0.011 (−0.528)	−0.025 (−1.230)	−0.000 (−0.002)	0.114 ** (2.350)	0.178 ** (2.511)	0.076 ** (2.351)
lngdpper2015	−0.158 (−0.807)	−0.039 (−0.201)	−0.209 (−0.910)	2.071 *** (6.488)	2.564 *** (5.889)	1.600 *** (6.589)
cpi	0.181 (1.072)	0.548 *** (2.754)	0.062 (0.346)	−0.029 (−0.113)	0.016 (0.039)	0.041 (0.255)
lndist	0.916 *** (6.082)	0.542 *** (3.340)	1.118 *** (6.444)	−1.823 (−0.896)	−3.618 (−1.216)	−2.892 * (−1.799)
Trade_free	−0.008 ** (−2.126)	−0.005 (−1.405)	−0.007 * (−1.657)	0.005 (0.953)	−0.000 (−0.002)	0.006 (1.339)
Openness	0.004 *** (2.828)	0.007 *** (5.206)	0.002 (1.008)	−0.001 (−0.288)	−0.001 (−0.209)	−0.002 (−0.651)
wgi	−0.194 ** (−1.963)	−0.223 ** (−2.268)	−0.216 ** (−1.969)	−0.455 (−1.305)	−1.053 ** (−2.112)	−0.328 (−1.335)
resource_rent	0.043 *** (3.790)	0.011 (0.903)	0.072 *** (6.198)	0.088 *** (6.590)	0.103 *** (5.984)	0.080 *** (6.099)
resource_land	0.024 *** (7.385)	0.032 *** (10.069)	0.016 *** (4.409)	0.300 *** (14.660)	0.293 *** (9.889)	0.311 *** (16.911)
infra	0.011 *** (4.358)	0.008 *** (2.628)	0.013 *** (4.873)	0.006 (1.497)	0.000 (0.080)	0.008 ** (2.277)
infra_internet	−0.001 (−0.278)	−0.002 (−0.713)	0.000 (0.064)	0.001 (0.250)	−0.000 (−0.063)	0.003 (0.662)
常数	0.953 (0.422)	3.363 (1.448)	−1.609 (−0.607)	29.295 * (1.843)	46.076 ** (1.967)	34.546 *** (2.782)
年份固定效应	否	否	否	否	否	否
样本数	76	76	76	76	76	76

注:括号中为 t 统计量; * $p<0.1$、** $p<0.05$、*** $p<0.01$。

其次,为进一步验证上文中国家异质性来源于东盟国家间经济发展水平的差异这一结论,下面根据世界银行不同收入水平分类标准将东盟国家划分为中低、中高收入国家子样本,其中中低收入国家子样本包含柬埔寨、老挝和缅甸,中高收入国家子样本包含印度尼西亚、菲律宾、马来西亚、泰国和越南。通过分组回归和组间横向对比进一步找出日本对外援助的贸易促进效应国家异质性的来源。

表7-14为东盟中低收入国家和中高收入国家两组样本间各变量的均值差异 t 检验。从表中可以看出,双边贸易规模代理变量均值均在1%的显著性水平上存在差异;而两组核心解释变量援助变量的均值不存在显著差异,虽然多拉尔和伊斯特利(Dollar 和 Easterly,1999)提出经济援助更可能流向穷国,但从日本对东盟国家经济援助实践上看,日本对东盟援助并没有更加青睐于经济发展水平比较低的国家;且从人均国内生产总值均值来看两组经济发展水平较上文分组进一步拉大,因此按照此维度划分样本能够进一步验证国家异质性的来源。

表7-14　东盟中低、中高收入国家子样本的组间变量差异

变量	东盟中低收入国家		东盟中高收入国家		组间差异	
	样本数	均值	样本数	均值	均值差异	t 值
ln$Trade\_total$	95	7.460	57	10.526	-3.066***	-10.524
ln$Export\_total$	95	6.672	57	9.693	-3.021***	-10.322
ln$Import\_total$	95	6.795	57	9.911	-3.116***	-10.366
lnoda_gross	95	5.463	57	5.729	-0.266	-1.340
ln$gdpper2015$	95	-6.545	57	-5.292	-1.253***	-14.728
cpi	95	1.023	57	1.031	-0.007	-0.152
ln$dist$	95	8.248	57	8.496	-0.248***	-11.500
$Trade\_free$	95	69.246	57	76.496	-7.250***	-5.488
$Openness$	95	85.475	57	98.340	-12.865*	-1.705
wgi	95	-0.799	57	-0.095	-0.704***	-10.635
$resource\_rent$	95	5.735	57	6.024	-0.289	-0.420
$resource\_land$	95	16.628	57	15.675	0.953	0.658
$infra$	95	24.823	57	39.811	-14.988***	-4.935
$infra\_internet$	95	19.701	57	36.640	-16.939***	-4.427

注: * $p<0.1$、** $p<0.05$、*** $p<0.01$。

表7-15为东盟中低收入国家组和中高收入国家组分组回归结果。模型
(1)、模型(2)和模型(3)分别代表日本对东盟中低收入国家组援助的贸易总
体规模效应、出口规模效应和进口规模效应;模型(4)、模型(5)和模型(6)分
别代表日本对东盟中高收入国家组双边贸易总体规模效应、出口规模效应和
进口规模效应。总体而言,日本对东盟中低收入国家组援助的贸易促进效应
显著,援助变量系数均为正且在1%的显著性水平上通过检验;而日本对东盟
中高收入组援助影响双边贸易总体、出口和进口规模均不显著;这与日本对东
盟援助与双边贸易关系初探中东盟整体国家间两者的相关关系更为一致。具
体而言,从日本对东盟中低收入国家援助的贸易促进效应回归结果来看,日本
对外援助每增加1个百分点,双边贸易总额、出口总额和进口总额分别增加
0.154个、0.237个和0.104个百分点。由此进一步验证了核心解释变量援助
变量国家异质性的来源是两组子样本国家经济发展水平的差异。

表7-15　日本对东盟中低、中高收入国家组援助的贸易促进效应分组回归结果

变量	东盟中低收入国家			东盟中高收入国家		
	（1） 贸易总额	（2） 出口总额	（3） 进口总额	（4） 贸易总额	（5） 出口总额	（6） 进口总额
lnoda_gross	0.154*** (3.233)	0.237*** (3.738)	0.104*** (3.216)	0.013 (0.527)	-0.006 (-0.235)	0.025 (0.920)
ln$gdpper2015$	2.207*** (7.331)	2.372*** (6.125)	1.935*** (8.739)	0.762 (1.478)	0.437 (0.837)	0.515 (0.972)
cpi	0.037 (0.148)	0.231 (0.632)	0.000 (0.000)	-0.057 (1.425)	0.535 (1.425)	-0.111 (-0.329)
ln$dist$	-2.526*** (-2.896)	-4.412*** (-4.131)	-1.885*** (-2.702)	0.184 (0.059)	-0.050 (-0.016)	-1.612 (-0.493)
$Trade\_free$	0.009* (1.755)	0.007 (1.045)	0.007* (1.680)	-0.010* (-1.947)	-0.006 (-1.400)	-0.010* (-1.914)
$Openness$	0.001 (0.585)	0.002 (0.878)	0.002 (1.092)	-0.004** (-2.159)	0.003* (1.952)	-0.008*** (-3.540)
wgi	-0.445* (-1.700)	-0.752** (-2.290)	-0.223 (-1.036)	-0.261* (-1.825)	-0.301** (-2.076)	-0.253* (-1.683)

续表

变量	东盟中低收入国家			东盟中高收入国家		
	（1） 贸易总额	（2） 出口总额	（3） 进口总额	（4） 贸易总额	（5） 出口总额	（6） 进口总额
resource_rent	0.088 *** （6.621）	0.094 *** （5.773）	0.084 *** （6.929）	0.060 *** （4.695）	0.028 * （1.945）	0.094 *** （7.631）
resource_land	0.288 *** （18.956）	0.274 *** （15.650）	0.280 *** （16.874）	0.021 （1.059）	0.030 （1.479）	0.003 （0.120）
infra	0.001 （0.249）	−0.008 （−1.494）	0.004 （1.255）	0.012 *** （3.998）	0.010 *** （2.622）	0.014 *** （4.717）
infra_internet	−0.004 （−1.088）	−0.006 （−1.322）	−0.002 （−0.549）	−0.008 *** （−2.797）	−0.006 ** （−1.980）	−0.007 ** （−2.416）
常数	35.783 *** （5.940）	51.100 *** （7.204）	28.733 *** （5.708）	13.165 （0.541）	11.292 （0.469）	26.871 （1.054）
年份固定效应	未控制	未控制	未控制	未控制	未控制	未控制
样本数	95	95	95	57	57	57

注:括号中为 t 统计量; $* p<0.1$、$** p<0.05$、$*** p<0.01$。

最后,再进一步通过分样本中日本对东盟援助的贸易促进效应显著的东盟新4国和东盟中低收入国家组间纵向对比,明确日本对东盟国家援助的异质性来源。图7-4为东盟新4国和中低收入国家组子样本中核心解释变量援助变量系数的对比图,从图中可以明显看出,中低收入组子样本总体规模、出口规模和进口规模效应中援助变量系数均明显高于东盟新4国子样本的系数,且前者的系数显著性水平也高于后者,由此我们可以进一步明确得出日本对经济发展水平较低的国家开展对外援助更能促进与其的双边贸易规模的结论。

（三）间接作用机制的中介效应

本章第一节中分析了日本对外援助影响双边贸易的直接和间接机制,直接机制中的援助促进出口规模和影响贸易结构等均在上文实证分析中得以验证,本部分针对间接机制中的部分机制进行验证。考虑到间接机制中提及的

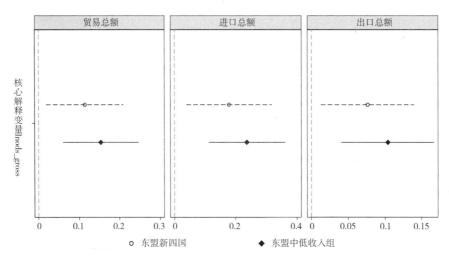

图 7-4　东盟新 4 国和中低收入组国家子样本回归援助变量系数对比

贸易成本、贸易部门生产能力、人力资本、政治互信和文化融合等代理变量选取困难和东盟国家此类数据的缺失等,本节仅对提高基础设施质量和促进贸易便利化这两种渠道效应进行验证,以明确此两种中介效应的实际效果。

首先,研究"对外援助—基础设施质量—贸易规模"的作用路径是否存在,我们在不考虑各种控制变量的情况下,选取变量中的 $infra$ 作为中介变量,构建中介效应模型见式(7-13)和式(7-14):

$$\begin{cases} \ln Trade\_total_{it} = \gamma\, \ln oda\_gross_{it} + \gamma_0 + \varepsilon_{it} \\ infra_{it} = \alpha\, \ln oda\_gross_{it} + \gamma_0 + \epsilon_{it} \\ \ln Trade\_total_{it} = \gamma'\, \ln oda\_gross_{it} + \beta\, infra_{it} + \gamma_0 + \delta_{it} \end{cases} \quad (7\text{-}13)$$

$$\begin{cases} \ln Trade\_total_{it} = \gamma\, \ln oda\_infra_{it} + \gamma_0 + \varepsilon_{it} \\ infra_{it} = \alpha\, \ln oda\_infra_{it} + \gamma_0 + \epsilon_{it} \\ \ln Trade\_total_{it} = \gamma'\, \ln oda\_infra_{it} + \beta\, infra_{it} + \gamma_0 + \delta_{it} \end{cases} \quad (7\text{-}14)$$

表 7-16 为中介效应模型回归结果,模型(1)中核心解释变量为日本对东盟援助支出总额;考虑到经济援助提高基础设施质量主要是基础设施与服务领域的援助在起主要作用,因此模型(2)中核心解释变量调整为日本对东盟

基础设施与服务领域的经济援助。Path A、Path B 和 Path C 为模型中的第一、第二和第三个方程的回归结果。总体而言,在不考虑其他控制变量的条件下,基础设施质量的中介效应显著,"官方发展援助→提高基础设施质量→扩大双边贸易规模"的作用路径真实存在,验证了间接机制中日本对东盟援助提高基础设施质量的渠道效应。具体而言,模型(1)和模型(2)中 α 和 β 的系数为正,且在 1% 的显著性水平上通过了检验,说明日本对东盟援助能够显著提高东盟国家的基础设施质量,从而扩大日本与东盟国家的双边贸易规模;模型(2)将核心解释变量调整为基础设施与服务领域的援助之后, α 值提高了近两倍,说明日本对东盟援助提高基础设施质量确实是基础设施与服务领域的援助在起主要作用;相对于模型(1),模型(2)中的基础设施质量中介效应占比由 21.42% 提高到 40.47%,更进一步说明日本对东盟基础设施与服务领域援助促进双边贸易的基础设施质量的中介效应。

表 7-16　机制检验:基础设施质量作为中介变量

中介变量为基础设施质量	(1)			(2)		
	Path A	Path B	Path C	Path A	Path B	Path C
infra			0.058 *** (8.84)			0.052 *** (6.30)
ln*oda_gross*	1.119 *** (8.77)	4.149 *** (3.21)	0.880 *** (8.21)			
ln*oda_infra*				1.061 *** (8.10)	8.263 *** (7.15)	0.632 *** (4.67)
其他控制变量	未控制	未控制	未控制	未控制	未控制	未控制
间接效应	0.239 *** [3.013]			0.430 *** [4.727]		
直接效应	0.880 *** [8.207]			0.632 *** [4.672]		
总效应	1.1195 *** [8.774]			1.061 *** [8.101]		
中介效应占比	21.42%			40.47%		

注:小括号中为 t 统计量,中括号内为 z 统计量; * $p<0.1$ 、** $p<0.05$ 、*** $p<0.01$ 。

在上述模型中加入诸多其他控制变量后,基础设施质量的中介效果不再显著,本书未将其回归结果列出。究其原因可能是基础设施中介变量选取不恰当,因此未能反映东盟国家基础设施水平整体情况,针对这一研究不足,后续希望能构建准确完整反映东盟国家基础设施状况的综合指标体系。

其次,为进一步分析"官方发展援助→贸易便利化→贸易规模"的作用路径是否存在,我们选取控制变量中的贸易自由度指数作为中介变量,构建中介效应模型。

$$\begin{cases} \ln Trade\_total_{it} = \gamma \ln oda\_gross_{it} + \gamma_0 + \varepsilon_{it} \\ mortal_{it} = \alpha \ln oda\_gross_{it} + \gamma_0 + \epsilon_{it} \\ \ln Trade\_total_{it} = \gamma^{'} \ln oda\_gross_{it} + \beta \, mortal_{it} + \gamma_0 + \delta_{it} \end{cases} \quad (7-15)$$

$$\begin{cases} \ln Trade\_total_{it} = \gamma \ln oda\_gross_{it} + \sum_{k} \beta_k C_{it} + \gamma_0 + \varepsilon_{it} \\ mortal_{it} = \alpha \ln oda\_gross_{it} + \sum_{k} \beta_k C_{it} + \gamma_0 + \epsilon_{it} \\ \ln Trade\_total_{it} = \gamma^{'} \ln oda\_gross_{it} + \beta \, mortal_{it} + \sum_{k} \beta_k C_{it} + \gamma_0 + \delta_{it} \end{cases} \quad (7-16)$$

表7-17为中介效应模型回归结果,模型(1)和模型(2)中核心解释变量均为日本对东盟援助支出总额,模型(2)相对于模型(1)在模型中增加了其他控制变量,以使中介效应结果更为稳健。Path A、Path B 和 Path C 为模型中的第一、第二和第三个方程的回归结果。总体而言,在不考虑其他控制变量的条件下,基础设施质量的中介效应显著,在控制其他控制变量的条件下,结果依然稳健,说明"官方发展援助→提高贸易便利化水平→扩大双边贸易规模"的作用路径真实存在,验证了间接机制中日本对东盟援助促进贸易便利化的渠道效应。具体而言,模型(1)和模型(2)中 α 和 β 的系数为正,且在1%的显著性水平上通过了检验,说明日本对东盟援助能够显著提高东盟国家的贸易便利化水平,从而扩大日本与东盟国家的双边贸易规模;模型(2)在控制其他控制变量后的 α 值虽有下降但幅度很小,贸易自由度中介效应占比也由

20.46%略有下降,但占比仍达 16.07%,说明在日本对东盟援助对双边贸易的促进作用中,有 16.07%是通过提高受援国贸易便利化水平间接实现的。

表 7-17 日本对东盟援助的贸易促进效应的贸易便利化中介效应估计结果

中介变量为贸易自由度指数	（1）			（2）		
	Path A	Path B	Path C	Path A	Path B	Path C
Trade_free			0.138*** (9.77)			0.080*** (7.65)
ln*oda_gross*	1.119*** (8.77)	1.655*** (2.87)	0.890*** (8.67)	0.836*** (10.53)	1.683*** (3.12)	0.702*** (10.15)
其他控制变量	未控制	未控制	未控制	控制	控制	控制
间接效应		0.229*** [2.756]			0.134*** [2.886]	
直接效应		0.890*** [8.673]			0.702*** [10.145]	
总效应		1.120*** [8.774]			0.836*** [10.531]	
中介效应占比		20.46			16.07	

注:小括号中为 *t* 统计量,中括号内为 *z* 统计量; *p*<0.1、** *p*<0.05、*** *p*<0.01。

需要特别说明的是,上述两种中介效应模型的回归方法(混合普通最小二乘)与本节基准回归(全面广义最小二乘)存在差异,在基准回归中,上述中介变量系数均不十分显著,将其作为控制变量纳入模型中未造成核心解释变量的严重低估,因此基准回归的结果依然稳健。

第八章 日本对东盟经济援助对
双边投资关系的影响

本章研究设计如下:首先分析日本对东盟经济援助影响日本对东盟受援国直接投资的机理机制;其次构建日本对外援助影响对东盟受援国直接投资的实证模型;再次分别从整体阶段和分阶段角度实证分析日本对东盟经济援助对日本对东盟直接投资的影响;复次进行异质性分析,实证分析日本对东盟不同方式援助的直接投资效应和日本对东盟援助直接投资效应的国家异质性;并进一步对上述基准回归结果进行内生性讨论和稳健性等相关检验;最后对部分日本援助影响日本对东盟直接投资的机制进行验证。

第一节 日本对东盟经济援助影响
直接投资的作用机制

日本对东盟经济援助影响日本对东盟直接投资的内在逻辑与作用机理分析,可以从援助的具体领域方面入手。根据对外援助领域不同,援助可以分为社会基础设施与服务援助、经济基础设施与服务援助、生产性部门援助和多部门援助等。通过分析援助领域的具体特征及对直接投资的影响可以梳理出日本对东盟援助影响直接投资的机制。本部分主要从对外援助的东道国基础设施改善效应、促进生产部门生产能力效应、人力资本提升效应、政府治理改善效应、促进民心相通效应5个方面剖析对外援助影响对外直接投资的作用机理。

此外,也有不少学者得出援助不利于直接投资或援助对直接投资没有显著的影响,例如多拉尔和伊斯特利(1999)、哈姆斯和卢茨(2006)的实证研究都表明,援助不利于受援国的外商直接投资流入或者是对其流入没有显著的影响。这是因为将整个援助时期看作一个整体可能分为不同的阶段,一国开展对外援助的初期,受援国国内基础设施等状况处于破败不堪的局面,对外援助可以通过上述各种渠道传导到直接投资领域,从而显著地促进援助国对受援国的直接投资;接下来的一个时期受援国充分利用援助金额使基础设施条件状况改善明显,与此同时,部分援助金额流入的领域对援助国对受援国的直接投资产生了挤出效应,因此从整体阶段来看,援助可能会呈现出不显著促进受援国外商直接投资流入的情况,随着这一情况的加剧,援助金额持续挤占直接投资份额,甚至出现援助不利于外商直接投资流入的情况。因此本章后续实证设计部分将充分考虑此类情况,划分为不同的时期分析这一问题。

一、基础设施改善效应

根据世界银行的定义,基础设施是"永久性的工程构筑、设备、设施和它们所提供的为居民所用和用于经济生产的服务",也即通常所说的经济基础设施,主要包括交通运输、通信、电力、水利及市政基础设施等。基础设施可以作为生产资本的补充要素,为生产资本的运作提供必要的支持。对外投资企业在海外投资目的地进行生产活动需要使用交通、能源、邮电通信等基础设施,东道国完善的基础设施及服务能减少外资企业的经营成本,如良好的交通基础网络可以降低区域间商品流动的成本,完善的通信基础设施可以免去外商在投资目的地自行建立通信系统的"先行成本",促进母公司与子公司信息的快速收集与通畅交流。因此,东道国的基础设施水平是影响外商直接投资流入的重要因素。基础设施行业多数属于投资巨大、回收期长的资本密集型自然垄断行业,而大部分的基础设施服务是具有非排他性、非竞争性的公共产品,私人资本没有能力或没有激励去投资基础设施建设。因此,作为公共产品的基础设施的产品和服务由政府提供。

日本对东盟国家的经济援助成为东盟发展中国家基础设施建设良好的外部资金来源,而且基础设施援助通常是捆绑性项目援助,不宜挪作他用,其产出易于监测和评价,这些都保证了基础设施援助投入的产出效益。第三章分析表明,在日本对东盟国家的援助中,经济基础设施援助占比最大。因此,日本对东盟国家援助能够改善东盟受援国的基础设施质量,从而促进日本企业对东盟受援国的直接投资。

二、促进生产部门生产能力效应

生产部门领域的援助主要是对制造业、采矿能源业、建筑业以及农林牧渔业等部门的援助,援助方式可分为技术援助与资金援助,技术援助主要通过生产技术领域的合作来提高受援国的全要素生产率,资金援助则主要通过生产设备或资金的援助来提高受援国的资本储备,从而间接提高劳动力生产率以及产出水平。生产部门领域援助可以从投入方面对受援国的资本存量进行补充,无论是资金援助还是实物援助,都可以使受援国在生产能力方面获得帮助,大大提高其产能水平,从而提升受援国吸引外资的能力。另外,在影响国际直接投资的各类因素中,投资者较为看重其所投资产业在东道国的供应链情况,通常上下游产业链较完善的发展中国家对外商直接投资具有较大的吸引力。单个跨国企业难以通过自身力量扶持东道国相关上下游产业链的发展,只有国家层面的国际合作与援助才能够在短时间内改善这一状况,因而生产性的经济援助对国际直接投资具有较好的吸引力。

生产性的援助对国际直接投资存在正向促进作用的同时,也可能存在挤出效应。无论是生产性的资金援助还是技术援助,其对受援国生产水平的短期提高有较大的促进作用。受援国在接受资本援助或技术援助后,当地企业对来自援助国的外商的态度存在不确定性,由于这些外资企业在生产管理、劳工聘用、产业链整合以及品牌影响力方面均有较强的市场竞争力,从而使当地企业对其具有排斥的倾向。在实际的国际经济合作过程中,在接受了生产部门领域援助后,当地企业对援助国跨国公司的后续投资是否具有排斥倾向取决于援助国与受援国在进行援助和后期直接投资方式的采用方面,若援助国跨国公司与受援国当地企业采取利益分享的形式进行合作,当地企业在接受生产性援助后更愿意其进行后续投资,但如果援助国跨国公司与受援国当地企业进行正面市场竞争,则当地企业更可能出现排斥受援国跨国公司投资的倾向。因此援助国对外援助促进受援国生产部门生产能力效应对受援国直接投资流入援助国的总体影响不确定。

三、人力资本提升效应

人力资本指劳动者受到教育、培训、实践经验、迁移、保健等方面的投资而获得的凝结在人身上的知识、技能、信息、健康等的总和,主要表现在教育和医疗保健投入后的成果方面。援助国对受援国的教育与医疗援助能够通过两个途径提升受援国的人力资本水平:一是教育与医疗援助能够补充受援国的政府预算资金,增加受援国教育和医疗部门的总投入。德瓦拉詹(Devarajan 等,1998)[1]、阿西都(Asiedu,2009)[2]对大样本受援国数据的实证研究表明,教育或医疗援助不是替代而是增加了受援国的相关财政支出。二是教育与医疗援助有利于改善受援国教育与医疗部门的质量,如通过为受援国培训教师和医护工作人员以及进口先进的设备和产品等,能够提高受援国现有资源的产出效率,当受援国更多的人口享有接受教育与医疗的机会,居民能够享受到更

---

①　Devarajan,Shantayanan,"Estimates of Real Exchange Rate Misalignment with a Simple General-Equilibrium Model",*World Bank*,*Washington*,*D.C.*,1998.

②　Asiedu,Elizabeth,Yi Jin,and Boaz Nandwa,"Does Foreign Aid Mitigate the Adverse Effect of Expropriation Risk on Foreign Direct Investment?",*Journal Of International Economics*,Vol.78,No.2,2009,pp.268-275.

好、更高级的教育和医疗服务时,受援国的人力资本水平就会得到提升。阿西都(2009)[①]对 1990—2004 年发展中国家的实证研究表明,教育援助显著提高了受援国的初级教育入学率和完成率,医疗援助大大降低了受援国的儿童死亡率。德雷尔等(Dreher 等,2008)[②]对 100 个受援国 1970—2005 年数据的实证研究表明,教育援助提高了受援国的初级教育入学率。D.艾格勒皮埃尔和瓦格纳(D'Aiglepierre 和 Wagner,2013)[③]研究发现,初等教育援助能够提高初等教育完成率以及性别平等水平。因此,援助能够提升受援国的人力资本水平,而人力资本水平提升有助于外商直接投资流入。

人力资本水平对外商直接投资流入的影响效果具体表现为两者间的良性互动:一方面,东道国充足、高水平的人力资本能够为跨国公司提供良好的投资环境,吸引直接投资流入;另一方面,在具备高水平人力资本的东道国,外商直接投资的技术外溢效应、市场开发效应和市场竞争效应能够得以充分发挥,最终形成巨大的人力资本外溢效应,使受援国的人力资本水平显著提高,进一步吸引外商直接投资流入。因此,高水平的人力资本有利于增强东道国对外商直接投资的吸引力。并且这一结论得到了马库森和维纳布尔斯(Markusen 和 Venables,1999)[④]、努尔巴赫什(Noorbakhsh 等,2001)[⑤]、沈坤荣和田源

[①] Asiedu, Elizabeth, Yi Jin, and Boaz Nandwa, "Does Foreign Aid Mitigate the Adverse Effect of Expropriation Risk on Foreign Direct Investment?", *Journal of International Economics*, Vol.78, No.2, 2009, pp.268-275.

[②] Dreher, Axel, Peter Nunnenkamp, and Rainer Thiele, "Does Aid for Education Educate Children? Evidence from Panel Data", *The World Bank Economic Review*, Vol. 22, No. 2, 2008, pp.291-314.

[③] D'Aiglepierre, Rohen, and Laurent Wagner, "Aid and Universal Primary Education", *Economics of Education Review*, Vol.37, 2013, pp.95-112.

[④] Markusen, James R., and Anthony J. Venables, "Foreign Direct Investment as a Catalyst for Industrial Development", *European economic review*, Vol.43, No.2, 1999, pp.335-356.

[⑤] Noorbakhsh, Farhad, Alberto Paloni, and Ali Youssef, "Human Capital and FDI Inflows to Developing Countries: New Empirical Evidence", *World Development*, Vol. 29, No. 9, 2001, pp. 1593-1610.

（2002）[1]、沈亚芳（2007）[2]实证研究的支持。

日本不断加大对东盟在文化、教育、卫生医疗、农业等方面的援助项目，加强对东盟国家官员以及人力资源的培养，重视受援国的教育及青少年的文化交流。日本政府的技术援助项目提倡"看得见日本人"的技术交流与援助，通过政府与各大学、研究机构、企业合作来派遣技术专家、科研人员，在受援国进行实地考察并与当地技术人员开展对策研讨会；日本技术专家还会进入日本建立的或者当地的技术院校，帮助当地培养"日式科技型"人才。[3]

四、政府治理改善效应

对外经济援助通过影响受援国的政策和制度水平从而影响受援国的外商直接投资流入。20 世纪 70 年代中期，以诺斯为代表的制度经济学派认为制度水平能够影响经济增长要素的配置效率。东道国的总体政策和制度水平可以通过全要素生产率间接地影响外商直接投资流入，而国际贸易和外商投资的相关政策与制度则直接影响东道国的外商直接投资流入。联合国贸易和发展会议（1998）将这些政策与制度因素总结为受援国的国际直接投资、贸易运行框架和企业运行的便利程度。国际直接投资和贸易运行框架通常包括贸易壁垒、外国投资者的进入条件与限制、对外商的保护（包括提供给外商的国民待遇、外商经营活动受到的法律保护以及对资金转移、利润寄回等的保护），而影响外资企业运行便利的政策与制度包括东道国激励外商直接投资的财政政策和金融政策、外汇管制程度、私有财产保护程度等。总体来看，受援国的政策和制度水平越高，对投资者的激励越多、限制越少、保护越好，就越能吸引外国投资者进入。

---

① 沈坤荣、田源：《人力资本与外商直接投资的区位选择》，《管理世界》2002 年第 11 期。

② 沈亚芳：《人力资本对外商直接投资区位选择的影响——跨期考察与分区域分析》，《国际贸易问题》2007 年第 7 期。

③ 三上喜贵：《ASEANの技術開発戦略》，日本貿易振興会 1998 年版，第 2—26 页。

　　援助不仅可以直接提高受援国的政策与制度水平,还可以间接地影响受援国的政策与制度水平。由于大部分的援助会投入到原本应由受援国政府财政负担的公共产品和服务部门,当受援国接受大量的国际援助后,政府就不用再面对财政收入的约束,由此可能导致受援国政府的税收管理能力和财政预算能力出现下降,而且由于受援国的大部分财政支出资金源自援助国而不是本国公民的税收收入,可能导致受援国政府对公民的责任心有所下降,会降低政府的治理水平。此外,援助还有可能助长受援国政府官员的腐败行为。援助增加了政府的可用资源,政府很可能随意决定援助的用途和去向,使援助成为政府官员潜在的"租",吸引企业去竞争。斯文森(Svensson,2000)[1]的研究表明,援助会助长腐败行为,尤其是在有众多"竞租者"的受援国,这种效果表现得更加明显。达尔高和奥尔森(Dalgaard 和 Olsson,2006)[2]也将援助看作类似于自然资源的"寻租",其实证结果表明,援助加剧了受援国的腐败程度。因此,援助会间接地降低受援国的政策制度水平。

　　因此,综合来看,援助对受援国政府治理改善效应具有不确定性,故援助通过影响政府治理水平从而影响受援国的外商直接投资流入也具有不确定性。

　　日本对东盟经济援助的经济动机之一是促进东盟国家政府治理水平提升。第六章分析了日本加强对东盟国家的法律制度和经济制度援助的情况,这里不再重复论述。日本通过对东盟国家法律制度和经济制度的援助,助力东盟受援国提高政府治理水平,一方面促进东盟各国进一步开放国内市场,能够使更多的日本企业进入东盟市场;另一方面能够改善日本企业在东盟国家开展经贸活动的营商环境,进一步促进日本对东盟的直接投资。

　　[1]　Svensson, Jakob, "When is Foreign Aid Policy Credible? Aid Dependence and Conditionality", *Journal of Development Economics*, Vol.61, No.1, 2000, pp.61-84.

　　[2]　Dalgaard, Carl-Johan, and Ola Olsson, "Windfall Gains, Political Economy and Economic Development", *Journal of African Economies*, Vol.17, Supplement 1, 2008, pp.72-109.

五、促进民心相通效应

正如上一章分析,日本以语言和文化为主要内容的援助以及日本企业利用援助资金对东盟国家开展市场调查以及贸易的可行性研究,有利于缩小日本与东盟国家的文化距离,这为日本企业进入东盟国家投资建厂奠定了基础。当援助国跨国公司对受援国的商业环境信息未知时,就会形成投资障碍,而通过对外援助活动可以更容易使跨国公司获取受援国的商业环境信息。通过对外援助将日本的一些理念、方法、技术标准引入东盟受援国,当这些被东盟受援国消化吸收并被默认为现实标准时,东盟受援国与日本之间这些软环境的趋同性就能够促进日本跨国公司对东盟受援国的直接投资。同时,通过对援助项目参与者的管理和技术培训也推进日本的相应标准与体系渗入东盟受援国。

日本在对东盟的经济援助中,通过民生工程、人才培养等教育项目的实施,获得东盟受援国民众的赞赏与民心,塑造良好的国家形象,这在很大程度上减少了日本企业进入东盟受援国的障碍,因此促进了日本企业对东盟受援国的直接投资。日本在东盟国家进行的民意调查显示,日本通过官方发展援助政策,在公共外交领域树立了良好的国家形象,在促进日本与东南亚民间社会良好关系方面,取得了较好的实施效果,2015 年、2016 年、2017 年 3 次民意调查显示,东盟国家对日本的经济援助以及国家形象的好评度,在原来的优势基础上,处于上升的趋势。以 2016 年与 2017 年的民意调查为例,在关于日本对本地区的对外援助实施是否有用的问题上,2017 年,87%的东南亚民众认为"非常有用"或者"对某一方面有用",而 2016 年这一数值为 84%;2017 年,90%的人认可包括青少年交流在内的人才交流项目,而 2016 年的认可率也为84%。因此,在日本政府对东盟实施援助政策的助力下,日本在东盟民众心中的国家形象越发良好,有力促进了日本企业进入东盟国家进行投资。

第二节　日本对东盟经济援助对直接投资影响的实证模型构建

基于上述日本对东盟援助影响直接投资的机制分析和情景考量,本节进一步选取可能影响日本对东盟直接投资的其他相关因素的代理变量,构建日本对东盟援助影响日本对东盟直接投资的实证模型。

一、变量选取、数据来源及描述性统计

东盟成员包括马来西亚、印度尼西亚、泰国、菲律宾、新加坡、文莱、越南、老挝、缅甸和柬埔寨 10 个国家。从日本对东盟各国援助的数据来看,1996 年以后,文莱和新加坡划归为毕业国,已经不再是日本的对外援助国。从日本对东盟各国的直接投资数据来看,日本仅公布对新加坡、印度尼西亚、马来西亚、菲律宾、泰国、越南的分项数据,因此选取印度尼西亚、马来西亚、菲律宾、泰国和越南 5 个国家作为样本国。日本对这 5 个东盟国家的援助额及直接投资额在日本对东盟国家援助总额和直接投资总额中占很大比例,故所选 5 个国家的样本具有很好的代表性,满足本部分研究所需。

(一)变量选取和数据来源

实证分析过程中,涉及的主要变量包括:

1. 被解释变量

主要是与日本对东盟国家直接投资相关的变量,其中 1965—1995 年以前的数据来自日本银行,1996—2021 年的数据来自日本贸易振兴机构。

2. 核心解释变量

本节的核心解释变量为日本对东盟国家的经济援助,数据来自经济合作与发展组织发展援助委员会数据库。由于援助的实际支出总额比承诺金额更

有实际意义,本节全部选择单位为现价百万美元的支出总额作为经济援助的代理变量,后文更换核心解释变量的稳健性检验中选用现价百万美元的支出净额作为此变量的替代变量。

从援助方式而言,本节选取援助总额、赠予类援助和政府贷款作为各类援助方式的代理变量。由于援助方式中的海外投融资所占份额极小且数据缺失严重,本节没有单独考察其对贸易的影响。对各类援助方式的划分和内涵,文中在第三章中日本对东盟经济援助的方式分析部分有详细阐述,此处不再赘述。

3.控制变量

经济发展水平,一般来讲,经济发展水平能反映一个经济体较为基本的经济发展状况,同时一国的经济发展水平越高,向全球市场所能提供的市场规模越大,良好的经济发展状况及巨大的市场潜力更容易让企业快速形成规模经济,从而更有利于吸引外商直接投资的流入。选取东盟各国人均国内生产总值作为其代理变量,数据来自世界银行世界发展指标数据库。

自然资源禀赋,一国的自然资源越丰富,对外资的吸引力越大。针对日本对东盟直接投资的具体情况而言,日本本身是资源相对匮乏的岛国,而东盟国家的资源相对丰富,日本对东盟的直接投资必然会考虑各国的自然资源等状况。东道国的资源水平形成东道国的一定区位优势,是吸引企业进行对外直接投资的重要因素。由于东盟各国自然资源种类多样,难以用存量指标进行描述,以及考虑数据收集的难度,选取总自然资源租金占国内生产总值的比重、矿产租金占国内生产总值比重和东道国金属、燃料、矿石的加总出口量占东道国商品总出口量的百分比作为自然资源禀赋的代理变量,数据来自世界银行世界发展指标数据库。

贸易开放度,一国的贸易开放度指该国在制度和政策上允许商品或实物资本进入该国国内经济的广度与深度。用于衡量该国参与国际经济活动的程度,贸易开放度水平越高,该国在国际市场的经济参与度也越高,就越有利于吸引更多外商直接投资流入。贸易开放度又称为对外贸易依存度,是衡量一国对国际市场依赖程度的重要指标,通常用一国进出口总额占国内生产总值的比重来衡量。本节选取东盟各国商品贸易占国内生产总值的比重作为贸易开放度的代理变量,数据来自世界银行世界发展指标数据库。

基础设施质量,本节选取东盟各国每百人移动手机订阅数的均值作为基础设施质量的代理变量,数据均来自世界银行世界发展指标数据库。王翚等(2014),董艳、樊此君(2016)以及多纳鲍尔等(2016)的研究均发现,基础设施援助对受援国吸引外国直接投资有着更为积极的影响。东道国良好的基础设施水平会对直接投资产生显著的影响,完善的基础设施水平可以降低企业进行投资的运营和交易成本。

通货膨胀,本节参照早川等(Hayakawa 等,2013)[1]、孙楚仁等(2022)[2]的研究,选取东盟各国通货膨胀率作为控制变量,东道国通货膨胀会造成国内资产价格上涨,从而影响外商直接投资。

4.工具变量

初生婴儿死亡率,本节选取每千名活产新生婴儿的死亡率作为援助支出总额的工具变量,数据来自世界银行世界发展指标数据库。

(二)变量的描述性统计

采取与上一章相同的做法,将本章中部分变量做对数化处理,在计量分析中可以减少变量极端值和非正态分布假设对回归结果的影响,还能实现将非线性关系转变为线性关系,同时减少多重共线性、缓解异方差和面板单位根的影响。由于核心解释变量援助变量和被解释变量对外直接投资数据存在部分

---

[1] Hayakawa, Kazunobu, Fukunari Kimura, and Hyun-Hoon Lee, "How does Country Risk Matter for Foreign Direct Investment?", *The Developing Economies*, Vol.51, No.1, 2013, pp.60-78.

[2] 孙楚仁、徐锦强、梁晶晶:《对外援助促进了中国企业对受援国邻国的直接投资吗?》,《国际贸易问题》2022 年第 9 期。

零值和负值,故为保证数据的准确性并未对两者进行对数变换,仅是保证均为现价百万美元的统一量纲,这种处理方式能够较好地反映日本对外援助影响直接投资的效应。此外,所选东盟样本国的援助变量、直接投资及自然资源禀赋、基础设施等部分控制变量中部分年份存在缺失值,为保证数据的真实性,我们在此处并未对原始数据做进一步处理,而是采用非平衡面板数据的处理方式。

表 8-1 归纳了上述变量类别、名称、符号及数据来源等信息。表 8-2 为变量的部分简单统计量,反映了变量的统计特征。从表中对本章使用的变量进行描述性统计中可以看出,文中所选取的各变量不存在异常值,且各变量的观察值之间都具有较大的变差,这为下文的计量估计提供了可能。

表 8-1　变量类别、名称、符号及数据来源

变量类别		代理变量(部分对数化)	符号	数据来源
被解释变量	对外直接投资	OFDI 流量	*ofdi*	日本银行、日本贸易振兴机构
核心解释变量	官方发展援助(ODA)	ODA 支出总额	*oda_gross*	OECD/DAC
		ODA 支出净额	*oda_net*	
	不同援助方式 ODA	ODA 赠予	*oda_grant*	
		政府贷款	*oda_loan*	
控制变量	经济发展水平	现价美元人均 GDP	ln*gdpper*	WB-WDI
	通货膨胀	消费者价格通货膨胀率	*inflation*	
	贸易开放度	商品贸易占 GDP 比重	ln*openness*	
	自然资源禀赋	自然资源租金占 GDP 比重	*naturalrent*	
		矿产租金占 GDP 比重	*mineral*	
		燃料、矿石的加总出口量占东道国商品总出口量比重	*fuelores*	
工具变量	基础设施质量	每百人移动手机订阅均值	*infra*	
	婴儿死亡率	每千名活体婴儿死亡率	*mortal*	

表 8-2　变量的描述性统计

变量	样本数	均值	标准差	中位数	最小值	最大值
ofdi	269	918.74	1422.08	445.46	-504.24	10173.91
oda_gross	285	429.68	453.27	270.82	0.24	2225.38
oda_grant	285	75.08	65.54	60.31	0.24	270.61
oda_loan	251	402.63	406.87	256.33	0.84	1994.04
oda_net	285	166.39	433.94	75.54	-1206.34	1646.71
lngdpper	263	7.06	1.21	7.02	3.98	9.32
lnopenness	248	4.33	0.56	4.35	2.40	5.40
inflation	254	13.02	74.23	4.56	-1.71	1136.25
fuelores	246	20.13	17.86	15.04	1.31	85.48
mobile	244	41.65	57.53	1.75	0.00	181.77
mortal	280	37.69	25.52	31.30	6.80	144.90

二、面板单位根检验

本章以印度尼西亚、马来西亚、菲律宾、泰国、越南东盟 5 国为研究样本,利用 1965—2021 年 5 国获得的日本经济援助和日本直接投资数据,分析日本对东盟援助的直接投资效应,面板数据结构为长面板(时间长度 T 远大于样本数量 N),因此需按长面板计量分析规则对面板数据进行各类检验,以确保后续模型设定的正确性和回归方法选用的稳健性。

经济数据中很容易出现单位根,存在单位根可能会使自回归系数估计量不服从渐进正态分布,t 检验失效;几个相互独立的单位根可能出现伪相关,模型存在伪回归等严重后果。因此,在建模前需要对每个变量进行单位根检验,消除不平稳,保证每个变量的平稳性以使模型回归有效。单位根检验的势较低,面板数据在不同截面上都有时间序列可以增加其检验的势。

本节选用样本数据是长面板数据,时间维度(57 年)远大于横截面维度

（5 个国家），使用横截面固定、时间趋于无穷的渐进理论，因此选择崔仁（2001）[1]提出的费雪式面板单位根检验方法。该方法提出 4 种综合 p 值的"费雪式"统计量，分别为逆卡方变换、逆正态变换、逆逻辑变换和修正卡方变换，中间两个统计量为单边左侧检验，另外两者为单边右侧检验。原假设为变量存在面板单位根，备择假设为至少一个截面是平稳的。费雪式检验过程中，根据增广迪基—福勒检验获得 p 值，并根据赤池信息准则选取核心解释变量的滞后阶数为 3 阶（根据选择的平均滞后阶数确定），假设模型存在漂移项，使用面板数据减去截面均值缓解可能存在的截面相关问题。

表 8-3 为文中各变量面板单位根检验结果，从表中可以看出，所有的统计量对应的 p 值均小于 0.01，故强烈拒绝面板包括单位根的原假设，认为面板为过度平稳。

表 8-3　变量面板单位根检验结果

变量	逆卡方变换	逆正态变换	逆逻辑变换	修正卡方变换
ofdi	30.43***	−3.59***	−3.71***	4.57***
oda_gross	35.75***	−4.18***	−4.42***	5.76***
oda_grant	31.29***	−3.60***	−3.81***	4.76***
oda_loan	37.73***	−4.42***	−4.70***	6.20***
oda_net	34.73***	−4.12***	−4.31***	5.53***
ln*gdpper*	32.26***	−3.78***	−3.95***	4.98***
ln*openness*	26.44***	−3.03***	−3.13***	3.68***
inflation	54.34***	−5.80***	−6.81***	9.91***
fuelores	29.38***	−3.57***	−3.61***	4.33***
mobile	46.13***	−5.10***	−5.76***	8.08***
mortal	41.10***	−3.89***	−4.94***	6.95***

注：*** $p<0.01$。

---

① Choi, In., "Unit Root Tests for Panel Data", *Journal of International Money and Finance*, Vol.20, No.2, 2001, pp.249−272.

三、实证模型构建

考虑到本部分主旨是研究日本对东盟经济援助的直接投资效应,被解释变量为前文选取的日本对东盟5国的直接投资金额,核心解释变量为与援助相关的各种变量,再结合学术界以往研究和上述分析中所选取的各类控制变量,并借鉴以往学者的研究方法,本章的实证模型设定为个体固定效应模型,具体见式(8-1):

$$ofdi_{it} = \alpha + \beta oda_{it} + \sum_k \gamma_k C_{it} + v_i + \varepsilon_{it} \tag{8-1}$$

式中,$ofdi_{it}$ 为日本对东盟5国直接投资,oda_{it} 表示所有与援助相关的解释变量,此处包括 oda_gross_{it}、oda_grant_{it} 和 oda_loan_{it} 等不同类型的援助,C_{it} 为上文中所选取的全部控制变量,α 为常数项,v_i 为个体固定效应,ε_{it} 为随机扰动项,i 为国家个体,t 表示时间。

第三节 日本对东盟经济援助的直接投资效应实证检验

本书重点分析日本对东盟国家援助的直接投资促进效应,关于面板数据的分析,通常的做法是以混合普通最小二乘回归结果作为参照。由于涉及的受援国各国情况不同,混合普通最小二乘回归会导致遗漏不随时间变化的解释变量而导致遗漏变量,造成内生性问题。固定效应模型在回归过程中将忽略部分不随时间变化的因素,降低由于遗漏变量产生的估计偏误。基于此,本节同样以混合普通最小二乘结果作为简单参照,将个体固定效应模型作为基准回归结果。

一、全样本回归结果及分析

日本对东盟5国援助的直接投资效应全样本回归结果见表8-4。模型

（1）、模型（2）和模型（3）均为混合普通最小二乘的回归结果，主要用于简单
参照，其中模型（1）中未加入任何控制变量，模型（2）中加入全部控制变量，模
型（3）考虑经济援助影响直接投资的时滞性，核心解释变量为援助变量滞后
一期。模型（4）、模型（5）和模型（6）均为个体固定效应模型，3 者的区别对应
于普通最小二乘回归设计。从未加入任何控制变量的模型（1）和模型（4）的
回归结果可以看出，在混合普通最小二乘与个体固定效应两种估计方法下，核
心解释变量（ oda_gross_{it} ）前的系数均显著为正，日本对东盟 5 国援助能显著
促进日本对东盟的直接投资，且促进效应具有很好的经济显著性和统计显著
性，以固定效应回归结果为例，日本对东盟援助金额每增加 1 美元，能够推动
日本对东盟直接投资增加 0.723 美元，这从一定意义上说明日本对东盟援助
促进直接投资的各种机制在起作用。但在增加各种控制变量后，这一显著促
进作用不再明显，这也可能是上述分析机制过程中所述的援助金额超过一定
阈值或者援助阶段非初期等原因造成的，为进一步验证是否存在上述机制或
因素，我们需要进一步实证分析予以验证。然而在考虑援助对直接投资作用
的滞后性因素后，混合普通最小二乘和个体固定效应呈现出完全相反的结果，
均在 10% 的显著性水平上通过检验，但都未通过 5% 的显著性水平检验。

表 8-4　1965—2021 全样本回归结果

变量	（1）OLS	（2）OLS_c	（3）OLS_l	（4）FE	（5）FE_c	（6）FE_l
oda_gross	0.699*** (5.25)	0.162 (1.16)		0.723** (3.13)	−0.410 (−1.90)	
$L.oda\_gross$			0.240* (1.66)			−0.307* (−2.36)
ln$gdpper$		271.195** (2.34)	276.051** (2.40)		317.430 (1.20)	311.314 (1.20)
ln$openness$		−355.034 (−1.62)	−352.144 (−1.62)		497.506 (0.82)	496.499 (0.77)

续表

变量	（1） OLS	（2） OLS_c	（3） OLS_l	（4） FE	（5） FE_c	（6） FE_l
inflation		-0.057 （-0.01）	-0.046 （-0.01）		-1.211 （-0.15）	-2.772 （-0.29）
fuelores		5.065 （1.54）	5.169 （1.59）		-3.945 （-0.45）	-2.495 （-0.42）
mobile		14.624 *** （7.53）	14.475 *** （7.25）		12.751 * （2.39）	12.875 * （2.44）
常数	601.098 *** （6.17）	-184.690 （-0.26）	-270.148 （-0.39）	590.172 *** （5.62）	-3707.479 （-1.91）	-3742.466 （-1.86）
样本量	269	206	206	269	206	206
调整后的 R^2	0.05	0.42	0.43	0.04	0.52	0.51
国家固定效应	否	否	否	是	是	是

注:括号中为 t 统计量; * $p<0.1$、** $p<0.05$、*** $p<0.01$。

二、划分不同时间区间的分样本回归结果

日本对东盟直接投资的发展经历了缓慢增长期、迅猛增长期、成熟稳定期、动荡调整期和高位攀升波动期。与此同时,日本对东盟的经济援助也经历了体制整备期、计划扩充期、理念充实期和新时期等发展历程。同时,1997 年 7 月 2 日,亚洲金融风暴席卷泰国。不久,这场风暴波及马来西亚、新加坡、日本等地。泰国、印度尼西亚、韩国等国的货币大幅贬值,同时造成亚洲大部分主要股市大幅下跌;冲击亚洲各国外贸和外资企业,造成亚洲许多大型企业倒闭、工人失业、社会经济萧条。样本国家中的泰国、印度尼西亚也是受此金融风暴波及最严重的国家。新加坡、马来西亚、菲律宾等地也被广泛波及。因此,结合日本对东盟经济援助、直接投资的发展历程和 1997 年亚洲金融危机及东盟各国的宏观经济实际,同时结合 1996 年以后日本将文莱、新加坡归类于援助毕业国等情况,本节将全样本的研究区间 1965—2021 年以 1997 年为

界限划分为两个不同研究时间区间的分样本进行具体分析,并将 1965—1997 年称为 1997 年以前,1998—2021 年称为 1997 年以后。

表 8-5 为以 1997 年为界划分时间区间的分样本回归结果。其中模型 (1)、模型(2)分别为未添加和添加控制变量情境下 1997 年以前日本对东盟援助的直接投资效应的分样本回归结果;模型(3)和模型(4)为 1997 年以后日本对东盟援助的直接投资效应。从 1997 年以前的分样本回归结果可以看出,在控制变量后,核心解释变量(oda_gross_{it})的系数为正,且在 10% 的显著性水平上通过检验,表明 1997 年以前日本对东盟援助显著促进了日本对东盟的直接投资,日本对东盟援助每增加 1 美元,日本对东盟的直接投资增加 0.839 美元,在考虑诸多控制变量后,这一促进作用略有下降,会使直接投资增加 0.533 美元,仍有较明显的经济显著性。从 1997 年以后的分样本回归结果可以看出,在控制变量后,核心解释变量(oda_gross_{it})的系数为负,且在 1% 的显著性水平上通过检验,表明日本对东盟援助能显著阻碍日本对东盟的直接投资,日本对东盟援助每增加 1 美元,日本对东盟的直接投资会下降 0.765 美元,这反映了日本对东盟的经济援助对直接投资具有"挤出效应"。同时,上述的分样本或分时期的相反的实证结果也从一定意义上印证了前文中日本对东盟援助的直接投资促进效应不显著的实证结果,从而说明了日本对东盟援助影响日本对东盟直接投资是分时期、分阶段的。

表 8-5 以 1997 年划分研究时间区间的分样本回归结果

变量	(1) before_1997	(2) before_1997_c	(3) after_1997	(4) after_1997_c
L.oda_gross	0.839** (4.39)	0.533* (2.27)	−0.824 (−0.75)	−0.765*** (−5.17)
lngdpper		45.982 (0.26)		−5.384 (−0.01)
lnopenness		742.944 (1.61)		1912.048 (1.82)

续表

变量	（1） before_1997	（2） before_1997_c	（3） after_1997	（4） after_1997_c
inflation		2.982 (1.38)		−48.688*** (−5.15)
fuelores		2.463 (0.49)		6.678 (0.31)
mobile		22.724 (0.60)		21.469** (3.28)
常数	78.045 (1.47)	−3252.204** (−4.10)	2251.625** (3.16)	−8315.636* (−2.45)
样本量	149	86	115	115
调整的 R^2	0.47	0.53	0.02	0.45
国家固定效应	是	是	是	是

注:括号中为 t 统计量; * $p<0.1$、** $p<0.05$、*** $p<0.01$。

由上述的实证结果可以得知,1997 年以前日本对东盟援助显著促进了日本对东盟的直接投资,而这一效应与 1997 年以后的回归结果全然相反。究其原因,我们尝试从两个阶段日本对东盟的援助和直接投资的主要意图转变来分析。

1997 年以前日本对东盟援助显著促进了日本对东盟的直接投资,一方面是因为 1997 年以前日本的经济援助重视经济效应。日本政府在第一部关于援助和经济合作的白皮书——1958 年度的《经济合作白皮书》中,明确地宣布了日本的援助和经济合作是以"互惠主义"为基调。日本在 1997 年以前,日本历年的《官方发展援助白皮书》一贯强调,必须把援助、投资和贸易三者结合起来,对发展中国家开展综合的经济合作。日本以经济开发性项目为优先的援助战略表明,日本即便是从人道的观点、帮助发展中国家的观点出发考虑援助问题时,它所强调的仍然是互惠主义,即日本的援助在有助于促进受援国的社会和产业基础资本容量增加和经济增长的同时,还得为日本的对外贸易和直接投资作出贡献。日本对东盟的经济援助之所以在 1997 年以前具有促进日本对东盟直接投资的效果,正是由于援助被用于经济基础设施等方面的建设,从而带动了日本国内民间投资进入东盟国家,达到了促进直接投资流入东盟的效果。另一方面,第二次世界大战后日本经济高速发展,国内资源逐渐消耗和劳动力成本不断攀升,使日本开始着眼于海外市场,日本企业从 20 世纪 50 年代开始的海外投资是以国内边际产业转移为目的的,1997 年以前,日本对东盟国家存在大规模的产业转移,而日本对东盟的援助起着关键的"先锋效应",因此日本对东盟的援助显著促进了日本对东盟国家的直接投资。

1997 年以后日本对东盟的援助阻碍了日本对东盟的直接投资,一方面是因为这一时期或进入 21 世纪以后,日本对外援助的理念发生转变,效果显现。早从 20 世纪 70 年代中后期,日本就着手"第三次远航",即日本不满足经济大国的地位而开始谋求政治大国,其对外经济援助也为这一目标服务,这一时期日本对东盟援助的体量很大,但对东盟的援助开始从追求经济效应逐步偏向于东盟对其政治大国的承认,当然最初时这一效果并未显现,一直到进入 21 世纪后这一效果才逐渐显现,反映在 1997 年以后日本对东盟援助对直接投资的促进作用的不显著甚至起到阻碍作用。另一方面的原因可能是随着 21 世纪以来全球化的不断发展,日本大规模的边际产业转移也逐步完成,日本对东盟单一地区的产业转移开始放缓,开始着眼于在整个世界布局全球价值链,日本对东盟的直接投资占比也有所下降。同时,东盟各国的基础设施水平也有明显的增强,虽然仍有较大的缺口,但针对东盟各方面资金的缺口,东盟各国接受对外援助和对外直接投资都是日本的备选项,存在一定意义上的权衡。综合两方面的原因,最终表现为日本在 1997 年后对东盟经济援助对日本对东盟直接投资的挤出效应。

三、日本对东盟不同方式援助的直接投资效应

与上一章相同,本部分不同方式援助的直接投资效应主要体现在日本的赠予类援助和政府贷款对日本对东盟国家直接投资的影响。

表8-6为日本对东盟不同方式援助的直接投资效应的回归结果,表的上半部分模型(1)、模型(2)和模型(3)分别为未加入控制变量情形下日本对东盟赠予类援助影响直接投资的全样本回归结果、1997年以前和1997年以后分样本回归结果。从结果来看,在整个研究时期内日本对东盟赠予类援助对直接投资的促进作用在10%的显著性水平上通过了检验;1997年以前阶段,日本对东盟赠予类援助显著促进了日本对东盟的直接投资,且在1%的显著性水平上通过检验,日本对东盟的援助对直接投资存在很强的杠杆作用,日本对东盟的赠予类援助每增加1美元,会推动日本对东盟多投资4.492美元;但1997年以后阶段,日本对东盟的赠予类援助却显著抑制了日本对东盟的直接投资,且在5%的显著性水平上通过检验,说明日本对东盟的赠予类援助很大程度上挤出日本对东盟的直接投资。模型(4)、模型(5)和模型(6)分别为未加入控制变量情景下,日本对东盟的政府贷款影响直接投资的全样本、1997年以前分样本和1997年后分样本的回归结果。从结果上来看,在整个研究时期内,日本对东盟的政府贷款显著促进了日本对东盟的直接投资,且在1%的显著性水平上通过检验,日本对东盟的政府贷款每增加1美元,日本对东盟的直接投资会增加0.817美元,这一结果具有很强的经济显著性;在1997年以前的阶段,日本对东盟的政府贷款促进直接投资的效果更加明显,高于全样本的效果;但1997年后的阶段,日本对东盟的政府贷款类援助在一定程度上会阻碍日本对东盟的直接投资,但这一回归结果并不显著,即日本对东盟政府贷款未对日本对东盟的直接投资产生影响。

表8-6　日本对东盟不同方式援助的直接投资效应回归结果

变量	(1)	(2)	(3)	(4)	(5)	(6)
$L.oda\_grant$	2.505* (2.27)	4.492*** (5.63)	−17.226** (−3.47)			
$L.oda\_loan$				0.817*** (4.68)	0.938** (4.20)	−0.643 (−0.59)

续表

变量	(1)	(2)	(3)	(4)	(5)	(6)
控制变量	未控制	未控制	未控制	未控制	未控制	未控制
常数	724.338*** (8.45)	31.712 (0.64)	3348.857*** (7.11)	682.683*** (9.53)	131.500* (2.22)	2068.591** (3.36)
样本量	269	149	115	240	121	114
调整后的 R^2	0.01	0.49	0.16	0.04	0.41	0.01
国家固定效应	是	是	是	是	是	是
L.oda_grant	-0.533 (-0.29)	2.590* (2.28)	-2.643 (-0.85)			
L.oda_loan				-0.352* (-2.33)	0.529 (2.08)	-0.801*** (-5.95)
控制变量	控制	控制	控制	控制	控制	控制
常数	-3522.122* (-2.29)	-2907.788** (-2.82)	-6391.155 (-1.61)	-4074.765 (-2.05)	-3664.324*** (-5.69)	-8772.088* (-2.53)
样本量	206	86	115	203	84	114
调整后的 R^2	0.51	0.50	0.43	0.51	0.53	0.45
国家固定效应	是	是	是	是	是	是

注:括号中为 t 统计量;* $p<0.1$、** $p<0.05$、*** $p<0.01$。

表8-6的下半部分均为上半部分加入控制变量的情景,从回归结果来看,大部分回归结果并未通过5%显著性水平的检验,但核心解释变量前的符号多数均与未加入控制变量的情景一致。相对未加入控制变量的结果,1997年以后阶段,日本对东盟的政府贷款显著抑制了日本对东盟的直接投资,且在1%的显著性水平上通过检验,即日本对东盟的政府贷款挤出了日本对东盟的直接投资。

四、日本对东盟援助的直接投资效应的国别异质性

上述全样本及分样本回归分析日本对东盟援助的直接投资效果,反映的是日本对东盟整体经济援助的直接投资效应,考虑到东盟各国基础设施等国情及日本对东盟各国的战略意图差异,本部分具体分析日本对东盟各国援助

直接投资效应的异质性。但囿于控制变量缺失值较为严重,尤其是越南在1997 年以前仅有一个完整样本,加之核心解释变量为滞后一期情景,因此本部分分析过程中未加入控制变量,以保留尽可能多的研究样本。

从表 8-7 的 Panel A 全样本回归结果中可以看出,日本除对马来西亚援助的直接投资回归结果不显著外,对其余 4 国的援助都显著促进了日本对其的直接投资。从经济显著性上来看,日本对越南援助的直接投资效应最为明显,对越南援助金额每增加 1 美元,能够带动日本对越南的直接投资增加1.218 美元;其后依次是日本对泰国、菲律宾和印度尼西亚援助的直接投资效应,其中日本对印度尼西亚援助的直接投资效应最弱,但核心解释变量的系数也达 0.555。

从表 8-7 的 Panel B 中 1997 年以前分样本回归结果中可以看出,日本除对越南援助的直接投资效应可能由于样本量过少而未完全显现外,日本对其余 4 国援助的直接投资效应的回归结果正向显著,且均在 1% 的显著性水平上通过了检验,表明 1997 年以前日本对印度尼西亚、马来西亚、菲律宾和泰国的援助显著促进了日本直接投资流入这些国家。从经济显著性上来看,1997 年以前日本对印度尼西亚、马来西亚和泰国援助的直接投资促进效果均超过了全样本中援助的直接投资效应,其中 1997 年以前日本对马来西亚援助的直接投资促进效果最为明显,对马来西亚援助每增加 1 美元,能够推动日本对马来西亚的直接投资增加 2.006 美元,杠杆效应显著;其后依次是日本对泰国、印度尼西亚援助的直接投资促进效果。1997 年以前日本对菲律宾援助的直接投资效应相对全样本较弱,但核心解释变量的系数仍达到了 0.435。

从表 8-7 的 Panel C 中 1997 年以后分样本回归结果中可以看出,日本除对菲律宾援助的直接投资效应不显著外,日本对印度尼西亚、马来西亚和泰国援助显著阻碍了对其的直接投资,日本对越南的援助显著促进了日本对越南的直接投资,且除印度尼西亚样本回归结果在 5% 的显著性水平上通过检验外,其他几国样本回归结果均在 1% 的显著性水平上通过了检验。从经济显著性来看,1997 年以后日本对泰国援助的直接投资阻碍作用最为明显,对泰国援助每增加 1 美元,对应日本对其直接投资下降 3.872 美元;其后依次是日本对马来西亚、印度尼西亚援助的直接投资阻碍效果,其中马来西亚样本的回归系数也高达 3.187;日本对越南援助的直接投资促进效应明显,对越南援助金额每增加 1 美元,对应日本对其直接投资增加 1.106 美元。

表 8-7　日本对东盟各国援助的直接投资效应回归结果

变量	（1） 印度尼西亚	（2） 马来西亚	（3） 菲律宾	（4） 泰国	（5） 越南
Panel A 1965—2021 全样本					
$L.oda\_gross$	0.555** (2.13)	0.690 (1.23)	0.650*** (3.94)	1.033* (1.68)	1.218*** (8.26)
常数	851.333*** (3.02)	450.487*** (3.16)	156.915** (2.11)	1175.090*** (3.10)	50.251 (0.46)
样本量	57	57	57	57	41
Panel B 1997 年以前分样本					
$L.oda\_gross$	0.743*** (6.08)	2.006*** (6.87)	0.435*** (2.87)	1.801*** (8.69)	0.520 (1.20)
常数	222.952** (2.35)	15.793 (0.68)	6.918 (0.27)	-97.546** (-2.45)	33.256* (1.91)
样本量	33	33	33	33	17
Panel C 1997 年以后分样本					
$L.oda\_gross$	-1.754** (-2.19)	-3.187*** (-3.02)	-0.744 (-1.53)	-3.872*** (-3.07)	1.106*** (3.20)
常数	3884.594*** (3.78)	1522.481*** (5.26)	1343.534*** (4.33)	4998.207*** (5.21)	194.403 (0.42)
样本量	24	24	24	24	24

注:括号中为 t 统计量; * $p<0.1$、** $p<0.05$、*** $p<0.01$。

五、内生性讨论和稳健性分析

在上述模型构建和回归结果分析过程中,我们通过控制个体固定效应以及尽可能多的控制变量(实际人均国内生产总值、通货膨胀率、贸易开放度、自然资源禀赋和基础设施质量等），尽可能地减少了遗漏变量等原因可能带来的内生性问题，但仍可能存在遗漏变量造成的内生性问题。另外，从理论分析角度，援助和直接投资之间可能存在的双向因果关系也可能产生内生性问题。再者，从统计检验角度可以大致判定援助是内生性变量，我们利用异方差条件下的杜宾—吴德明—豪斯曼方法和检验核心解释变量的内生性，结果显示，在日本对东盟援助支出总额影响日本对东盟直接投资的模型中，在1%的显著性水平上拒绝"所有解释变量均为外生"的原假设，这与戴维森—麦金农检验内生性检验结果相同，说明核心解释变量存在内生性。鉴于援助变量内生性理论分析和统计检验的一致性，核心解释变量援助变量的内生性问题可能导致结果的不稳健，本章在此部分以缓解其内生性的实证处理方法作为稳健性检验的部分。

为在一定程度上缓解内生性问题，我们选取合适的工具变量进行回归，关键是找到合适的工具变量，合适的工具变量必须同时满足外生性和相关性，即工具变量对被解释变量没有直接影响，但与核心解释变量高度相关能够通过影响内生变量而间接作用于被解释变量。受援国婴儿死亡率与对外援助高度相关，这也符合经济合作与发展组织发展援助委员会实施援助的意图。一方面，日本可能因为东盟国家婴儿死亡率过高而增加对其经济援助；另一方面，日本在社会基础设施与服务等领域援助的增加可能会改善医疗卫生条件，从而使东盟国家婴儿死亡率降低。东盟受援国婴儿死亡率短期内不会对该国的直接投资等造成直接影响。因此，我们使用受援国婴儿死亡率作为援助变量的工具变量，但注意到经济合作与发展组织发展援助委员会开展对外援助时对婴儿死亡率的考虑仅为其中一个方面，与援助的相关性较弱，其作为工具变量可能存在弱工具变量问题，需要进一步检验和调整估计方式。

最终，本章一方面选择了初生婴儿死亡率作为核心解释变量的工具变量以缓解内生性问题；另一方面通过采用日本对东盟各国的援助支出净额更换核心解释变量援助支出总额进行回归，以验证前文基准回归结论的稳健性。

　　表8-8为日本对东盟援助的直接投资效应的内生性讨论工具变量法和稳健性回归结果,其中,模型(1)、模型(2)、模型(3)分别为以援助支出净额为核心解释变量的整个研究时期全样本、1997年以前分样本、1997年之后分样本的回归结果,模型(4)、模型(5)和模型(6)分别是选取初生婴儿死亡率作为工具变量的整个研究时期全样本、1997年以前分样本、1997年之后分样本的回归结果。从更换核心解释变量的模型(1)、模型(2)和模型(3)的回归结果中来看,整个研究时期日本对东盟援助对直接投资的影响不显著,但分阶段来看,1997年以前日本对东盟援助显著促进了日本对东盟的直接投资,而1997年以后援助反而抑制了日本对东盟的直接投资,这一结果与前文中全样本和分样本的基准回归结果是完全一致的,进一步说明了前文的基准回归结果稳健。从选取初生婴儿死亡率作为援助变量的工具变量的模型(4)、模型(5)和模型(6)的回归结果来看,在一定程度上考虑和缓解核心解释变量的内生性的基础上,从整体时间阶段来看日本对东盟的经济援助显著促进了日本对东盟的直接投资这一结果与前文中未加入控制变量情境下混合普通最小二乘和个体固定效应的回归结果基本一致,分阶段下日本对东盟援助的直接投资效应与前文基准回归结果和本部分更换核心解释变量的结论基本一致,从而也进一步说明了本章结论的稳健性。

表8-8　更换核心解释变量和工具变量法回归结果

变量	(1)	(2)	(3)	(4)	(5)	(6)
L.oda_net	-0.342 (-2.00)	0.608 * (2.17)	-0.525 ** (-3.34)			
L.oda_gross				5.090 *** (3.41)	1.342 ** (2.03)	-1.696 ** (-2.48)
控制变量	控制	控制	控制	未控制	未控制	未控制
常数	-3638.529 * (-2.17)	-3318.392 ** (-4.50)	-6287.743 (-2.10)	-1357.932 ** (-2.02)	-61.812 (-0.33)	2759.512 *** (5.73)
样本量	206	86	115	264	149	110

续表

变量	（1）	（2）	（3）	（4）	（5）	（6）
调整后的 R^2	0.52	0.53	0.45	-1.86	0.34	-0.13
国家固定效应	是	是	是	否	否	否

注:括号中为 t 统计量; $*\,p<0.1$、$**\,p<0.05$、$***\,p<0.01$。

六、部分机制检验

上述实证分析阐明了日本对东盟援助影响直接投资的阶段性特点,本部分对日本对东盟援助影响其对东盟直接投资的部分机制进行验证。考虑到文中所提及的生产部门生产能力促进效应、人力资本提升效应、政府治理改善效应、促进民心相通效应等多种机制所涉及的生产能力、人力资本、政府治理、民心相通等代理变量选取困难和数据缺失等问题,本部分仅对日本对东盟援助提高基础设施质量从而促进日本对东盟直接投资的机制进行验证,以明确基础设施质量提升中介效应的实际效果。

首先,研究"对外援助→基础设施质量→直接投资"的作用路径是否存在,我们在不考虑各种控制变量的情况下,选取变量中的 $mobile$ 作为中介变量,构建中介效应模型如下:

$$\begin{cases} ofdi_{it} = \gamma\, oda\_gross_{it} + \gamma_0 + \varepsilon_{it} \\ mobile_{it} = \alpha\, oda\_gross_{it} + \gamma_1 + \epsilon_{it} \\ ofdi_{it} = \gamma^{'}\, oda\_gross_{it} + \beta\, mobile_{it} + \gamma_2 + \delta_{it} \end{cases} \qquad (8\text{-}2)$$

进一步,在上述模型中加入诸多其他控制变量后,构建如下模型(8-3):

$$\begin{cases} ofdi_{it} = \gamma\, oda\_gross_{it} + \sum_k \theta_k\, C_{it} + \gamma_0 + \varepsilon_{it} \\ mobile_{it} = \alpha\, oda\_gross_{it} + \sum_k \theta_k\, C_{it} + \gamma_1 + \epsilon_{it} \\ ofdi_{it} = \gamma^{'}\, oda\_gross_{it} + \beta\, mobile_{it} + \sum_k \theta_k\, C_{it} + \gamma_2 + \delta_{it} \end{cases} \qquad (8\text{-}3)$$

表 8-9 为以基础设施质量为中介变量的模型回归结果,模型(1)和模型 (2)中核心解释变量均为日本对东盟援助支出总额,模型(2)相对于模型(1) 中增加了其他控制变量,以使中介效应更为稳健。Path A、Path B 和 Path C 为 模型中的第一、第二和第三个方程的回归结果。总体而言,在不考虑其他控制 变量的条件下,基础设施质量的中介效应显著,在控制其他控制变量的条件 下,结果依然稳健,说明"对外援助→基础设施质量改善→推动直接投资"的 作用路径真实存在,验证了对外援助影响直接投资机制中日本对东盟经济援 助的基础设施改善效应。具体而言,模型(1)和模型(2)中 α 和 β 的系数为 正,且在 5% 的显著性水平上通过了检验,说明日本对东盟援助能够显著提高 东盟国家的基础设施质量,从而扩大日本对东盟国家的直接投资;模型(2)在 控制其他控制变量后中的 α 和 β 值虽有下降但幅度很小,基础设施质量的中 介效应占比仅由 62.62% 略微下降为 61.56%,说明在日本对东盟援助对直接 投资的促进作用中,有 60% 以上是通过提高东盟各国基础设施质量途径间接 实现的。这一机制的中介效应估计可能偏高,究其原因可能是基础设施中介 变量选取不恰当,因此未能反映东盟国家基础设施质量整体情况,针对这一研 究不足,希望后续能构建准确、完整反映东盟国家基础设施状况的综合指标体 系,以此作为中介变量进一步对此机制作用进行估计和分析。

表 8-9　日本对东盟援助的直接投资效应的机制检验结果

中介变量为 基础设施质量	(1)			(2)		
	Path A	Path B	Path C	Path A	Path B	Path C
Mobile			16.943*** (13.61)			14.624*** (6.95)
oda_gross	0.519** (2.49)	0.019** (2.35)	0.193 (1.23)	0.424** (2.09)	0.018*** (2.92)	0.162 (0.87)
其他控制变量	未控制	未控制	未控制	控制	控制	控制
间接效应		0.325** [2.313]			0.261*** [2.691]	

日本对东盟经济援助与双边经贸关系研究

续表

中介变量为 基础设施质量	（1）			（2）		
	Path A	Path B	Path C	Path A	Path B	Path C
直接效应		0.193 ［1.228］			0.162*** ［0.870］	
总效应		0.519** ［2.491］			0.424** ［2.088］	
中介效应占比	62.62%			61.56%		

注:小括号中为 t 统计量,中括号内为 z 统计量; $*p<0.1$ 、$**p<0.05$ 、$***p<0.01$ 。

282

主要参考文献

一、中文参考文献

[1][德]杜浩:《冷战后中日安全关系》,陈来胜译,世界知识出版社2004年版。

[2][美]克鲁格曼等:《国际经济学:理论与政策(第十一版)》,丁敏等译,中国人民大学出版社2021年版。

[3][日]渡边利夫:《日本对发展中国家的经济援助是一种贸易政策——日本对东南亚援助的事例研究》,南经摘译,《南洋问题资料》1974年第1期。

[4][日]吉泽清次郎:《战后日本与亚洲各国的关系》,上海外国语学院日语专业工农兵学员集体翻译,上海人民出版社1976年版。

[5][日]桥本寿朗:《日本经济论——20世纪体系和日本经济》,复旦大学日本研究中心译,上海财经大学出版社1997年版。

[6][日]上野明:《决胜千里——无国境时代的企业经营战略》,李铁锤译,中国经济出版社1991年版。

[7][日]石井昌司:《日本企业的海外战略》,林青华译,花城出版社1998年版。

[8][日]市村真一:《日本的经济发展与对外经济关系》,色文等译,北京大学出版社1995年版。

[9][日]五百旗头真:《新编战后日本外交史(1945—2005)》,吴万虹译,世界知识出版社2007年版。

[10][日]小岛清,小泽照友:《日本的综合商社》,何薇薇译,国际文化出版公司1988年版。

[11][日]小岛清:《对外贸易论》,周宝廉译,南开大学出版社1987年版。

[12][日]小原雅博:《日本走向何方》,[日]加藤嘉一译,中信出版社 2009 年版。

[13][日]原正行:《海外直接投资论》,封小云译,暨南大学出版社 1995 年版。

[14]巴殿君、沈和:《日本海洋安全战略模式的历史演变与内在逻辑》,《东北亚论坛》2017 年第 6 期。

[15]白如纯:《日本对缅甸经济援助:历史、现状与启示》,《现代日本经济》2017 年第 5 期。

[16]包霞琴、李文悦:《日本对东南亚 ODA 外交中的海上防务合作——以 2015 年版"开发合作大纲"为例》,《复旦国际关系评论》2018 年第 1 期。

[17]包霞琴:《战后日本亚洲外交》,文汇出版社 2001 年版。

[18]毕世鸿:《中日两国对湄公河地区经济外交的比较分析》,《印度洋经济体研究》2015 年第 3 期。

[19]蔡亮:《互利与双赢:日本对上海 ODA 研究》,合肥工业大学出版社 2010 年版。

[20]曹俊金、薛新宇:《对外援助监督评价制度:借鉴与完善》,《国际经济合作》2015 年第 4 期。

[21]曹俊金:《日本官方发展援助制度及对我国的启示》,《太平洋学报》2017 年第 11 期。

[22]曹云华:《金融危机以来东盟——日本关系的变化》,《当代亚太》2003 年第 11 期。

[23]曾探:《日本对非洲建设和平援助研究》,华东师范大学 2018 年博士学位论文。

[24]陈娜:《日本 ODA 政策与实施的一致性评价》,《国际经济合作》2014 年第 7 期。

[25]陈小鼎、王翠梅:《援助国是"经济人"还是"社会人"？——基于日本对华与对印 ODA 政策比较》,《当代亚太》2021 年第 1 期。

[26]陈莹:《软实力视角下冷战后中国、美国和日本对东南亚的援助研究》,暨南大学 2014 年博士学位论文。

[27]陈子雷:《发展援助、政企合作与全球价值链——日本对外经济合作的经验与启示》,《国际经济合作》2017 年第 12 期。

[28]程永明、石其宝:《中日经贸关系六十年(1945—2005)》,天津社会科学院出版社 2005 年版。

[29]崔日明、杨攻研:《中国地缘政治经济学的理论构建与实践——第二届地缘政

治经济学论坛综述》,《经济研究》2017 年第 2 期。

[30]崔岩:《亚洲开发合作转型中的中国与日本——基于日本 ODA、中国"一带一路"构想的视角》,《日本学刊》2016 年第 2 期。

[31]戴永红、曾凯:《2010 年以来日本对缅甸官方发展援助政策的新特点及其制约》,《日本研究》2016 年第 3 期。

[32]丁韶彬:《大国对外援助:社会交换论的视角》,社会科学文献出版社 2010 年版。

[33]董传意:《日本对南盟国家政府开发援助的贸易效应分析》,云南财经大学 2021 年硕士学位论文。

[34]董艳、樊此君:《援助会促进投资吗——基于中国对非洲援助及直接投资的实证研究》,《国际贸易问题》2016 年第 3 期。

[35]方柏华:《冷战后日本的国际国内环境和对外战略的基本走向》,《日本学刊》1998 年第 1 期。

[36]方虹、彭博、冯哲等:《国际贸易中双边贸易成本的测度研究——基于改进的引力模型》,《财贸经济》2010 年第 5 期。

[37]房乐宪:《国际关系理论中的国际社会学派:理论及方法论特征》,《世界经济与政治》2001 年第 3 期。

[38]冯剑:《国际比较框架中的日本 ODA 全球战略分析》,《世界经济与政治》2008 年第 6 期。

[39]冯昭奎:《日本经济》,高等教育出版社 1998 年版。

[40]甘小军、韩天慧:《国际双边援助对 FDI 影响的实证检验》,《统计与决策》2013 年第 13 期。

[41]关春巧:《布什政府的美国对外援助政策改革探析》,《国际政治研究》2005 年第 4 期。

[42]关冬宇:《日本谋求常任理事国进程中的 ODA 外交》,《外交学院学报》2001 年第 4 期。

[43]郭熠烈:《日本和东盟》,知识出版社 1984 年版。

[44]国晖:《"印太战略"背景下的日本区域性援助竞争》,《当代亚太》2022 年第 6 期。

[45]韩晶晶:《二战后日本对东南亚政府开发援助研究》,华中师范大学 2014 年博士学位论文。

[46]韩召颖、田光强:《试评近年日本对缅甸官方发展援助政策》,《现代国际关

系》2015 年第 5 期。

[47]何苗:《日本官方发展援助对其在东南亚对外直接投资影响的研究》,云南财经大学 2021 年硕士学位论文。

[48]胡兵、丁祥平、邓富华:《中国对非援助能否推动对非投资》,《当代经济研究》2015 年第 1 期。

[49]黄浩:《日本对外援助政策及管理体系研究》,外交学院 2020 年硕士学位论文。

[50]黄梅波、蒙婷风:《新世纪日本的对外援助及其管理》,《国际经济合作》2011 年第 2 期。

[51]黄梅波、张博文:《政府贷款与对外直接投资:日本经验及启示》,《亚太经济》2016 年第 6 期。

[52]黄梅波、朱丹丹:《国际发展援助的出口多样化促进效应分析——基于 66 个受援国面板数据的实证研究》,《财贸经济》2015 年第 2 期。

[53]季芳:《软权力视角下的日本对外援助》,中国政法大学 2011 年硕士学位论文。

[54]金明善:《战后日本经济发展史》,航空工业出版社 1988 年版。

[55]金莹:《日本 ODA 战略外宣策略分析》,《东北亚学刊》2019 年第 6 期。

[56]李富有、王运良:《对外援助、制度质量与我国对外直接投资》,《江西财经大学学报》2020 年第 1 期。

[57]李寒梅等:《21 世纪日本的国家战略》,社会科学文献出版社 2000 年版。

[58]李清如、常思纯:《印太视域下日本 ODA 的经济效应——基于 OFDI 与区域供应链的探究》,《日本学刊》2022 年第 2 期。

[59]李荣林、熊燕、倪何永乐:《中国对非援助的出口贸易效应——基于出口增加值的视角》,《南方经济》2022 年第 2 期。

[60]李圣华:《日本对华 ODA 与中日经济合作》,《经济研究导刊》2012 年第 4 期。

[61]李晓:《东亚区域产业循环与中国工业振兴》,吉林大学出版社 2000 年版。

[62]梁云祥、应宵燕:《后冷战时代的日本政治、经济与外交》,北京大学出版社 2000 年版。

[63]林华生:《东盟经济的地壳变动面向 21 世纪的次区域经济圈的形成》,复旦大学出版社 1996 年版。

[64]林尚立:《政党政治与现代化——日本的历史与现实》,上海人民出版社 1997 年版。

[65]林晓光:《国际政治经济关系:以国际援助为视点》,《世界经济研究》2002年第5期。

[66]林晓光:《日本对外政策与东盟》,人民出版社2006年版。

[67]林晓光:《日本政府开发援助与中日关系》,世界知识出版社2003年版。

[68]刘爱兰、王智烜、黄梅波:《中国对非援助是"新殖民主义"吗——来自中国和欧盟对非援助贸易效应对比的经验证据》,《国际贸易问题》2018年第3期。

[69]刘昌黎:《ODA改革》,东北财经大学出版社2003年版。

[70]刘恩专、路璐:《促贸援助有效性再检验及作用机制的异质性分析——来自"一带一路"沿线受援国的经验证据》,《现代财经(天津财经大学学报)》2021年第5期。

[71]刘江永:《日本对华经济合作政策的调整及其影响》,《现代国际关系》2006年第11期。

[72]刘丽云:《国际政治学理论视角下的对外援助教学与研究》,《教学与研究》2005年第10期。

[73]刘云:《日本新ODA大纲与安全保障》,《国际研究参考》2015年第4期。

[74]陆小平:《战后日本私人资本对东盟的直接投资》,《世界经济研究》1982年第2期。

[75]马成三:《日本的对外援助:发展、特点与课题》,《日本学刊》1991年第2期。

[76]梅冠群:《日本对外投资支持政策研究》,《现代日本经济》2017年第3期。

[77]彭文平:《从"国际经济政治化"角度看日本对东盟的经济援助》,《东北亚论坛》2004年第1期。

[78]乔林生:《日本对东盟的经济政策》,人民出版社2006年版。

[79]邱静:《两次安倍内阁的价值观外交》,《外交评论》2014年第3期。

[80]沈红芳:《战后日本对东盟国家的直接投资——回顾与展望》,《南洋问题研究》1988年第3期。

[81]沈坤荣、田源:《人力资本与外商直接投资的区位选择》,《管理世界》2002年第11期。

[82]沈亚芳:《人力资本对外商直接投资区位选择的影响——跨期考察与分区域分析》,《国际贸易问题》2007年第7期。

[83]施用海:《怎样使用日元贷款》,中国对外经济贸易出版社1996年版。

[84]史祺:《日本对外直接投资研究》,中国经济出版社2002年版。

[85]宋成有等:《战后日本外交史(1945—1994)》,世界知识出版社1995年版。

[86]宋新宁、陈岳:《国际政治经济学概论》,中国人民大学出版社 1999 年版。

[87]孙承:《论东亚权力格局变化下的日本国家战略转换》,《亚太安全与海洋研究》2021 年第 5 期。

[88]孙承:《日本与东亚:一个变化的时代》,世界知识出版社 2005 年版。

[89]孙楚仁、何茹、刘雅莹:《对非援助与中国企业对外直接投资》,《中国工业经济》2021 年第 3 期。

[90]孙楚仁、梁晶晶、徐锦强等:《对非援助与中国产品出口二元边际》,《世界经济研究》2020 年第 2 期。

[91]孙楚仁、徐锦强、梁晶晶:《中国对非援助与受援国出口结构转换》,《财贸经济》2019 年第 7 期。

[92]孙同全:《国际发展援助中"援助依赖"的成因》,《国际经济合作》2008 年第 6 期。

[93]田野:《战后日本赔偿外交研究(1945—1977)》,吉林大学 2010 年博士学位论文。

[94]王帆:《日本〈开发合作大纲〉研究及其对中国的影响分析》,外交学院 2018 年硕士学位论文。

[95]王洪映、杨伯江:《平成时代日本对外援助的战略性演进及其特点》,《太平洋学报》2020 年第 5 期。

[96]王翚、甘小军、刘超:《国际双边发展援助对 FDI 的影响研究——基于 17 个 OECD 国家对华发展援助的实证》,《国际贸易问题》2013 年第 6 期。

[97]王翚、雷朋飞、甘小军:《官方发展援助对 FDI 的影响效果研究——基于包含制度变量的动态面板模型检验》,《山西财经大学学报》2014 年第 1 期。

[98]王翚:《国际发展援助对受授国 FDI 的影响研究》,经济科学出版社 2016 年版

[99]王龙虎:《国际社会对越南提供 ODA 援助情况综述》,《东南亚纵横》2004 年第 10 期。

[100]王茂军、邵静、周小利等:《促进还是抑制:中国对非直接投资的对外援助效应》,《人文地理》2020 年第 1 期。

[101]王箫轲:《"积极和平主义"背景下日本 ODA 政策的调整与影响》,《东北亚论坛》2016 年第 4 期。

[102]王新生:《现代日本政治》,经济日报出版社 1997 年版。

[103]王妍:《日本对外援助的发展及政策演变》,《国际经济合作》2014 年第 7 期。

[104]王耀正:《对外援助、政企结合与经济收益:日本对中亚援助的特点与机

制》,《亚非研究》2022 年第 1 期。

[105]王振锁、李钢哲:《东亚区域经济合作:中国与日本》,天津人民出版社 2002年版。

[106]王周钦;《浅谈日本政府开发援助与综合商社》,《时代金融》2007 年第 1 期。

[107]吴凌芳、戴金平:《中国对非援助、直接投资与非洲在全球价值链的地位提升》,《上海对外经贸大学学报》2019 年第 4 期。

[108]晓林:《越南:日本亚洲外交的新重点》,《东南亚》1995 年第 2 期。

[109]熊青龙、郑欣、黄梅波:《中国对外援助对双边贸易影响的实证研究》,《国际经济合作》2019 年第 6 期。

[110]薛敬孝:《日元升值对日本海外直接投资的影响》,《亚非纵横》1994 年第2 期。

[111]严启发、林罡:《世界官方发展援助(ODA)比较研究》,《世界经济研究》2006年第 5 期。

[112]阎虹戎、张小鹿、黄梅波:《互利共赢:中国对外援助与受援国出口能力提升》,《世界经济研究》2020 年第 3 期。

[113]杨亚平、李琳琳:《对非援助会减轻腐败对投资的"摩擦效应"吗——兼论"一带一路"倡议下中非经贸合作策略》,《财贸经济》2018 年第 3 期。

[114]姚帅:《透视日本对外援助新政策》,《国际经济合作》2015 年第 5 期。

[115]尹晓亮:《战后日本能源安全保障研究》,江苏人民出版社 2019 年版。

[116]于铁军:《试析战后日本外交中的实用主义——以 ODA 政策的演变为例》,《太平洋学报》1999 年第 4 期。

[117]于向东、彭超:《浅析越南与日本的战略伙伴关系》,《东南亚研究》2013 年第5 期。

[118]于永达:《日本经济国际化》,吉林大学出版社 1990 年版。

[119]张博文:《日本对东南亚国家的援助分析与评价》,《国际经济合作》2014 年第 4 期。

[120]张光:《冷战后的日本对外援助政策走向》,《日本学刊》1993 年第 4 期。

[121]张光:《日本对外援助政策研究》,天津人民出版社 1996 年版。

[122]张海冰:《21 世纪初日本对非洲官方发展援助政策评析》,《世界经济研究》2008 年第 1 期。

[123]张汉林、袁佳、孔洋:《中国对非洲 ODA 与 FDI 关联度研究》,《世界经济研究》2010 年第 11 期。

［124］张季风：《日本对参与"一带一路"建设的认知变化、原因及走向》，《东北亚学刊》2018 年第 5 期。

［125］张季风：《中日友好交流三十年（1978—2008）：经济卷》，社会科学文献出版社 2008 年版。

［126］张建岗：《战后日本与东盟经济往来轨迹探析》，《东南亚纵横》2006 年第 5 期。

［127］张健：《浅谈日本的战后赔偿》，《日本学刊》1998 年第 3 期。

［128］张克中、张文涛：《惠人及己：对外援助与企业"走出去"》，《经济评论》2022 年第 2 期。

［129］张廷：《日本对东南亚的经济扩张》，北京世界知识出版社 1959 年版。

［130］张雅丽：《战后日本对外战略研究》，浙江人民出版社 2002 年版。

［131］张原：《中国对"一带一路"援助及投资的减贫效应——"授人以鱼"还是"授人以渔"》，《财贸经济》2018 年第 12 期。

［132］张宗斌等：《日本大规模对外直接投资的经验教训及借鉴研究》，经济日报出版社 2015 年版。

［133］赵剑治、欧阳喆：《战后日本对外援助的动态演进及其援助战略分析——基于欧美的比较视角》，《当代亚太》2018 年第 2 期。

［134］赵师苇：《安倍政府的东南亚援助政策研究》，吉林大学 2018 年博士学位论文。

［135］郑思尧：《日本对东南亚国家的 ODA 政策及其新动向》，《东南亚研究》2004 年第 4 期。

［136］周冬霖：《日本对华无偿援助实录》，社会科学文献出版社 2005 年版。

［137］周弘：《对外援助与国际关系》，中国社会科学院出版社 2002 年版。

［138］周永生：《经济外交》，中国青年出版社 2005 年版。

［139］周玉渊：《从东南亚到非洲：日本对外援助的政治经济学》，《当代亚太》2010 年第 3 期。

［140］周源、石婧：《日本官方发展援助的评价体系及其借鉴意义》，《国际经济合作》2015 年第 10 期。

［141］朱丹丹、黄梅波：《中国对外援助能够促进受援国的经济增长吗？——兼论"促贸援助"方式的有效性》，《中国经济问题》2018 年第 2 期。

［142］朱凤岚：《对外经济援助在战后日本国家发展中的地位》，《世界历史》2003 年第 2 期。

［143］朱晓琦:《日本能源战略中的东南亚取向》,《太平洋学报》2012 年第 5 期。

二、日文参考文献

［1］スティーブン・ブラウン:《国際援助:歴史・理論・仕組みと実際》,安田靖訳,東洋経済新報社 1993 年版。

［2］デニス・ヤストモ:《戦略援助と日本外交》,渡辺昭夫監訳,同文館 1989 年版。

［3］フランツ ヌシェラー:《日本のODA:海外援助—量と質の大いなる矛盾》,佐久間マイ 訳,スリーエーネットワーク1992 年版。

［4］白鳥正喜:《開発と援助の政治経済学》,東洋経済新報社 1998 年版。

［5］白鳥正喜:《世界銀行グループ:途中国援助と日本の役割》,国際開発ジャーナル社 1993 年版。

［6］本多倫衫:《JICAの平和構築支援の史的展開（1999—2015）》,《国際政治》2017 年第 186 号。

［7］浜裕久:《ODAの経済学》,日本評論社 2013 年版。

［8］草野厚、梅本哲也:《現代日本外交の分析》,東京大学出版会 1995 年版。

［9］草野厚:《日本はなぜ地球の裏側まで援助するのか》,朝日新書 2007 年版。

［10］長井寺泉:《ODAが日本を守る》,英光社 2003 年版。

［11］朝日新聞援助取材班:《援助途上国ニッポン》,朝日新聞社 1985 年版。

［12］城山英明、鈴木寛、細野助博:《中央省庁の政策形成過程——日本官僚制の解剖》,中央大学出版部 1999 年版。

［13］城山英明:《国際援助行政》,東京大学出版会 2007 年版。

［14］村井吉敬、ODA 調査研究会:《無責任援助 ODA 大国ニッポン:フィリピン、タイ、インドネシア現地緊急リポート》,JICC 出版局 1989 年版。

［15］村井吉敬、甲斐田万智子:《誰のための援助?》,岩波書店 1987 年版。

［16］村井吉敬:《検証ニッポンのODA》,学陽書房 1992 年版。

［17］村井吉敬:《微底検証ニッポンのODA》,コモンズ2006 年版。

［18］大江博:《外交と国益:包括的安全保障とは何か》,日本放送出版協会 2007 年版。

［19］大沼保昭:《人権、国家、文明——普遍主義的人権観から文際的人権観へ》,筑摩書房 1998 年版。

［20］大芝亮:《開発援助政策における普遍的アプローチと地域性》,《地域研究

論集》1999 年第 2 期。

[21]稲葉和夫，森川浩一郎:《日本の対外直接投資行動を含むマクロ計量モデル——直接投資による経済政策効果の分析》,日本経済政策学会 1995 年版。

[22]洞口治夫:《日本企業の海外直接投資——アジアへの進出と撤退》,東京大学出版会 1992 年版。

[23]渡辺利夫、草野厚:《日本の ODA をどうするか》,日本放送出版協会 1991 年版。

[24]渡辺利夫、三浦有史:《ODA(政府開発援助)——日本に何ができるか》,中央公論新社 2003 年版。

[25]渡辺利夫:《対中 ODA について考える》,《環太平洋ビジネス情報》2001 年第 3 期。

[26]渡辺利夫:《開発経済学入門》,東洋経済新報社 2001 年版。

[27]渡辺利夫:《自助努力支援の理念を高く掲げよ》,《中央公論》1991 年 10 月号。

[28]渡辺昭夫:《アジア・太平洋の国際関係と日本》,東京大学出版会 1992 年版。

[29]渡辺昭夫:《現代日本の国際政策》,有斐閣 1997 年版。

[30]渡辺昭夫:《戦後日本の対外政策国際関係の変容と日本の役割》,有斐閣 1985 年版。

[31]段家誠:《転換期を迎えた日本の政府開発援助(ODA):変わらぬ本質と開発協力大綱の登場》,《阪南論集　社会科学編》2016 年 3 月。

[32]多谷千香子:《ODA と人間の安全保障(環境と開発)》,有斐閣 2000 年版。

[33]福家洋介、藤林泰:《日本人の暮らしのためだった ODA》,コモンズ 1999 年版。

[34]高松香奈:《政府開発援助政策と人間の安全保障》,日本評論社 2011 年版。

[35]古川万太郎:《日中戦後関係史》,原書房 1981 年版。

[36]古森義久:《ODA 再考》,PHP 研究所 2002 年版。

[37]国際協力機構国際協力総合研修所:《援助の潮流がわかる本——今、援助で何が焦点とな·っているのか》,国際協力出版会 2003 年版。

[38]後藤一美、大野泉、渡辺利夫:《日本の国際開発協力》,日本評論社 2005 年版。

[39]絵所秀紀:《開発の政治経済学》,日本評論社 1997 年版。

［40］栗田匡相、野村宗訓、鷲尾友春:《日本の国際開発援助事業》,日本評論社 2004 年版。

［41］鈴木長年:《日本の経済協力》,アジア経済研究所 1989 年版。

［42］鈴木早苗:《ASEAN 共同体—政治安全保障、経済、社会文化》,アジア経済研究所 2016 年版。

［43］綾部真雄:《タイを知るための 72 章》,明石書店 2014 年版。

［44］柳原透:《アジア太平洋地域の経済発展と地域協力》,アジア経済研究所 1992 年版。

［45］柳原透:《経済開発支援と資金還流》,アジア経済研究所 1989 年版。

［46］柳澤協二:《自分で考える集団的自衛権:若者と国家》,青灯社 2014 年版。

［47］末廣昭、宮城大蔵、千野境子:《国際協力の戦後史》,東洋経済新報社 2020 年版。

［48］牟田博光:《日本のODA 評価の課題と今後の展望》,《国際開発研究》2001 年第 2 期。

［49］浦田秀次郎、牛山隆一:《躍動、陸の ASEAN、南部の経済回廊の潜在力》,文真堂 2017 年版。

［50］浦野起央:《国際協調、レジーム、援助》,南窓社 1997 年版。

［51］浅野健一:《日本は世界の敵になる:ODAの犯罪》,三一書店 1994 年版。

［52］浅沼信爾:《国際開発援助》,東洋経済新報社 1974 年版。

［53］橋本光平:《日本の外交政策決定要因》,PHP 研究所 1999 年版。

［54］青井未帆:《国家安全保障基本法批判》,岩波書店 2014 年版。

［55］青木保、佐伯啓思:《〈アジア的価値〉とは何か》,Tbsブリタニカ1998 年版。

［56］青木健:《日本の産業構造変化が東アジアに及ぼした影響》,《国際貿易と投資》2004 年第 1 期。

［57］青木隆:《開発援助論》,学文社 1998 年版。

［58］秋山孝允、笹同雄一:《日本の開発援助の新しい展望を求めて》,国際開発高等教育機構 2006 年版。

［59］日本財政法学会:《政府開発援助問題の検討》,学陽書房 1992 年版。

［60］日本貿易振典会:《ジェトロ投資白書》各年度版。

［61］日本政策投資銀行メコン経済研究会:《メコン流域国の経済発展戦略:市場経済化の可能性と限界》,日本評論社 2005 年版。

［62］三浦有史:《ODAの新機軸を確立せよ-東アジアへの知的支援をODAの柱

に》,《RIM 環太平洋ビジネス情報》2002 年第 7 期。

　　[63]三上喜貴:《ASEANの技術開発戦略》,日本貿易振興会 1998 年版。

　　[64]山本剛士:《日本の経済援助:その軌跡と現状》,社会思想社 1988 年版。

　　[65]山沢逸平、平田章:《日本・アメリカ・ヨーロッパの開発協力政策》,アジア経済研究所 1992 年版。

　　[66]衫下恒夫:《青年海外協力隊の軌跡と展望:世界を翔ける日本青年の素》,万葉舎 2016 年版。

　　[67]深尾京司、程勲:《直接投資先国の決定要因について——わが国製造業に関する実証分析》,《フィナンシャル・レビュー》1996 年 2 月号。

　　[68]深尾京司:《国内か海外か——わが国製造業の立地選択に関する実証分析》,《経済研究》1996 年第 1 期。

　　[69]深沢淳一、助川成也:《ASEAN 大市場統合と日本》,文真堂 2014 年版。

　　[70]石川幸一、清水一史、助川成也:《ASEAN 経済共同体——東アジア統合の核となりうるか》,日本貿易振興機構 2009 年版。

　　[71]石川滋:《国際開発政策研究》,東洋経済新報社 2006 年版。

　　[72]石井菜穂:《政策協調の経済学》,日本経済新聞社 1990 年版。

　　[73]笹沼充弘:《ODA 援助批判を考える》,工業时事通信社 1991 年版。

　　[74]松井謙:《開発援助の経済学》,新評論 1980 年版。

　　[75]松井謙:《経済協力》,有斐閣 1983 年版。

　　[76]松浦晃一郎:《援助外交の最前線で考えたこと》,国際協力推進協会 1990 年版。

　　[77]藤森泰,長瀬理英:《ODAをどう変えればいいのか》,コモンズ2002 年版。

　　[78]田中明彦:《アジアのなかの日本》,NTT 出版株式会社 2007 年版。

　　[79]田中四郎:《海外企業進出の知恵と工夫——21 世紀の世界企業時代を生きぬく糧を求めて》,経済産業調査会 2004 年版。

　　[80]田中拓男:《国際貿易と直接投資》,有斐閣 1995 年版。

　　[81]田中義皓:《援助という外交戦略》,朝日新聞社 1995 年版。

　　[82]樋口貞夫:《政府開発援助》,勁草書房 1991 年版。

　　[83]五百旗頭真:《戦後日本外交史》,有斐閣 2006 年版。

　　[84]五十嵐武士:《日本のODAと国際秩序》,日本国際問題研究所 1990 年版。

　　[85]西川潤、下村恭民、高橋基樹、野田真里:《開発を問い直す:転換する世界と日本の国際協力》,日本論評社 2011 年版。

［86］西垣昭、下村恭民、辻一人:《開発援助の経済学:共生の世界と日本の ODA》,有斐閣 2009 年版。

［87］下村恭民 等:《国際協力——その新しい潮流》,有斐閣 2009 年版。

［88］下村恭民、中川淳司、斎藤淳:《ODA 大綱の政治経済学——運用と援助理念》,有斐閣 1999 年版。

［89］小浜裕久:《ODA の経済学》,日本評論社 2013 年版。

［90］小島清:《海外直接投資のマクロ分析》,文真堂 1989 年版。

［91］緒方貞子:《転機の海外援助》,日本放送出版協会 2005 年版。

［92］桜井雅夫:《国際開発協力のしくみと法》,三省堂 1985 年版。

［93］永井浩:《される側から見た〈援助〉》,勁草書房 1983 年版。

［94］永野慎一郎、近藤正臣:《日本の戦後補償アジア経済協力の出発》,勁草書房 1999 年版。

［95］鳶見一夫:《ODA 援助の現実》,岩波書店 1989 年版。

［96］猪口孝:《国際関係の政治経済学——日本の役割と選択》,東京大学出版会 1985 年版。

［97］佐久間マイ:《日本の ODA 海外援助——質と量の大いなる矛盾》,スリーエーネットワーケ株式会社 1992 年版。

［98］佐藤寛:《開発援助の社会学》,世界思想社 2005 年版。

三、英文参考文献

［1］Akamatsu, K., "The Trend of Japan's Foreign Trade in Woolen Manufactures", *Journal of Nagoya Higher Commercial School*, Vol.13, 1935.

［2］Anderson, Edward, "Aid Fragmentation and Donor Transaction Costs", *Economics Letters*, Vol.117, No.3, 2012.

［3］Anderson, James E., and Eric Van Wincoop. "Gravity With Gravitas: A Solution to the Border Puzzle", *American Economic Review*, Vol.93, No.1, 2003.

［4］Antràs, Pol., and E. Helpman, "Contractual Frictions and Global Sourcing", *SSRN Electronic Journal*, 321307000000000810, 2007.

［5］Anyanwu, John C., "Why Does Foreign Direct Investment Go Where it Goes?: New Evidence From African Countries", *Annals of Economics and Finance*, Vol.13, No.2, 2012.

［6］Arellano, Cristina, et al., "The Dynamic Implications of Foreign Aid and its Variability", *Journal of Development Economics*, Vol.88, No.1, 2009.

[7]Arvin,B.Mak, and C.Baum, "Tied and Untied Foreign Aid: A Theoretical and Empirical Analysis", *Keio Economic Studies*, Vol.34, No.2, 71-79, 1997.

[8]Arvin,B.Mak, and Saud A.Choudhry, "Untied Aid and Exports: Do Untied Aid Disbursements Create Goodwill for Donor Exports?", *Canadian Journal of Development Studies/Revue Canadienne d'Études Du Développement*, Vol.18, No.1, 1997.

[9]Asiedu, Elizabeth, Yi Jin, and Boaz Nandwa, "Does Foreign Aid Mitigate the Adverse Effect of Expropriation Risk on Foreign Direct Investment?", *Journal of International Economics*, Vol.78, No.2, 2009.

[10]Baldwin D.A., *Economic Statecraft*, Princeton University Press, 1985.

[11]Bandyopadhyay, Subhayu, Arabinda Basistha, and Jonathan Munemo, "Foreign Aid and Export Performance: A Panel Data Analysis of Developing Countries", *Federal Reserve Bank of St.Louis Working Paper Series*, Vol.23, 2007.

[12]Beckerman, Wilfred, "Distance and the Pattern of Intra-European Trade" *The Review of Economics and Statistics*, Vol.38, No.1, 1956.

[13]Behrens, Kristian, et al., "Changes in Transport and Non-Transport Costs: Local vs Global Impacts in a Spatial Network", *Regional Science and Urban Economics*, Vol.37, No.6, 2007.

[14]Bellemare, Marc F., Takaaki Masaki, and Thomas B. Pepinsky, "Lagged Explanatory Variables and the Estimation of Causal Effect", *The Journal of Politics*, Vol.79, No.3, 2017.

[15]Bergstrand, Jeffrey H., "The Generalized Gravity Equation, Monopolistic Competition, and the Factor-Proportions theory in International Trade", *The Review of Economics and Statistics*, Vol.71, No.1, 1989.

[16]Bernard, Andrew B., J.Bradford Jensen, and Peter K.Schott, "Trade Costs, Firms and Productivity", *Journal of Monetary Economics*, Vol.53, No.5, 2006.

[17]Bhavan, Thangamani, Changsheng Xu, and Chunping Zhong, "The Relationship Between Foreign Aid and FDI in South Asian Economies", *International Journal of Economics and Finance*, Vol.3, No.2, 2011.

[18]Blaise, Sevcrine, "On the Link Between Japanese Oda and FDI in China: A Microeconomic Evaluation Using Conditional Logit Analysis", *Applied Economics*, Vol.37, No.1, 2005.

[19]Brenton, Paul, and Erik Von Uexkull, "Product Specific Technical Assistance for

Exports-Has it Been Effective?", *The Journal of International Trade and Economic Development*, Vol.18, No.2, 2009.

[20] Busse, Matthias, Ruth Hoekstra, and Jens Königer, "The Impact of Aid for Trade Facilitation on the Costs of Trading", *Kyklos*, Vol.65, No.2, 2012.

[21] Cali, Massimiliano, and Dirk Willem Te Velde, "Does Aid for Trade Really Improve Trade Performance?", *World Development*, Vol.39, No.5, 2011.

[22] Caselli, Francesco, and James Feyrer, "The Marginal Product of Capital", *The Quarterly Journal of Economics*, Vol.122, No.2, 2007.

[23] Chatterjee, Santanu, and Stephen J. Turnovsky, "Financing Public Investment Through Foreign Aid: Consequences for Economic Growth and Welfare", *Review of International Economics*, Vol.13, No.1, 2005.

[24] Chatterjee, Santanu, Georgios Sakoulis, and Stephen J. Turnovsky, "Unilateral Capital Transfers, Public Investment, and Economic Growth", *European Economic Review*, Vol.47, No.6, 2003.

[25] Choi, In, "Unit Root Tests for Panel Data", *Journal of International Money and Finance*, Vol.20, No.2, 2001.

[26] D'Aiglepierre, Rohen, and Laurent Wagner, "Aid and Universal Primary Education", *Economics of Education Review*, Vol.37, 2013.

[27] Dalgaard, Carl-Johan, and Ola Olsson, "Windfall Gains, Political Economy and Economic Development", *Journal of African Economies*, Vol.17, Supplement No.1, 2008.

[28] Devarajan, Shantayanan, "Estimates of Real Exchange Rate Misalignment with a Simple General-Equilibrium Model", *World Bank*, *Washington*, D.C., 1998.

[29] Djajić, Slobodan, Sajal Lahiri, and Raimondos-Moller, Pascalis, "Logic of Aid in an Intertemporal Setting", *Review of International Economics*, Vol.12, No.1, 2004.

[30] Doidge, Craig, G. Andrew Karolyi, and Rene M. Stulz, "Why Are Foreign Firms Listed in the US Worth More?", *Journal of Financial Economics*, Vol.71, No.2, 2004.

[31] Dollar, David, and William Easterly, "The Search For the Key: Aid, Investment and Policies in Africa", *Journal of African Economies*, Vol.8, No.4, 1999.

[32] Donaubauer, Julian, Birgit Meyer, and Peter Nunnenkamp, "Aid, Infrastructure, and FDI: Assessing the Transmission Channel With a New Index of Infrastructure", *World Development*, Vol.78, 2016.

[33] Dr. Helga Kristjánsdóttir, "Talking Trade Or Talking Aid? Does Investment

Substitute for Aid in the Developing Countries?", *Open Journal of Economic Research*, Vol.2, No.2, 2012.

[34] Dreher, Axel, Peter Nunnenkamp, and Rainer Thiele, "Does Aid forEducation Educate Children? Evidence From Panel Data", *The World Bank Economic Review*, Vol.22, No.2, 2008.

[35] Driscoll, John C., and Aart C. Kraay, "Consistent Covariance Matrix Estimation with Spatially Dependent Panel Data", *Review of Economics and Statistics*, Vol.80, No.4, 1998.

[36] Feenstra, Robert C., and Hiau Looi Kee, "Trade Liberalisation and Export Variety: A Comparison of Mexico and China", *World Economy*, Vol.30, No.1, 2007.

[37] Ferro, Esteban, Alberto Portugal-Perez, and John S. Wilson, "Aid to the Services Sector: Does it Affect Manufacturing Exports?", *The World Economy*, Vol.37, No.4, 2014.

[38] Francois, Joseph, and Miriam Manchin, "Institutions, Infrastructure, and Trade", *World Development*, Vol.46, 2013.

[39] Frees, Edward W., "Assessing Cross-Sectional Correlation In Panel Data", *Journal of Econometrics*, Vol.69, No.2, 1995.

[40] Frees, Edward W., *Longitudinal and Panel Data: Analysis and Applications in the Social Sciences*, Cambridge University Press, 2004.

[41] Friedman, Milton, "The Use of Ranks to Avoid the Assumption of Normality Implicit in the Analysis of Variance", *Journal of the American Statistical Association*, Vol.32, No.200, 1937.

[42] George J. Demko and William B. Wood, *Reordering the World: Geopolitical Perspectives on the Twenty-First Century*, Westview Press, 1994.

[43] Gnangnon, Sèna Kimm, and Michael Roberts, "Aid forTrade, Foreign Direct Investment and Export Upgrading in Recipient Countries", *Journal of International Commerce, Economics and Policy*, Vol.8, No.2, 2017.

[44] Greene, W.H., *Econometric Analysis*, Prentice-Hall, 2000.

[45] Harms, Philipp, and Matthias Lutz, "Aid, Governance and Private Foreign Investment: Some Puzzling Findings forthe 1990s", *The Economic Journal*, Vol. 116, No.513, 2006.

[46] Hatta, Kanako, et al., "Association of Transforming Growth Factor-$\beta1$ Gene Polymorphism in The Development of Epstein-Barr Virus-Related Hematologic Diseases", *Haematologica*, Vol.92, No.11, 2007.

［47］Hausmann,Ricardo,Jason Hwang,and Dani Rodrik."What You Export Matters", *Journal of Economic Growth*,Vol.12,No.1,2007.

［48］Hayakawa,Kazunobu,Fukunari Kimura,and Hyun-Hoon Lee,"How Does Country Risk Matter forForeign Direct Investment?",*The Developing Economies*,Vol.51,No.1,2013.

［49］Helble, Matthias, Catherine L. Mann, and John S. Wilson, "Aid-For-Trade Facilitation",*Review of World Economics*,Vol.148,2012.

［50］Hessen,Heiko,"Export Diversification and Economic Growth",*Breaking into New Markets:Emerging Lessons for Export Diversification*,2009.

［51］Hien,Pham Thu, "The Effects of ODA in Infrastructure on FDI Inflows in Provinces of Vietnam,2002－2004", *Vietnam Development Forum*,*Working Paper*,No.89. 2008.

［52］Hoeffler,Anke,and Verity Outram,"Need,Merit,or Self-Interest-What Determines the Allocation of Aid?",*Review of Development Economics*,Vol.15,No.2,2011.

［53］Hook,Steven W.,and Guang Zhang, "Japan's Aid Policy Since the Cold War: Rhetoric and Reality",*Asian Survey*,Vol.38,No.11,1998.

［54］Isard, Walter, and Merton J. Peck, "Location Theory and International and Interregional Trade Theory",*The Quarterly Journal of Economics*,Vol.68,No.1,1954.

［55］Jarreau, Joachim, and Sandra Poncet, "Export Sophistication and Economic Growth:Evidence From China",*Journal of Development Economics*,Vol.97,No.2,2012.

［56］Johansson, Lars M., and Jan Pettersson, "Tied Aid, Trade-Facilitating Aid Or Trade-Diverting Aid?",*Working Paper*,No.5,2009.

［57］Kang,Mr Joong,Mr Alessandro Prati,and Mr Alessandro Rebucci, "Aid,Exports, and Growth:A Time-Series Perspective on the Dutch Disease Hypothesis", *International Monetary Fund*,2013.

［58］Kang,Sung Jin,H.Lee,and B.Park,"Does Korea Follow Japan In Foreign Aid? Relationships Between Aid and Foreign Investment",*Japan and the World Economy*,Vol.23, No.1,2011.

［59］Kapfer,Steve,R.Nielsen,and D.Nielson,"If You Build it,Will They Come? Foreign Aid's Effects on Foreign Direct Investment", Paper Prepared for the 65th MPSA National Conferenle,2007.

［60］Karakaplan, Ugur, Bilin Neyapti, and Selin Sayek, "Aid and Foreign Direct Investment:International Evidence",*Discussion Paper*,No.12,2005.

［61］Kimura, Hidemi, and Yasuyuki Todo, "Is Foreign Aid a Vanguard of Foreign Direct Investment? A Gravity-Equation Approach", *World Development*, Vol.38, No.4, 2010.

［62］Kosack, Stephen, and Jennifer Tobin, "Funding Self-Sustaining Development: The Role of Aid, FDI and Government In Economic Success", *International Organization*, Vol.60, No.1, 2006.

［63］Lall, Sanjaya, John Weiss, and Jinkang Zhang, "The 'Sophistication' of Exports: A New Trade Measure", *World Development*, Vol.34, No.2, 2006.

［64］Lee, Hyun-Hoon, and John Ries, "Aid for Trade and Greenfield Investment", *World Development*, Vol.84, 2016.

［65］Liao, Hongwei, Yedi Chi, and Jiarui Zhang, "Impact of International Development Aid on FDI Along the Belt and Road", *China Economic Review*, Vol.61, 2020.

［66］Linnemann, Hans, "*An Econometric Study of International Trade Flows*", Holland Publishing, Amsterdam, 1966.

［67］Liu, Ailan, and Bo Tang, "Us and China Aid to Africa: Impact on the Donor-Recipient Trade Relations", *China Economic Review*, Vol.48, 2018.

［68］Markusen, James R., and Anthony J. Venables, "Foreign Direct Investment As a Catalyst forIndustrial Development", *European Economic Review*, Vol.43, No.2, 1999.

［69］Martínez-Zarzoso, Inmaculada, et al., "Does Aid Promote Donor Exports? Commercial Interest Versus Instrumental Philanthropy", *Kyklos*, Vol.67, No.4, 2014.

［70］Martínez-Zarzoso, Inmaculada, et al., "Does German Development Aid Promote German Exports?", *German Economic Review*, Vol.10, No.3, 2009.

［71］Martínez-Zarzoso, Inmaculada, Felicitas Nowak-Lehmann D., and Kai Rehwald, "Is Aid forTrade Effective? A Panel Quantile Regression Approach", *Review of Development Economics*, Vol.21, No.4, 2017.

［72］Mayer, Thierry, and Soledad Zignago, "Market Access in Global and Regional Trade", *CEPII Working Papers*, No.2005-02.

［73］Mayer, Thierry, and Soledad Zignago, "Notes on Cepii's Distances Measures: The GeoDist Database", *CEPII Working Paper*, No.2011-25.

［74］Melitz, Marc J., "The Impact of Trade on Intra-Industry Reallocations and Aggregate Industry Productivity", *Econometrica*, Vol.71, No.6, 2003.

［75］Mody, Ashoka, Assaf Razin, and Efraim Sadka, "The Role of Information In Driving FDI Flows: Host-Country Tranparency and Source Country Specialization", *IMF Working*

Paper, No.148, 2003.

[76] Munemo, Jonathan, "Foreign Aid and Export Diversification in Developing Countries", *The Journal of International Trade and Economic Development*, Vol. 20, No. 3, 2011.

[77] Nilsson, Lars, "Aid and Donor Exports: The Case of the Eu Countries", *Essays on North-South Trade. Lund: Lund Economic Studies*, Vol. 70, 1997.

[78] Noorbakhsh, Farhad, Alberto Paloni, and Ali Youssef, "Human Capital and FDI Inflows to Developing Countries: New Empirical Evidence", *World Development*, Vol. 29, No. 9, 2001.

[79] North, Douglass Cecil, *Structure and Change in Economic History*, Norton, 1981, The Geodist Database, 2011.

[80] Novy, Dennis, "Is The Iceberg Melting Less Quickly? International Trade Costs After World War II", *Warwick Economic Research Paper*, No. 764, 2006.

[81] Nowak-Lehmann D, Felicitas, et al., "Aid and Trade-A Donor's Perspective", *The Journal of Development Studies*, Vol. 45, No. 7, 2009.

[82] Nowak-Lehmann, Felicitas, et al., "Does Foreign Aid Promote Recipient Exports to Donor Countries?", *Review of World Economics*, Vol. 149, 2013.

[83] Oishi, Kikuo, "Japan's Yen Loan, Prerequisite to Mass FDI From Japan", *International Journal of Financial Research*, Vol. 8, No. 3, 2017.

[84] Osakwe, Patrick N., "Foreign Aid, Resources and Export Diversification in Africa: A New Test of Existing Theorie", *MPRA Paper*, No. 2228, 2007.

[85] Pesaran, M. H., "General Diagnostic Tests for Cross Section Dependence in Panels", *Cambridge Working Papers in Economics*, Vol. 69, No. 7, 2004.

[86] Pöyhönen, Pentti, "A Tentative Model for the Volume of Trade Between Countries", *Weltwirtschaftliches Archiv*, 1963.

[87] Savin, Ivan, Marta Marson, and Marina Sutormina, "How Different Aid Flows Affect Different Trade Flows: Evidence From Africa and its Largest Donors", *Structural Change and Economic Dynamics*, Vol. 55, 2020.

[88] Scheyvens, Henry, "Reform of Japan's Official Development Assistance: A Complete Overhaul or Merely a Fresh Coat of Paint?", *Progress in Development Studies*, Vol. 5, No. 2, 2005.

[89] Selaya, Pablo, and Eva Rytter Sunesen, "Does Foreign Aid Increase Foreign Direct

Investment?", *World Development*, Vol.40, No.11, 2012.

[90] Severine Blaise, "Japanese Aid As a Prerequisite for FDI: the Case of Southern Asian Countries", *Australia-Japan Research Centre, Crawford School of Public Policy, The Australian National University, Asia Pacific Economic Papers*, 2009.

[91] Silva, Simone Juhasz, and Douglas Nelson, "Does Aid Cause Trade? Evidence From an Asymmetric Gravity Model", *The World Economy*, Vol.35, No.5, 2012.

[92] Svensson, Jakob, "When is Foreign Aid Policy Credible? Aid Dependence and Conditionality", *Journal of Development Economics*, Vol.61, No.1, 2000.

[93] Tinbergen, Jan, *Shaping the World Economy: Suggestions for an International Economic Policy*, Twentieth Century Fund, 1962.

[94] Vijil, Mariana, and Laurent Wagner, "Does Aid for Trade Enhance Export Performance? Investigating the Infrastructure Channel", *The World Economy*, Vol. 35, No.7, 2012.

[95] Wagner, Don, "Aid and Trade—An Empirical Study", *Journal of the Japanese and International Economies*, Vol.17, No.2, 2003.

[96] White, John Alexander, *Japanese Aid*, Overseas Development Institute, 1964.

[97] Wooldridge, Jeffrey M., *Econometric Analysis of Cross Section and Panel Data*, The Mit Press, 2001.

四、网站资源

[1] 参考消息网站: http://world.cankaoxiaoxi.com/#/index。

[2] 日本国土交通省: https://www.mlit.go.jp/。

[3] 日本经济产业省: https://www.meti.go.jp/。

[4] 日本财务省贸易统计: https://www.customs.go.jp/。

[5] 日本国际协力银行: https://www.jbic.go.jp/ja/index.html。

[6] 世界银行数据库: https://data.worldbank.org.cn/。

[7] 新加坡东南亚研究所: http://www.iseas.edu.sg/。

[8] 东盟秘书处官网: http://asean.org。

[9] 联合国网站: http://www.un.org/。

[10] 日本外务省: http://www.mofago.jp/mofaj/。

[11] 日本国际协力机构: https://www.jica.go.jp/。

[12] 日本国际协力机构研究所: https://www.jica.go.jp/jica-ri/ja/index.htm。

［13］日本贸易振兴机构:https://www.jetro.go.jp/。

［14］日本首相官邸:http://www.kantei.go.jp/。

［15］日本防卫省:http://www.mod.go.jp/。

［16］中国新闻网:http://www.chinanews.com/。

［17］中国网:http://www.china.com.cn/。

［18］新华网:http://www.xinhuanet.com/。

后　记

　　本书为国家社会科学基金一般项目"中国企业境外直接投资合规风险及应对研究"(19BGJ019)、国家社会科学基金重大项目"RCEP 对亚太区域价值链重构的影响机制及应对策略研究"(22&ZD178)、河北大学社会科学培育项目的阶段性研究成果。本书由马文秀、马宇博、吴杨康、乔敏健、喻琦、闫雅茜共同完成。马文秀作为课题负责人,负责全书的策划、协调和最终定稿。具体分工情况如下:导论:马文秀、吴杨康;第一章:马文秀;第二章:马文秀、马宇博;第三章:马文秀、吴杨康、喻琦;第四章:马文秀、吴杨康;第五章:马文秀、乔敏健、闫雅茜;第六章:马文秀、马宇博;第七章:马文秀、吴杨康;第八章:马文秀、吴杨康、乔敏健。

　　在本课题的研究过程中,曾在多个学术研讨会上与学术界前辈进行过数次交流,受益匪浅。中国社会科学院日本研究所的张季风研究员、上海对外经贸大学国际发展合作研究院的黄梅波教授、辽宁大学国际关系学院的孙丽教授和河北大学日本研究所的裴桂芬教授等诸位学术界前辈老师,通过不同形式对本课题研究给予了帮助和指导,在此表示深深的谢意!人民出版社经济与管理编辑部主任郑海燕女士为本书申报选题、编辑和出版等付出了辛勤的劳动,在此表示衷心的感谢!由于作者水平有限,书中若有不妥之处,欢迎读者与同行批评指正。

马文秀

2023 年 5 月于河北大学